René Descartes

Discours de la méthode

SUIVI DE

La Dioptrique

*Édition établie
et présentée par
Frédéric de Buzon*

Gallimard

PRÉSENTATION

> « ... comme je ne trouve jamais
> rien que par une longue traînée
> de diverses considérations, il faut
> que je me donne tout à une
> matière lorsque j'en veux exami-
> ner quelque partie. »
>
> Descartes à Mersenne,
> 8 octobre 1629.

1. LA PUBLICATION DE 1637

Le 8 juin 1637 est achevé d'imprimer à Leyde chez
Jean Maire un ouvrage anonyme, *Discours de la
Méthode pour bien conduire sa raison, & chercher la
vérité dans les sciences, plus la Dioptrique, les
Météores et la Géométrie qui sont des Essais de cette
Méthode.* L'auteur de ce *Discours* et de ces *Essais*,
René Descartes, a quarante et un ans et n'a rien
publié[1], même s'il a déjà beaucoup écrit. De ce silence,

1. A l'exception des placards d'une thèse de droit retrouvés en
1986.

il est des raisons multiples. Certains textes sont demeurés inédits par la volonté de Descartes ; on sait ainsi que Descartes a rédigé un court traité de musique et pris des notes diverses connues par fragments, relatives à des sujets variés de philosophie et de sciences. Il entretient une correspondance nourrie avec les savants de France et des Provinces-Unies.

A ces premiers textes s'ajoutent deux œuvres de grandes dimensions. Si les *Règles pour la direction de l'esprit en la recherche de la vérité*[2] que l'on date ordinairement de 1628 n'ont pas été données au public, c'est que Descartes ne le voulait pas expressément. On ne peut pourtant comprendre ni l'élaboration des règles de la méthode de la seconde partie ni la *Géométrie* sans faire référence à cet ouvrage inachevé.

Un autre texte capital est resté inédit pour des raisons conjoncturelles. Il s'agit du traité qui devait paraître en 1634, le *Monde ou Traité de la Lumière*, et pour lequel Descartes s'estimait prêt. Mais la nouvelle de la seconde condamnation de Galilée, prononcée le 22 juin 1633, incita Descartes à renoncer, ou tout au moins à différer son projet[3].

2. *Regulae ad directionem ingenii* (abrégé dans la suite par *Regulae*), AT, X, p. 359-469. Il en existe plusieurs traductions, dont celle de J. Brunschwig, dans le premier volume des *Œuvres philosophiques* de Descartes publiées par F. Alquié, Paris, 1963 — citées plus bas *O.P.* —, et celle de J.-L. Marion, annotée par le traducteur et P. Costabel, La Haye, 1977, excellent instrument de travail. AT signifie ici et dans la suite l'édition de référence des œuvres de Descartes mentionnée dans la bibliographie.

3. Lettres à Mersenne du mois de novembre 1633 au 15 mai 1634, AT, I, p. 270-299. Dans ce qui suit, nous ne précisons l'auteur des lettres que s'il ne s'agit pas de Descartes.

Galilée avait été condamné en 1616 pour avoir soutenu que le soleil est le centre du monde, et que la terre est affectée d'un mouvement diurne autour d'elle-même; en 1632, il avait néanmoins publié le *Dialogo* [...] *sopra i due massimi sistemi del mondo*, qui lui valut une nouvelle condamnation. Descartes n'avait pas lu à l'époque le *Dialogo*[4], mais sa physique supposait aussi l'abandon du géocentrisme[5] encore professé officiellement par l'Eglise. La *Dioptrique* et les *Météores* sont à comprendre dans un rapport essentiel avec le traité du *Monde* ainsi qu'avec ce qui n'en est en réalité qu'un chapitre, le traité de l'*Homme*[6].

Le *Discours de la méthode* et les *Essais* reflètent l'état contradictoire dans lequel se trouve Descartes après 1633. D'un côté, il ne lui est plus possible de publier une physique complète sans s'opposer à l'autorité de l'Eglise, ce qu'il ne veut absolument pas. De l'autre côté, il ne peut plus rester silencieux, pressé qu'il est tant par une nécessité intérieure de publier

---

4. Descartes ne parcourt le traité qu'en août 1634 (voir la lettre à Mersenne du 14 août 1634, AT, I, p. 303).

5. Ce qui ne signifie pas que Descartes accepte absolument parlant l'héliocentrisme, puisque son monde n'est pas centré, et que les dimensions de celui-ci sont indéfinies, voire infinies. Mais il est aussi vrai que le système des planètes gravite autour du soleil.

6. « Il ne me reste plus qu'à y [au *Monde*] ajouter quelque chose touchant la nature de l'homme... », à Mersenne, juin 1632 (AT, I, p. 254) ; « Je parlerai de l'homme en mon *Monde* un peu plus que je ne pensais, car j'entreprends d'expliquer toutes ses principales fonctions », à Mersenne, novembre ou décembre 1632 (AT, I, p. 263). Cependant, on a pris l'habitude de distinguer ces deux traités, qui ont paru séparément après la mort de Descartes.

enfin, que du fait de la demande des amis et correspondants.

Descartes forme alors le projet d'une publication qui présente un échantillon significatif de sa philosophie (c'est-à-dire, à tout le moins, une métaphysique et une physique) sans toucher aux questions controversées de la cosmologie. C'est pour l'essentiel l'affaire des *Météores*. Mais la physique telle que nous l'entendons n'était pas le seul objet du *Monde*, qui devait, à partir de la théorie de la lumière, traiter également d'une partie ancienne de la philosophie, la question du sens (vue, toucher etc.) et du sensible, dans la partie consacrée à l'homme. C'est en partie l'affaire de la *Dioptrique*, que nous publions ici en entier. Le troisième essai, de loin le plus difficile, est la *Géométrie*. Il reprend manifestement des éléments des *Regulae*, et les prolonge.

Ce dernier *Essai* a un statut particulier ; Descartes ne s'adresse plus au commun des lecteurs : « Jusqu'ici j'ai tâché de me rendre intelligible à tout le monde ; mais, pour ce traité, je crains qu'il ne pourra être lu que par ceux qui savent déjà ce qui est dans les livres de géométrie. Car d'autant qu'ils contiennent plusieurs vérités fort bien démontrées, j'ai cru qu'il serait superflu de les répéter, et n'ai pas laissé pour cela de m'en servir[7]. » C'est une manière de dire que la *Géométrie* accepte, en partie au moins, l'héritage de la tradition scientifique ouvertement dédaigné ailleurs, à l'exception de la mécanique et de l'optique.

Il paraît clair, à la lecture de la correspondance, que

7. Avertissement, AT, VI, p. 368.

Descartes a constitué la publication de 1637 à partir de la *Dioptrique* et des *Météores*, augmentés de part et d'autre du *Discours de la méthode* et de la *Géométrie*. Dans ce projet, le *Discours* n'est que la préface des trois *Essais*. Pour bien juger de cet ensemble, il faut rectifier la perspective historique que la tradition scolaire [8] a adoptée à partir du XIXᵉ siècle en détachant le *Discours* des *Essais*. C'est le destin fréquent de nombre d'introductions ou de préfaces que de se substituer à l'œuvre même qu'elles précèdent. Ainsi isolé, le *Discours de la méthode* perd une grande part de sa signification.

Les enjeux, comme les silences de Descartes, s'expliquent mieux en examinant précisément les étapes de la rédaction des *Essais* et du *Discours*.

2. ÉLÉMENTS POUR UNE CHRONOLOGIE DES *ESSAIS* ET DU *DISCOURS*

Le renoncement à la publication du *Monde* n'est qu'une péripétie, même si elle a été douloureuse, comme en témoignent la sixième partie du *Discours* et les lettres de 1633 et 1634. En effet, le *Monde* était lui-même l'extension d'un traité déjà intitulé *Les Météores*, et la *Dioptrique* était en chantier dès septembre 1629. Quelques données de la correspondance, avec Mersenne et Constantijn Huygens notamment, sont précieuses pour reconstituer la préhistoire des *Essais* avant la composition du *Monde*, et pour tenter

8 Voir plus bas. *La Constitution d'un cartésianisme scolaire.*

une mise en rapport avec les traités de 1637. car rien ne garantit *a priori* que les noms des ouvrages cartésiens projetés et publiés renvoient toujours exactement à la même réalité.

Les commencements les mieux connus remontent à 1629. Descartes séjourne en Frise et travaille à un « petit traité de métaphysique [9] », qu'il interrompt au mois d'octobre pour entreprendre une étude des météores c'est-à-dire des phénomènes sublunaires) lorsqu'il a connaissance de l'observation des *Parhélies* ou faux soleils faite par le P. Scheiner le 20 mars à Rome. Un mois après, ce projet prend de l'ampleur et devient celui d'une étude de « toute la physique [10] ». Les premiers *Météores* sont destinés à traiter la matière du *Monde*.

Parallèlement, Descartes entretient avec Ferrier, un artisan constructeur d'instruments de mathématiques et bon technicien en optique, une correspondance sur l'art de tailler les verres dont le dernier discours de la *Dioptrique* est l'écho. En novembre 1630. Descartes évoque explicitement la *Dioptrique* en précisant qu'elle ne saurait être prête de sitôt. Descartes veut alors traiter des couleurs [11] et de la lumière, ce qui revient à transformer fondamentalement le projet même du texte. En effet. il s'agit d'y joindre « quasi une physique tout entière [12] ». La *Dioptrique* en chan-

9. A Mersenne. 25 novembre 1630. AT. I. p. 182.
10. A Mersenne. 13 novembre 1629. AT. I p. 70.
11. Le problème est annoncé dans le Discours premier de la *Dioptrique* publiée (p. 159) et traité en détail dans les *Météores* (Discours huitième. *De l'arc-en-ciel*).
12. A Mersenne. du 25 novembre 1630. AT. I. p. 179.

tier n'est plus seulement un texte technique et doit s'enrichir d'une partie théorique. Lorsque le projet de la *Dioptrique* se précise, il se rapproche un temps du moins de celui du *Monde*. Le début de la *Dioptrique*, traitant des réfractions, est prêt au début de l'année 1632, et Descartes décrit, dans une lettre de juin, la loi des sinus présente (sans être nommée) dans l'essai de 1637. L'ordre de conception des grandes parties de la *Dioptrique* n'est pas celui du texte tel qu'il est imprimé en 1637.

Météores, Dioptrique, Monde : les frontières de ces trois ouvrages sont à l'origine confuses et variables. Descartes veut, un temps du moins, atteindre toute la science physique possible à partir de l'examen d'un problème spécial, par amplifications successives. Tout se passe comme si l'étude d'une classe particulière de phénomènes l'obligeait à repenser l'ensemble du savoir.

En juin 1632, Descartes annonce à Mersenne son intention de ne pas quitter Deventer avant que la *Dioptrique* ne soit achevée. Dans l'espoir d'une conclusion rapide, il limite l'ambition du *Monde*[13] en renonçant à traiter de la génération des animaux. Jusqu'au milieu de 1633, il s'occupe exclusivement du *Monde*, « son » Traité. *Dioptrique* et *Monde* ont désormais des limites nettement fixées.

La décision de novembre est ressentie comme la perte d'un travail de quatre ans[14]. Descartes exclut alors de révéler au public les principes de sa

13. AT, I, p. 254.
14. Février 1634, à Mersenne (AT, I, p. 281).

philosophie[15]. Il tiendra parole assez longtemps, suffisamment pour éviter les difficultés. Seuls les *Principia philosophiae* (publiés en 1644 avec la traduction latine du *Discours* et des *Essais*, et traduits en français en 1647) contiennent l'exposé intégral de la philosophie cartésienne[16].

La partie physique du *Discours*, la *Dioptrique* et les *Météores* donnent ainsi l'exemple de textes dont la forme définitive est obtenue par le retranchement délibéré des principes qui en fourniraient la justification complète.

La *Dioptrique* est évoquée en automne 1634. Au printemps 1635, Descartes veut incorporer le récit d'une expérience à ses *Météores* : il s'y emploie pendant l'été. En octobre, il est résolu à publier seule la *Dioptrique*, en l'ayant complètement isolée du *Monde*. Elle est prête en novembre. La question de l'impression du texte est alors évoquée avec Huygens, ainsi que l'ajout dans la même publication des *Météores*, qui restent à mettre au net. Descartes souhaite adjoindre à l'ensemble une préface, qui deviendra le *Discours*.

En mars 1636, Descartes est à la recherche d'un éditeur, après avoir renoncé aux services des

---

15. Avril 1634, à Mersenne, AT, I, p. 287.

16. Il ne s'agit donc pas avec les *Principia* d'un manuel d'importance secondaire, du fait de sa forme scolaire, mais du texte même sur lequel Descartes a été jugé : ainsi Spinoza ou Leibniz. En outre, il paraît être conçu en grande partie pour compléter les *Essais* traduits en latin *(Specimina)* avec lesquels il est publié, comme le montrent assez les tournures elliptiques de la partie IV et les nombreux renvois.

Elzevier[17]. Le plan définitif de l'ouvrage, qui doit être « imprimé en fort beau caractère et de fort beau papier » est arrêté ainsi : *Le projet d'une science universelle qui puisse élever notre nature à son plus haut degré de perfection. Plus la Dioptrique, les Météores, et la Géométrie ; où les plus curieuses matières que l'auteur ait pu choisir pour rendre preuve de la science universelle qu'il propose sont expliquées en telle sorte que ceux mêmes qui n'ont point étudié les peuvent entendre.* Le *Projet* tient donc lieu de la préface envisagée. Par ailleurs, Descartes évoque pour la première fois l'insertion de la *Géométrie*. En juillet les figures de la *Dioptrique* sont presque achevées. Elles sont dues à F. Van Schooten junior, professeur de mathématiques à Leyde, traducteur en latin de la *Géométrie* (1649), et auteur d'un portrait gravé de Descartes souvent reproduit. A la fin du mois d'octobre, la *Dioptrique* est quasi achevée d'imprimer, et les *Météores* sont donnés à la composition. Descartes rédige la *Géométrie* pendant l'impression des *Météores*[18], donc assez rapidement ; de nombreux éléments de ce traité devaient toutefois être prêts de longue date.

Descartes, on l'a vu, avait d'abord songé à ouvrir l'ouvrage par une Préface, puis propose le *Projet d'une science universelle*, et enfin arrête son choix avec le *Discours de la méthode*. Ces trois états du titre

---

17. Le contrat avec Jean Maire est conclu le 2 décembre, après le commencement de l'impression. Dans le contrat, le *Discours de la méthode* est simplement intitulé *De la méthode*.

18. Lettre à un inconnu (peut-être le P. Deriennes), sans doute du 22 janvier 1638, AT, I, p. 458.

révèlent-ils une modification décisive des enjeux philosophiques ?

Le texte est certainement trop long pour n'être
qu'une simple préface suivant l'usage habituel, et
même pour constituer un seul *Discours* : ce même
terme de *Discours* désigne plus loin les dix divisions
des deux *Essais* suivants. Le choix du titre définitif
résulte non d'une intention rhétorique, mais d'un
compromis dont l'un des effets inattendus aura été de
faire croire aux services chargés de l'octroi du Privilège
qu'il s'agissait d'une pièce d'éloquence [19]. Descartes
justifie ainsi son choix : « ... je n'ai su bien entendre ce
que vous objectez touchant le titre ; car je ne mets pas
Traité de la méthode, mais *Discours de la méthode*, ce
qui est le même que *Préface ou Avis touchant la
méthode*, pour montrer que je n'ai pas dessein de
l'enseigner, mais seulement d'en parler. Car comme on
peut voir de ce que j'en dis, elle consiste plus en
pratique qu'en théorie, et je nomme les traités suivants
des *Essais de cette méthode*, pour ce que je prétends
que les choses qu'ils contiennent n'ont pu être trouvées
sans elle, et qu'on peut connaître par eux ce qu'elle
vaut : comme aussi j'ai inséré quelque chose de
métaphysique, de physique et de médecine dans le
premier discours pour montrer qu'elle s'étend à toutes
sortes de matières [20]. » En effet, le *Discours* est déjà,
pour ses trois dernières parties, une mise à l'essai de la
méthode qui n'est qu'évoquée dans la seconde partie.

19. Mersenne à Descartes, 15 février 1637, AT, I, p. 661.
20. A Mersenne, date incertaine (printemps 1637), AT, I, p. 349.
Mersenne désigne le *Discours* par l'expression *Traité de la Méthode
de raisonner dans les sciences*.

Le *Projet d'une science universelle* eût-il été très différent s'il avait été réalisé ? Sans doute pas. Il faut encore revenir à la correspondance : « En ce *projet* je découvre une partie de ma méthode, je tâche à démontrer l'existence de Dieu et de l'âme séparée du corps, et j'y ajoute plusieurs autres choses qui ne seront pas, je crois, désagréables au lecteur[21]. » On remarque le même procédé d'échantillonnage, sauf que le contenu des parties postérieures à l'usage métaphysique de la méthode n'est pas aussi détaillé que dans les textes ultérieurs. Que voulait dire alors *science universelle* ? L'expression est une traduction du latin *mathesis universalis*. Descartes la définit comme « une science générale qui explique tout ce qu'il est possible de rechercher touchant l'ordre et la mesure, sans assignation à quelque matière particulière que ce soit[22] » ; et cette *mathesis universalis* est très proche en son concept de celui de méthode tel qu'il est expliqué par la même *Regula* IV dans sa relation de fondation avec les mathématiques. L'indifférence à l'objet constitue l'universalité de la *mathesis universalis,* et non pas un quelconque encyclopédisme ou la synthèse d'un savoir absolu.

La différence entre le *Projet* imaginé en 1636 et la publication de 1637 n'est donc pas aussi grande que l'on peut le croire à la lecture des titres. Descartes retranche peut-être quelque chose à son ambition,

21. A Mersenne, mars 1636, AT, I, p. 339.
22. *Regula* IV, trad. J. Brunschwig, AT, X, p. 378, *O.P.*, vol. 1, p. 98. La même règle précise peu avant que les objets susceptibles de tomber sous la *mathesis universalis* peuvent être « des nombres, des figures, des astres, des sons ou quelque autre objet ».

mais on ne sait pas quoi. Le fond reste toujours le
même : il s'agit de porter preuve de l'universalité
d'une méthode par des exemples choisis pour leur
difficulté, sans en dire trop.

Temps d'une écriture, temps raconté

Quand situer la rédaction du *Discours de la
méthode* ? La question a été très controversée, non
seulement pour elle-même, mais surtout parce qu'elle
paraît aux yeux de certains commentateurs devoir être
liée à la question de la cohérence du texte même, les
différences de doctrine devant s'expliquer par une
évolution de la pensée cartésienne. On doit toutefois
remarquer avec E. Curley que des contradictions si
manifestes seraient quelque peu étranges dans une
œuvre si exactement destinée à la publication par son
auteur, et vraisemblablement soigneusement relue[23].
Dans sa position la plus radicale, l'hypothèse disconti-
nuiste revient à considérer que Descartes rédige à la fin
de l'année 1635 une préface aux deux *Essais* de
physique, l'actuelle sixième partie. Au cours de
l'année suivante, il aurait inséré les quatrième et cinquième parties, ainsi qu'un texte intitulé *Histoire de
mon Esprit*[24], qui constitue la première partie ; il

23. E. Curley, « Cohérence ou incohérence du *Discours* », *in* J.-L.
Marion et N. Grimaldi (éditeurs), *Le Discours et sa méthode*, Paris,
PUF, 1987, p. 45. Les arguments discontinuistes sont exposés par
G. Gadoffre dans le même recueil, « La chronologie des six parties »,
p. 19.
24. Ce titre est connu d'après une lettre de Guez de Balzac à
Descartes (30 mars 1628, AT, I, p. 571).

décide ensuite d'intégrer la *Géométrie* à l'ensemble, et rédige conséquemment une introduction *ad hoc*, l'actuelle deuxième partie pour l'essentiel. Enfin, la troisième partie, traitant de morale, aurait été rédigée à la hâte dans le courant de 1637 pour faciliter l'accueil du *Discours* par la censure. D'autres critiques ne jugent pas que l'œuvre est assemblée de manière aussi composite et associent la chronologie de la composition à celle du texte tel qu'il est imprimé, avec une possible exception pour la troisième partie.

Nous avons quelques certitudes historiques, fournies dans la correspondance, et qui attestent de l'existence d'événements et de textes mentionnés dans le *Discours* et les *Essais.* Mais il est absolument impossible de mesurer le degré de refonte de certains des textes évoqués, dont nous avons perdu l'original. Cela est notamment vrai de la métaphysique, même si l'on peut proposer des conjectures. En revanche, la cinquième partie constitue un bon résumé du *Monde*, aux principes près. Quant à l'*Histoire* dont parlait Balzac en 1628, rien ne prouve que Descartes l'ait effectivement écrite, et quand cela serait, rien ne prouve non plus qu'il l'ait reprise sans aménagement dans la première partie et le début de la seconde. On ne peut donc pas admettre comme un fait évident que Descartes ait composé son *Discours* avec des pièces empruntées à des textes antérieurs, même si les épisodes biographiques qu'il décrit sont confirmés par des témoignages extérieurs. Car il est net que Descartes ne dévoile pas sa carrière intellectuelle de manière continue : il éclaire les raisons de la publication de ses essais scientifiques, tout en montrant que la méthode va plu loin, et dans la généralité des sciences, et dans la philosophie première. Le *Discours* se présente comme le récit de trois crises et des décisions prises par Descartes pour les surmonter.

La première crise est celle du savoir scolastique décrit dans la première partie qui conduit Descartes à « abandonner l'étude des lettres ». Descartes éprouve de manière singulière les difficultés des cadres intellectuels anciens ; parlant pour lui-même, il parle aussi universellement. L'héroïsme que lui reconnaissait Hegel s'applique bien ici. La place laissée vacante dans cet abandon est prise, dès 1618-1619, par un projet de *mathesis universalis*, et par celui de la réforme de l'algèbre. La crise même est décrite dans la première partie. Le projet qui en est issu, que l'on pourrait considérer comme un nouveau paradigme scientifique, est évoqué dans les seconde et troisième parties, et se traduit par des travaux scientifiques spéciaux et toujours fragmentaires : nous n'avons mention, dans les divers documents, que de l'existence de solutions à des problèmes particuliers, sans organisation systématique apparente. La manière même des *Regulae* l'illustre bien : à l'occasion des préceptes méthodiques, Descartes donne de nombreux exemples, dont certains prendront par la suite une importance capitale, mais ces applications ne constituent évidemment pas un système. On ne sait pas par où commencer ; l'exercice de la méthode réclame des fondements.

La troisième partie, dans ses derniers alinéas, indique bien que Descartes juge la science qu'il possède indécise et mal fondée. On peut sans doute décrire le tournant des années 1628-1629, où s'élaborent simultanément le projet métaphysique et le projet de la physique systématique, comme une seconde crise. Elle représente en effet un nouveau départ, et quasi une autocritique [25]. Cependant, cette crise n'invalide pas la méthode utilisée avec succès précédemment; elle oblige à fonder métaphysiquement la science. Le fondement de la science n'est pas sa méthode. On notera que ces réflexions sont contemporaines des lettres à Marsenne sur la libre création des vérités éternelles, et de l'élaboration des lois de la nature décrites dans le *Monde*. La solution de cette crise est décrite à partir de la quatrième partie du *Discours*, qui précisément traite des fondements.

Si les deux premières crises dépendent de choix propres à Descartes, la troisième est provoquée de l'extérieur, par l'affaire Galilée. Cette crise introduit un élément irréductible de contingence dans le développement de la pensée cartésienne dont le résultat est la publication même du *Discours* et des *Essais*. Descartes signale dès le début de la cinquième partie, comme dans la *Dioptrique*, qu'il garde le silence sur les vérités qu'il a déduites de ces premières vérités métaphysiques que sont le *cogito* et la preuve de l'existence de Dieu. Or, si l'on se rapporte au *Monde*, on voit que l'étape intermédiaire entre l'existence de Dieu (à la reconnaissance philosophique de laquelle conduit la quatrième partie), et le système de la physique, dont lumière et météores sont des cas particuliers, est formée par la théorie de la matière et les lois de la nature, c'est-à-dire des principes de conservation du mouvement et de sa direction. C'est précisément ce qui

25. Dans les termes de l'étude de Lüder Gäbe, *Descartes' Selbstkritik*, Hambourg, Meiner, 1972.

fait défaut dans l'ensemble de la publication de 1637, où ces lois ne sont jamais approchées qu'indirectement. Les deux dernières parties du *Discours* justifient la publication du livre tel qu'il est, dans ce qu'il dit et dans ce qu'il cache.

Tout cela apparaît donc en définitive cohérent, à la fois en soi, par rapport à la construction de la philosophie cartésienne, et au respect des contraintes du temps.

3. LA MÉTHODE ET SON USAGE

Mathesis universalis *et méthode*

On a observé que l'exposé de la méthode dans le *Discours* tient une place très réduite, limitée aux quatre préceptes de la seconde partie et aux commentaires qui les accompagnent. Ce manque d'ampleur interdit de considérer les règles comme autre chose qu'un résumé des positions essentielles des *Regulae*, et donc comme un abrégé de la *mathesis universalis* en construction. C'est d'ailleurs vers ce traité que se sont tournés tous ceux qui, au XVIIᵉ siècle, ont eu entre les mains les inédits cartésiens [26]. Cependant, le *Discours* permet d'apprécier quelques caractéristiques précises de cette nouvelle façon de conduire sa raison.

La méthode entretient un rapport essentiel avec les mathématiques. Descartes dit bien que les « longues chaînes de raisons toutes simples et faciles » des

---

26. Par exemple, Arnauld et Nicole renvoient aux *Regulae* dans le chapitre II (« De la méthode ») du Livre IV de la *Logique de Port-Royal*.

géomètres lui ont donné l'occasion de concevoir un schéma scientifique applicable universellement. Il n'est donc pas faux de parler de méthode mathématique, mais à la seule condition de prendre garde au fait que Descartes réforme profondément la conception transmise des mathématiques et de leur application. Les textes des *Regulae* et de la *Géométrie* fournissent sur ce point quelques indications décisives.

Par rapport aux traditions philosophiques et mathématiques, le mode d'application des mathématiques aux autres sciences est transformé. En effet, 1° Les disciplines de mathématique pure sont fondées sur la théorie de l'ordre et de la mesure. Elles ne sont donc plus premières en droit, et deviennent des disciplines particulières. 2° Les mathématiques appliquées ne sont plus des applications des mathématiques « pures » à un objet matériel particulier. Elles sont également une application de la théorie de l'ordre et de la mesure. 3° Si les mathématiques, pures ou appliquées, utilisent les nombres et les figures, ce n'est plus à titre d'objets, mais comme revêtements (*integumenta*).

Bref, là où il y a de l'ordre et de la mesure, il peut y avoir science d'un degré de certitude égal à celui des mathématiques ordinaires, puisque c'est la même fondation rationnelle qui est à l'œuvre dans un cas comme dans l'autre. Le *Discours* prouve de son côté l'exigence de fondation rationnelle des mathématiques ; ainsi la certitude de l'arithmétique, identique chez l'enfant et le savant, n'est telle que parce qu'elle consiste en l'application de la « méthode qui enseigne à suivre le vrai ordre et à dénombrer exactement toutes les circonstances de ce qu'on cherche (p. 93). »

L'application technique de la méthode en mathématiques est très intéressante. Dès 1637, se diffuse un nouveau procédé de calcul, que les documents de l'époque disent être « par les lettres » « par l'alphabet » ou « par le calcul nouveau », et qui s'opposent à l'algèbre ordinaire et à ses signes dits cossiques (de l'italien *cosa,* chose). L'intérêt le plus grand de ce calcul est qu'il permet de démêler les diffcultés, en assignant exactement les éléments connus, les inconnus, et les relations entre inconnus et connus.

Méthode et morale

La troisième partie, touchant la morale est-elle ou non écrite pendant la demande de Privilège, et à cause d'elle ? Le sentiment que ce passage est extérieur aux préoccupations de l'auteur est renforcé par d'autres textes cartésiens plus secrets [27], et également par le fait que la question éthique est l'une des seules à être dépourvue de précédents très explicites dans les lettres et œuvres antérieures à 1637 [28]. Mais, cette interprétation vaudrait si la morale de la troisième partie était réellement un excursus sans signification dans le développement de l'ouvrage. Ou plutôt, il convient de se demander si la difficulté de comprendre la morale

27. *Entretien avec Descartes (Entretien avec Burman),* AT, V, p. 178, trad. J.-M. Beyssade p. 144 : « L'auteur n'écrit pas volontiers touchant la morale, mais les régents et autres pédants l'ont contraint d'ajouter à son écrit ces règles parce que, autrement, ils prétendraient qu'il n'a ni religion ni foi, et que, par le biais de sa méthode, il veut les renverser. » Voir aussi une lettre à Chanut du 20 novembre 1647, AT, V, p. 86.

28. Voir cependant une lettre de consolation (AT, I, p. 631) adressée à Huygens après la mort de sa femme.

dans le *Discours* n'invalide pas l'interprétation que l'on en propose plutôt que le texte lui-même.

L'exposition des règles de morale est comprise comme l'instrument d'une libération théorique. Descartes le dit expressément à la fin de la troisième partie et au début de la quatrième : « Après m'être ainsi assuré de ces maximes, et les avoir mises à part, avec les vérités de la foi, qui ont toujours été les premières en ma créance, je jugeai que pour tout le reste de mes opinions je pouvais librement entreprendre de m'en défaire (p. 100). » ; cette liberté devient un devoir lorsqu'il s'agit de métaphysique « J'avais dès longtemps remarqué que pour les mœurs il est besoin quelquefois de suivre des opinions qu'on sait être fort incertaines, tout de même que si elles étaient indubitables, comme il a été dit ci-dessus : mais pource qu'alors je désirais vaquer seulement à la recherche de la vérité, je pensai qu'il fallait que je fisse tout le contraire, et que je rejetasse comme absolument faux tout ce en quoi je pourrais imaginer le moindre doute, afin de voir s'il ne resterait point après cela quelque chose en ma créance qui fût absolument indubitable. » Ainsi, en limitant à l'usage de la vie l'acceptation du probable et de l'incertain, Descartes rend possible un plein exercice de la liberté de l'esprit dans les sciences et la philosophie. G. Rodis-Lewis montre avec raison que si les maximes de morale ne sont pas à proprement parler tirées de la méthode, elles sont cependant appelées par elle.

Par ailleurs, il aurait été très étrange que Descartes, écrivant sur la morale par pur opportunisme, eût laissé passer quelques phrases où l'on ne pouvait manquer de voir une assimilation des vœux religieux et des contrats commerciaux : vœux et contrats seraient réservés aux « esprits faibles », et Descartes prétend s'en dispenser. Il y aurait eu sans doute mieux à faire pour se concilier la censure !

La métaphysique

La quatrième partie du *Discours* souffre de la concurrence avec les *Méditations métaphysiques*, et apparaît parfois comme un avant-projet imparfait. Descartes lui-même, dès 1637, paraît juger sévèrement ces pages, pour leur obscurité dans la preuve de l'existence de Dieu ; il envisage même d'ajouter « quelque éclaircissement » dans une édition ultérieure [29]. Il reste évidemment à localiser précisément cette imperfection et à savoir si elle est accidentelle ou bien essentielle. La thèse d'une imperfection accidentelle est suggérée par Descartes lui-même. Elle tiendrait d'une part aux conditions de la rédaction du *Discours*, et d'autre part à la volonté de ne pas trop divulguer les arguments des sceptiques, fût-ce pour les réfuter, de peur d'être confondus avec eux ; ce qui n'était pas une crainte vaine si l'on lit l'*Admirable Méthode* de Martin Schoock.

Avant même la publication de cet échantillon métaphysique, Descartes en justifiait l'obscurité par la nécessité qu'il aurait eu d'expliquer « bien au long les plus fortes raisons des sceptiques [30] », ce qui, selon une lettre de peu postérieure, n'était pas « propre à mettre dans un livre, où [...] les femmes même pussent entendre quelque chose [31] » — ce qui ne révèle pas tant

29. A Vatier, 22 février 1638, AT I, p. 561.
30. A Mersenne, mars 1637, AT, I, 353.
31. A Vatier, 22 février 1638, AT I, 560.

une quelconque misogynie cartésienne qu'un état de l'éducation. Ecrire en français ne permettait pas de développer outre mesure les raisons de douter. Au demeurant, Descartes inscrit les *Méditations métaphysiques* dans la continuité de ce qu'il avait touché « comme en passant » dans la publication de 1637.

L'originalité des *Méditations métaphysiques*, par rapport à tous les exposés antérieurs connus de la philosophie cartésienne, consiste dans le redoublement de raisons « naturelles » de douter (les témoignages trompeurs des sens, la capacité de l'homme à se tromper dans ses raisonnements ou l'indistinction possible entre la veille et le rêve), issues de l'héritage sceptique, par des raisons liées à des considérations de plein droit métaphysiques, comme l'hypothèse d'un Dieu trompeur et la fiction d'un malin génie. Les raisons naturelles de douter atteignent la connaissance physique, et laissent intacte la mathématique pure. Les raisons métaphysiques seules permettent de douter un temps de la validité des mathématiques. Dans le *Discours*, l'exposé du doute est très succinct, en ce qu'il se limite à énumérer les trois raisons « naturelles » de douter, et à poser immédiatement le *je pense donc je suis* comme moyen de sortir du doute universel, précisément comme « premier principe de la philosophie que je cherchais »[32].

Depuis les débuts du regard historique porté sur la

32. L'ambiguïté syntaxique de la phrase est levée par la traduction latine de 1644 : c'est la philosophie qui est cherchée et non son principe.

métaphysique de Descartes, les parallélismes comme les différences des exposés ont attiré longuement l'attention. Il faudrait au demeurant ajouter à l'étude de ces deux textes celle des *Principes de la philosophie* et celle du dialogue inachevé intitulé : *Recherche de la vérité par la lumière naturelle*[33]. L'opinion la plus répandue, dès les premiers commentaires (celui de Poisson dès le XVIIe siècle, puis au XIXe siècle et chez de nombreux contemporains), tient pour une identité de fond des exposés métaphysiques de Descartes, dans une liaison essentielle avec les questions de science et de méthode. L'exposé des *Méditations* est jugé seulement plus complet, soit que Descartes ait progressé dans la clarification de ses propres concepts, soit qu'il ait abandonné une prudence excessive liée aux circonstances de l'édition : la force de cette interprétation tient naturellement à ce qu'elle s'appuie sur certains propos tenus dans la correspondance. Ainsi, le but scientifique du *Discours* et des *Essais* étant admis, la partie métaphysique paraît bien lui donner un fondement, et anticiper en outre sur une métaphysique plus achevée, en fournissant une esquisse déjà très explicite. Dans cette perspective, on voit que le défaut de la métaphysique du *Discours* est conçu comme accidentel et circonstanciel.

Il y a cependant dans l'histoire du commentaire cartésien d'autres solutions pour expliquer la disparité des textes. Certains auteurs, pour des motifs diamétralement opposés, ont séparé le *Discours*, sa méthode et

33. AT, X, p 489-527, et *O. P.*, vol. 2, p. 1101-1141. Le dialogue est de datation très incertaine : il s'interrompt à la définition de la *res cogitans*.

sa science, de toute entreprise proprement métaphysique. Au nom de la construction de la science et en vertu des normes du savoir positif, L. Liard, puis une grande partie de la tradition française de l'histoire des sciences[34], ont considéré que la partie métaphysique était, au mieux, une caution extérieure à une science qu'elle ne fondait en rien, ni logiquement ni chronologiquement[35].

Du côté de la métaphysique, la position de F. Alquié s'est un temps imposée pour sa radicalité et son originalité. Pour Alquié, ni le projet ni les thèses du *Discours* ne sont proprement métaphysiques. Le texte s'en tient aux vérités scientifiques, et non à la vérité même de l'être : « Le *cogito* du *Discours* n'est pas le fondement de toute vérité, mais la plus certaine des vérités. Et les conséquences qu'en tire Descartes sont encore de science et non d'ontologie[36]. » Ainsi, pour Alquié ni le doute ni le *cogito* ne seraient réellement métaphysiques dans le *Discours*. Une réserve est cependant faite pour les preuves de Dieu, dont l'élaboration est jugée « métaphysiquement parfaite »[37]. La

34. Ainsi G. Milhaud, *Descartes savant*, Paris, 1921 ; G. Tournadre, *L'Orientation de la science cartésienne*, Paris, 1982.

35. Louis Liard, *Descartes*, Paris, 1882. Il faut noter que Liard considérait en général la théorie cartésienne de la nature comme un « idéalisme métaphysique » (p. 62), l'absence de métaphysique que l'on a parfois soulignée dans la science se caractérisant, ce qui est vrai, par l'absence d'êtres métaphysiques tel que le positivisme les entendait, — les « entités » —, à l'intérieur de la physique même. Ce dernier point de vue est tout de même faux, puisque Descartes emploie constamment dans sa science un vocabulaire causal, que Comte rejette comme métaphysique.

36. F. Alquié, *La Découverte métaphysique de l'homme chez Descartes*, Paris, 2ᵉ édition, 1966, p. 150.

37. *Op. cit.* p. 147.

symétrie des positions de L. Liard et de F. Alquié tient sans doute à ce que le concept de science de l'un, comme celui de métaphysique de l'autre sont reconstruits à partir d'une interprétation personnelle de ce que doit être la science (positive) ou la métaphysique (existentielle).

Doit-on alors séparer comme deux projets radicalement différents l'ébauche de métaphysique du *Discours* et les *Méditations* ?

1. Si des arguments métaphysiques supplémentaires apparaissent dans les *Méditations*, celles-ci ne retirent rien à ceux qui sont présents dans le *Discours*. Ce dernier peut ainsi être lu comme une sorte de sous-ensemble des *Méditations métaphysiques*. Cela conforte donc l'idée d'ébauche. Mais loin de dévaloriser le *Discours* par rapport aux *Méditations*, c'est l'inverse qui est ainsi involontairement atteint : faire avec E. Gilson, des *Méditations* le commentaire *du Discours* [38] revient, quelle que soit l'originalité du commentaire, à placer cette œuvre au second plan. Cette situation relativement embarrassante ne peut guère être alors dépassée que si l'on accorde un statut spécial aux *Méditations* elles-mêmes, en avançant par exemple que ce traité « renferme les éléments essentiels selon leur justification vraie » [39] ou encore qu'elles « révéleront l'homme vrai », puisque Descartes y saisira la conscience « en son être et la saisira par rapport

38. E. Gilson, *Commentaire...*, p. 284 ; Gilson se fonde sur l'entretien de Descartes et de Burman (AT, V, p. 153, éd. Beyssade, p. 44-45).

39. M. Gueroult, *Descartes selon l'ordre des raisons*, Paris, 1953, vol. 1, p. 23.

à l'Etre » [40]. Il est évident que l'on ne peut pas inférer de ce que Descartes ne présente pas une métaphysique accomplie dans le *Discours* qu'il la conserve par-devers lui en attendant meilleure occasion de la publier. Mais on ne peut conclure davantage à l'inexistence d'une pensée métaphysique plus ample que celle qui est ici révélée.

2. Il serait aisé de montrer que les *Méditations métaphysiques* elles-mêmes ont un but scientifique médiat, et qu'elles fondent la cognoscibilité mathématique du réel, le mécanisme, la théorie du vivant et la médecine. On ne peut donc pas différencier aussi radicalement les intentions des deux ouvrages.

Enfin, pour J.-L. Marion [41], cette perspective semble totalement s'inverser : le *cogito* est posé exactement comme principe métaphysique, et au contraire la définition de Dieu n'est pas à la hauteur de ce qui est pensé dans les *Méditations* ou dans les *Réponses aux Objections* : le *Discours* ne reconnaît ni l'infinité de Dieu ni la théorie de la *causa sui*.

Si ce dernier point de vue est préférable quant à la lecture des textes, on peut cependant associer la question de l'imperfection de la métaphysique au troisième objet reconnu dans les *Méditations* : celui de la connaissance de la nature. La théorie de l'essence des corps, comme la reconnaissance de leur existence, appartiennent en totalité à la métaphysique carté-

---

40. F. Alquié, *op. cit.*, p. 155 et 157.
41. « La situation métaphysique du Discours », in *Le Discours et sa méthode*, sous la direction de J.-L. Marion et N. Grimaldi, Paris, 1987. A cette étude décisive, les présentes remarques doivent beaucoup.

sienne. Cela est prouvé par la place du problème dans
les *Méditations* cinquième et sixième, et aussi par le
domaine de ce qui est susceptible de certitude métaphysique, en particulier les lois du mouvement. Or,
dans le *Discours*, nous ne savons métaphysiquement ni
qu'il y a des corps ni que, s'il y en a, leur essence se
confond avec les propriétés de leur étendue. Nous
savons certes que l'âme n'est pas matérielle. Mais cela
n'entraîne pas qu'il y ait des corps, ou que ces corps
soient eux-mêmes substantiels. Par ailleurs, les lois du
mouvement ne sont pas déduites expressément. Il y a
donc là une lacune métaphysique dont on peut montrer qu'elle est essentiellement volontaire, comme nous
le verrons à propos de la *Dioptrique*.

L'usage scientifique de la méthode.

Les deux dernières parties du *Discours* et les trois
essais n'ont pas exactement le même statut quant à la
mise en œuvre de la méthode. D'une manière générale,
Descartes indique, sans doute de manière assez polémique, que la *Dioptrique* et les *Météores* ont pour but
de « persuader » que sa méthode est « meilleure que
l'ordinaire », tandis que cela doit être « démontré »
par la *Géométrie* [42]. On peut assigner un rôle persuasif
et non démonstratif à la théorie du mouvement du
cœur de la cinquième partie, avec une nuance toutefois : Descartes, ne confondant pas Harvey et la
physique vulgaire, veut alors montrer qu'il sait se
battre sur un terrain plus moderne que lorsqu'il livre
bataille contre les qualités occultes.

42. Fin décembre 1637, à Mersenne (AT, I, p. 478).

Cependant, si les *Essais* ont pour but de faire apprécier la valeur des *résultats* obtenus par la méthode, cela n'implique nullement qu'ils soient rédigés selon la méthode. Descartes le reconnaît en 1638 : « Mon dessein n'a point été d'enseigner toute ma méthode dans le discours où je la propose, mais seulement d'en dire assez pour faire juger que les nouvelles opinions, qui se verraient dans la *Dioptrique* et dans les *Météores* n'étaient point conçues à la légère, et qu'elles valaient peut-être la peine d'être examinées. Je n'ai pu aussi montrer l'usage de cette méthode dans les trois traités que j'ai donnés, à cause qu'elle prescrit un ordre pour chercher les choses qui est assez différent de celui dont j'ai cru devoir user pour les expliquer. J'en ai toutefois montré quelque échantillon en décrivant l'arc-en-ciel [43], et si vous prenez la peine de le relire, j'espère qu'il vous contentera plus qu'il n'aura pu faire la première fois : car la matière est de soi assez difficile [44]. »

En effet, la théorie de l'arc-en-ciel est exemplaire à plusieurs titres : Descartes y applique des éléments obtenus dans la *Dioptrique* concernant le calcul des réfractions, et résume les éléments les plus modernes de sa physique.

Le phénomène est toujours objet de controverses. Il est considéré comme merveilleux de l'Antiquité jusqu'au début de l'époque moderne. Les traités sur l'arc-en-ciel sont innombrables, et constituent un genre de la littérature scientifique, souvent associé à l'exégèse biblique. Descartes traite mécaniquement d'un phéno-

---

43. Il s'agit des *Météores*, Discours huitième.
44. Lettre au P. Vatier, 22 février 1638, AT, I, p. 559.

mène naturel, par un artifice expérimental (fabrication d'une goutte d'eau « fort grosse », c'est-à-dire une
fiole remplie d'eau) pour mieux mesurer les modifications de couleurs, puis par la comparaison avec un
prisme. Le but dépasse en fait celui de l'explication du
phénomène, puisque c'est la notion même de couleur
qui est révisée, dans la mesure où elle est unifiée
(suppression de la différence entre des couleurs appa-
rentes et des couleurs réelles ou permanentes des
choses) et expliquée par les différents mouvements de
la matière subtile [45] (ou éther). Enfin, la connaissance
du phénomène permet de produire mécaniquement
des merveilles, pour ceux du moins « qui en ignore-
raient les raisons ». Il n'y a pas loin de la connaissance
mécanique de la nature à la technique ; Descartes
imagine en effet des groupes de fontaines projetant
dans leur ciel des gouttes d'eau, qui feraient paraître
dans leurs irisations les figures que l'on voudrait. Cet
exposé de l'arc-en-ciel est, dans l'ensemble des *Essais*,
l'un des rares textes où Descartes explique dans le
détail l'ordre des expériences, comparaisons et calculs
qu'il effectue. C'est donc certainement l'intérêt du
sujet, sa transformation de l'état de merveille presque
miraculeuse à celui de phénomène reproductible en
petit et en grand, et enfin la mise en œuvre d'une
méthode d'invention, décrite par le menu, qui autori-
sent Descartes à considérer que, dans la publication de
1637, le traité de l'arc-en-ciel est le meilleur échantillon de la fécondité de la méthode.

---

45. Descartes considère que la théorie de cette matière subtile
appartient aux fondements de sa physique et il ne les révèle pas (à
Reneri pour Pollot, mars 1638, AT, II, p. 42).

4. LA DIOPTRIQUE

La *Dioptrique* est certainement l'*Essai* qui répond au mieux à l'exigence de maîtrise technique de la nature exprimée dans la cinquième partie du *Discours*. Mais sa signification est cependant plus ample, et conserve pour nous une valeur philosophique essentielle.

La dioptrique est à proprement parler un art défini par une fin, celle de remédier aux défauts de la vue par des instruments artificiels (p. 233). On ne trouvera pas ici une théorie scientifique complète de la lumière, mais simplement ce qui doit suffire à la fabrication des lunettes, à savoir les instruments intellectuels (connaissance de la déviation des rayons lumineux dans la réfraction, théorie de l'œil et de la vision, théorie des courbes appliquées aux verres) et les instruments matériels, comme cette machine à tailler les verres décrite dans le dixième discours. Le texte doit pouvoir être lu par les artisans, destinataires inscrits au tout début du traité. Enfin, un problème technique semble avoir particulièrement déterminé Descartes, celui des lunettes à deux verres convergent et divergent (voir p. 228). Ces instruments connaissent un succès considérable ; on sait que Galilée, sans avoir inventé proprement le télescope, l'avait promu au rang d'instrument scientifique et avait publié en 1610 ses résultats dans le *Sidereus Nuncius* — le *Messager céleste*.

Descartes a sans doute su dès le collège ce que l'on voyait dans le tube optique. Mais plus essentielle est pour lui la lecture de l'œuvre de Johannes Kepler, qui

publie en 1611 un traité intitulé *Dioptrice*. Kepler y
forge le nom même de dioptrique, néologisme calqué
sur le modèle de la Catoptrique des anciens — la
science des miroirs —, et décrit les propriétés des
verres et de leurs assemblages dans des lunettes.
L'influence de Kepler, dans sa *Dioptrice* et ses *Paralipomènes à Vitellion* (1604), est considérable sur
Descartes qui reconnaissait que Kepler avait été son
premier maître en optique.

L'analogie de structure entre la *Dioptrice* et la
Dioptrique est nette. Dans les deux cas, à une théorie
de la réflexion succèdent une théorie de la réfraction,
puis une description de la vision, puis une analyse des
effets des lentilles. Cependant, Descartes va plus loin
que son prédécesseur, dans les trois domaines : en
premier lieu, la réfraction des rayons est modélisée par
une loi que Kepler ignorait en tant que telle, la loi des
sinus. La querelle de priorité de Descartes dans la
découverte de cette loi donne encore aujourd'hui
matière à discussion. On est certain que Willebrod
Snell, de Leyde, la connaissait, pense-t-on, vers 1621,
mais exprimée autrement. Descartes ne déclare insti-
tuer une comparaison entre les sinus des angles
d'incidence et de réfraction qu'en 1632[46], en deman-
dant à son correspondant de rester discret sur ce point
qui doit constituer la première partie de la *Dioptrique*.
Cependant on doit vraisemblablement écarter l'idée
d'un emprunt en considérant que Descartes travaille à
la question de l'anaclastique depuis assez longtemps,

---

46. Lettre à Mersenne, de juin 1632, AT, I, p. 255. Voir aussi les
lettres du début de cette même année à Golius, AT, I, p. 235 et 237.

et l'on considère que la loi a été redécouverte vers 1626 à Paris[47].

La nature de la lumière : le Monde *et la* Dioptrique

Trois comparaisons introduisent à l'étude du trajet des rayons lumineux, et préparent la démonstration de la loi des sinus. Ces comparaisons sont censées remplacer une explication plus générale des propriétés de la lumière, inutiles lorsqu'il ne s'agit que de perfectionner le sens de la vue. Cependant, on peut tenter d'apprécier ce qui manquerait à la *Dioptrique* pour être un exposé complet sur la lumière. Il est intéressant de comparer ces modèles avec les textes correspondants du *Monde*.

Considérons l'énumération du *Monde* : « Les principales propriétés de la lumière sont : 1. Qu'elle s'étend en rond de tous côtés autour des corps qu'on nomme lumineux. 2. Et à toute sorte de distance. 3. Et en un instant. 4. Et pour l'ordinaire en lignes droites, qui doivent être prises pour les rayons de la lumière. 5. Et que plusieurs de ces rayons, venant de divers points, peuvent s'assembler en un même point. 6. Ou, venant d'un même point, peuvent s'aller rendre en divers points. 7. Ou, venant de divers points et allant vers divers points, peuvent passer par un même point, sans

---

47. AT, I, 255. Cf. P. Costabel, *Démarches originales de Descartes savant*. Paris, Vrin, 1982, p. 53. Voir la *Correspondance de Mersenne*, éditée par C. de Waard, vol. 1, Paris, PUF, 1945, p. 356-357 et 404-405. La mise au point la plus récente quant à Descartes (mais sans document nouveau) se trouve dans A. Mark Smith, *Descartes's Theory of Light and Refraction*, Transactions of the American Philosophical Society. 77. 3. 1987. appendice A. p. 81.

s'empêcher les uns les autres. 8. Et qu'ils peuvent aussi quelquefois s'empêcher les uns les autres, à savoir quand leur force est fort inégale, et que celle des uns est beaucoup plus grande que celle des autres. 9. Et enfin qu'ils peuvent être détournés par réflexion. 10. Ou par réfraction. 11. Et que leur force peut être augmentée, 12. ou diminuée, par les diverses dispositions ou qualités de la matière qui les reçoit [48]. »

L'assimilation des propriétés de la lumière avec celles d'un bâton est déjà présente dans le *Monde* [49] pour justifier les points 3 et 4. On doit cependant noter que l'explication du traité de 1633 permet de mieux comprendre le sens de la comparaison. Celle-ci a deux aspects, le temps et la direction.

Le temps ne joue pas de rôle dans l'exemple. Si le bâton est rigide, tout mouvement d'une extrémité est reproduit immédiatement par l'autre extrémité indépendamment de sa forme et de sa longueur. Ce modèle donne une image de ce qui se passe, pour Descartes, du soleil jusqu'à l'œil, aussi bien que de ce qui sépare la main et l'obstacle rencontré sur le sol.

La direction est par ailleurs indépendante de la forme du bâton. Si un bâton courbé de manière quelconque est poussé à une extrémité selon une ligne droite, l'autre extrémité empruntera le même trajet. Le *Monde* illustre cela par la représentation d'un bâton sinueux, qui convient aussi bien que le droit. Car l'essentiel est de noter que la ligne droite définissant le rayon de lumière est la ligne de communication d'une

48. AT, XI, p. 98.
49. Voir aussi *Regulae*, Règle IX, AT, X, p. 402, *O. P.*, vol. 1, p. 125.

action et non le trajet emprunté par une quantité de matière. Dans un monde où tous les mouvements sont courbes, la direction de communication de ces mouvements se fait en ligne droite, dans le cas de la lumière. Mais cette droite n'a aucune réalité matérielle[50].

Pourquoi, dans la *Dioptrique*, le bâton est-il celui d'un aveugle ? L'intention n'est plus scientifique ou philosophique au sens strict ; elle ne peut être que rhétorique, par l'évocation d'une vision aveugle qui rapporte le sentiment de la vue à celui du toucher.

La comparaison avec la cuve de vendange est celle qui rappelle le mieux les propriétés de la matière liées à la contiguïté de tous ses éléments, dans la transmission du mouvement. Elle dispense de ce fait de toute la partie du *Monde* préparatoire à l'examen des propriétés de la lumière, en illustrant ici la propriété notée 1.

Quant à la comparaison avec la balle du jeu de paume, elle appartient en propre à la *Dioptrique*, et le *Monde* tel que nous le connaissons y renvoie pour expliquer les propriétés 7 et 8 comme à un travail antérieur[51]. Toutefois, une précision essentielle permet de lever la contradiction apparente des modèles. On a souvent remarqué en effet qu'il est difficile de traiter de la lumière comme d'un phénomène instantané puis d'exploiter les variations de vitesse d'une balle pour en apprécier les déviations. Le modèle de la

50. Voir aussi la lettre à Reneri pour Pollot, avril 1638, 8, **AT**, **II**, p. 42.
51. Ce qui confirme que, lorsque Descartes met la dernière main à son *Monde*, il en a isolé une partie sous le nom de *Dioptrique*, qui contient au moins le début et la fin du texte que nous connaissons.

balle suppose le temps qu'élimine le modèle du bâton.

Descartes écrit que « l'action ou l'inclination à se mouvoir, qui est transmise d'un lieu en un autre par le moyen de plusieurs corps qui s'entretouchent, et qui se trouvent sans interruption en tout l'espace qui est entre deux, suit exactement la même voie, par où cette même action pourrait faire mouvoir le premier de ces corps, si les autres n'étaient point en son chemin ; sans qu'il y ait aucune différence, sinon qu'il faudrait du temps à ce corps pour se mouvoir, au lieu que l'action qui est en lui peut, par l'entremise de ceux qui le touchent, s'étendre jusqu'à toutes sortes de distance en un instant [52] ».

Ainsi, pour Descartes, la lumière n'est pas un mouvement, mais une inclination à se mouvoir, un effort, tel que l'on peut simplement l'éprouver sans mouvement en poussant sa main ou un bâton contre un obstacle fixe [53]. Toutefois, l'inclination à se mouvoir suit les règles mêmes du mouvement. Ce principe rend cohérente la doctrine, mais oblige le lecteur à un effort constant d'adaptation.

Enfin, cette pression se transforme en affection ou passion — purement mécanique — de la rétine. Puis elle est transmise au cerveau et suscite non une image, mais un sentiment.

La vision

La notion de vision subit chez Kepler puis chez Descartes un double déplacement significatif. En

52. AT, XI, p. 102-103.
53. Voir la lettre à Morin du 12 septembre 1638, 4, AT, II, p. 363

1604, Kepler est sans doute le premier à décrire correctement la fonction de la rétine dans le processus de la vision. La vision se fait pour lui quand une projection de l' « hémisphère du monde situé devant l'œil » est présente sur la surface de la rétine[54]. De même, cette définition de la vision dans la *Dioptrice* : « Voir, c'est sentir la rétine affectée, en tant qu'elle est affectée[55]. » Mais Kepler refuse de donner une explication précise de la manière dont les impressions sensibles sont transmises au cerveau, où est localisé le sens commun, jugeant cette propriété occulte ou obscure. C'est précisément là que Descartes déplace à nouveau le problème, en l'associant à une psychologie d'un côté et de l'autre côté à une explication purement mécanique du transport des images dans le corps. De ce fait, l'enjeu technique est articulé sur une théorie nouvelle de la perception sensible qui reprend ses droits dans l'usage de la vie et dans le développement de la science. Cette théorie du sens rend ainsi homogènes la machine du corps et les machines artificielles pouvant aider le sens.

La machine à tailler les verres et sa modernité

On aurait tort de négliger la lecture du dernier discours de la *Dioptrique*, qui décrit pour l'artisan une nouvelle machine à tailler les verres optiques. Ce troisième prolongement de l'optique képlerienne rassemble en effet quelques aspects essentiels du rationalisme

54. Kepler, *Paralipomènes à Vitellion*, trad. C. Chevalley, Paris, Vrin, 1980, p. 317.
55. *Dioptrice*, 1611, prop. 61.

cartésien, dans sa dimension pratique et théorique.

Ce discours propose le dessin de deux instruments. Le premier sert à mesurer la réfraction d'un prisme taillé dans le verre qui sera plus tard utilisé dans la machine à fabriquer les lentilles hyperboliques. Cet instrument permet de connaître une proportion que seule l'expérience indique. La proportion est fournie sous la forme d'un triangle, à partir duquel est construit l'hyperbole du verre, soit à l'aide d'une règle mobile, soit à la règle ordinaire et au compas. La machine elle-même doit ensuite dessiner sur trois dimensions la forme hyperbolique du verre : Descartes généralise le procédé de traçage avec règle mobile. La machine devient alors complexe, et sa réalisation, dont on ne connaît pas d'exemple, devait poser des difficultés.

Le résultat est pourtant important. L'artisan en effet n'a rien à calculer, et cependant la précision mathématique est obtenue par la géométrisation homogène de la mesure et des traçages dans le plan et dans l'espace. Tout se réduit donc à la proportion d'un petit nombre de lignes, suivant les principes de la réforme mathématique.

Cette machine est ainsi un bel exemple de produit de la *mathesis universalis* et forme système avec la théorie mathématique des courbes, le renouvellement de l'optique dans la mesure des réfractions et la référence à la pratique artisanale. En ce sens, A. Koyré n'avait pas tort de juger que la machine du *Discours dixième* est la première machine moderne[56], même si la

---

56. A. Koyré, Du monde de l' « à peu près » à l'univers de la précision, *Etudes d'histoire de la pensée philosophique*, Paris, Gallimard, 1971, p. 353.

technologie nouvelle remplit les livres des descriptions
de nouveaux engins depuis le XVIᵉ siècle, avec, par
exemple le *Théâtre des instruments* (1578) de Jacques
Besson ou *La Raison des forces mouvantes* (1615) de
Salomon de Caus.

Moderne, la machine l'est aussi dans sa fonction.
Elle ne produit que des instruments dont la finalité
essentielle est d'augmenter les connaissances. On sait
par les *Regulae* [57] que la fabrication d'outils intellectuels est la première tâche à accomplir, avant d'entreprendre de régler les difficultés ; on observe toujours
que Descartes, comme plus tard Spinoza, prend
modèle sur la fabrication des instruments pour parler
de la méthode de la connaissance. Mais il est tout aussi
vrai qu'il prend modèle sur la connaissance et ses
étapes pour construire sa machine.

5. LE VISIBLE

Le silence de Descartes dans les traités de 1637 est
pour une grande part calculé. Descartes tait, à la place
que demanderait l'ordre, la définition de la matière,
les raisons métaphysiques qui nous y font croire et les
principes de sa physique. Toutefois, il devait être
possible de reconstituer, sans les déduire dans leur
ordre, quelques-uns de ces principes, et cette définition.

Pour les principes, Descartes dit explicitement que
la balle du joueur de paume suit les règles du

57. *Regulae*, Règle VIII. AT, XI, p. 396.

mouvement. Il ne devait pas être très difficile de retrouver, à propos du mouvement de la balle, tout au moins ce qui chez Descartes fait fonction de principe d'inertie. Il manque effectivement une règle de communication des mouvements, mais la théorie de la transmission de la lumière ne peut guère fonctionner sans un tel principe d'invariance. Les principes seraient donc, dans cette hypothèse, présents mais déplacés de leur lieu propre, n'étant pas reliés à l'immutabilité divine qui partout ailleurs dans l'œuvre de Descartes les fonde.

L'autre lacune est relative à l'essence et à l'existence des corps. Il est certainement possible d'estimer que l'absence d'un doute sur l'existence du monde extérieur dispense d'avoir à fournir une quelconque preuve. Tel degré de doute, tel besoin de certitude. Mais cela ne dit rien de l'essence du corps. Au contraire, l'exposé métaphysique de la partie IV du *Discours* traite à part la géométrie et la matérialité. On ne doute pas des propriétés du triangle, mais de son existence ; et si l'âme se sent affectée par la corporéité comme quelque chose qui lui est extérieur, au point qu'elle peut reconnaître pouvoir exister sans ce corps, elle ne paraît avoir ici rien pour la penser.

Or l'avant-dernier alinéa de la *Dioptrique* se conclut justement sur une « opinion » relative aux corps : « Car déjà, selon l'opinion de plusieurs philosophes, tous ces corps ne sont faits que des parties des éléments diversement mêlées ensemble : et, selon la mienne, toute leur nature et essence, au moins de ceux qui sont inanimés, ne consiste qu'en la grosseur, la figure, l'arrangement, et le mouvement de leurs parties (p. 293-294). » Cette opinion n'est pas ici établie par

une démonstration philosophiquement valide ; mais
elle correspond aux définitions cartésiennes de la
nature matérielle, tant en amont de la publication de
ce texte qu'en aval. Elle contribue ainsi à remplir le
vide conceptuel laissé entre la preuve de Dieu et
l'exposé de la physique. Cette opinion est donc donnée
en passant, hors l'ordre, à titre d'indication. Mais la
position dans la *Dioptrique* de cette thèse décisive sur
la matière n'est pas un accident. En effet, il n'y a sans
doute pas de meilleur moyen de supprimer la possibilité même de toute qualité occulte dans la matière que
de montrer que l'essence entière des corps consiste en
ce qui est visible, figure et mouvement des parties [58].
De fait, l'essence des corps est bien ce qui se donne à
voir à l'œil nu, ou augmenté des verres optiques. La
thèse de la divisibilité infinie de la matière et le
caractère indéfini du monde laissent la place tant au
microscope qu'au télescope pour accroître l'information empirique et exigent du savant qu'il se procure
des moyens de mieux voir. La réduction de la matière
à l'étendue géométrique est aussi réduction de l'intelligible matériel au visible.

Si, en 1637, Descartes n'a pas révélé l'ensemble de
sa philosophie et n'était pas certain de pouvoir le faire
un jour, il laisse toutefois des pistes dépourvues
d'ambiguïté. Il nous est aisé de le vérifier par la lecture
du *Monde*, de l'*Homme* et de la correspondance.

Ce jeu entre l'explicite et l'implicite, proposé sans

---

58. Ainsi, la lettre à Morin, 13 juillet 1638 (AT, II, p. 200) :
Descartes ne considère dans les corps que des parties à la place des
qualités réelles, formes substantielles et éléments supposés dans
l'ancienne philosophie.

ambages aux lecteurs de la *Géométrie*, est sans doute le
signe d'une révolution dans l'écriture philosophique
même, car il fait valoir en partie le texte par ce qu'il ne
dit pas. En même temps, Descartes fait confiance à la
raison du lecteur pour combler les blancs, le provo-
cant, hier comme aujourd'hui, à une lecture active par
laquelle il ne s'agit plus seulement de recueillir de
l'information, mais aussi et surtout de se diriger dans
le savoir et dans la vie.

6. LA CONSTITUTION
D'UN CARTÉSIANISME SCOLAIRE

Histoire des éditions

L'histoire des éditions successives des *Essais* et du
Discours est une indication intéressante quant à l'évolution de l'image de Descartes et de sa méthode.
Descartes, comme on l'a vu, dissociait quelque peu la
Géométrie de l'ensemble de son ouvrage de 1637;
mais le reste formait un tout solidaire, en présentant
certains aspects de la méthode, en en décrivant
l'histoire et en montrant ses réussites. Du vivant même
de l'auteur, et naturellement après 1650, on paraît
avoir pris des libertés de plus en plus grandes avec ces
textes. Ces modifications ont un sens. En effet,
l'absence ou la fréquence des éditions, le choix des
textes et leur mise en ordre témoignent de la fonction
assignée à Descartes dans les idéologies et les systèmes
philosophiques, et se rattachent aux interprétations
qui ont cours. Pour comprendre comment, dans la
tradition scolaire, Descartes est devenu l'auteur du

seul *Discours* lu sans les *Essais*, on doit suivre cette histoire avant d'examiner le statut plus théorique de la saisie de Descartes par les historiens de la philosophie.

La traduction latine de 1644, entreprise sous le contrôle de Descartes lui-même, amorce déjà une modification des contenus en supprimant la *Géométrie*, qui sera désormais publiée à part, tant en français qu'en latin. L'édition parisienne de 1658, puis les deux éditions parisiennes de 1668 en font autant. L'une d'entre elles est due au P. Poisson, rédacteur du premier commentaire complet du *Discours*, qui va plus loin dans les modifications en ajoutant l'*Abrégé de Musique* et le traité de mécanique, qualifiés à leur tour d'*Essais*[59]. Mais il n'est pas question d'en retrancher davantage. Le travail éditorial de Poisson est repris dans la dernière édition ancienne des œuvres de Descartes publiée en français, de 1724 à 1726 à Paris[60]. On ajoute alors le *Commentaire* de Poisson à la suite du texte du *Discours*, puis viennent dans le volume suivant la *Dioptrique*, les *Météores*, la *Musique* et la *Mécanique*, toujours considérés comme des *Essais*. Cette édition de 1724 contient, en français pour l'essentiel, les textes publiés par Descartes, le *Monde* et six volumes de *Lettres* ; s'ajoutent aux textes de Descartes d'autres traités de style cartésien et des commentaires. Jusqu'à cette date, qui correspond à

---

59. Sur cette édition, voir la préface de notre traduction de l'*Abrégé de musique (Compendium musicae)*, Paris, 1987.

60. Privilège pour les *Méditations métaphysiques*, le *Discours* et les *Essais* (sauf la *Géométrie*) du 11 décembre 1722 (dans le tome II des *Méditations*) ; Privilège pour les autres œuvres et les lettres du 10 février 1723. Manifestement, la *Géométrie* est un réemploi des invendus de l'édition séparée de 1705.

peu près à la période d'existence du cartésianisme, le *Discours* ne se sépare ni de la *Dioptrique* ni des *Météores*. Un siècle s'écoule ensuite avant qu'aucune œuvre de Descartes ne soit réimprimée[61].

A l'exception de l'anthologie publiée par l'abbé Emery[62], qui constitue pour beaucoup l'occasion d'une véritable redécouverte, en ce qu'elle propose une pensée religieuse et métaphysique de Descartes à côté de sa pensée scientifique, rien n'est donc publié jusqu'en 1824. Les onze volumes de l'édition de Victor Cousin paraissent de 1824 à 1826. Cette édition contient naturellement beaucoup plus que l'édition française antérieure, ne serait-ce que parce qu'elle propose une traduction des *Regulae*. Mais la publication se distingue surtout par la disposition des textes. En effet, le premier volume regroupe le *Discours*, les *Méditations métaphysiques*, les objections et les réponses. Les *Essais* sont publiés dans le cinquième volume, séparés donc de leur préface qui reste un texte philosophique, alors que les *Essais* deviennent texte scientifique. Un partage s'est nettement établi dans les lectures cartésiennes entre une philosophie et une science. Ce partage est d'ailleurs repris par l'édition en quatre volumes procurée par Adolphe Garnier (Paris, 1835), qui ne donne dans son volume III que la « partie philosophique » des *Essais*. Avec Garnier et Cousin, on peut mesurer l'évolution du concept de philosophie : ce qu'il signifie est restreint aux ques-

---

61. Il est toujours difficile de prouver absolument une absence. Mais les catalogues des bibliothèques nationales (Paris et Londres notamment) et les grandes bibliographies ne signalent aucune édition entre 1724 et 1824.

62. *Pensées de Descartes sur la religion et la morale*, Paris, 1811.

tions générales de méthode, à la psychologie et à la métaphysique.

En 1824, le célèbre bibliophile A. Renouard fait imprimer une édition séparée du *Discours*, munie d'une notice biographique sur Descartes, et d'un avertissement de Renouard lui-même sur la nécessité d'étudier ce texte dans les écoles. L'édition Cousin est certainement le point de départ du cartésianisme universitaire et érudit ; le cartésianisme scolaire commence avec l'édition Renouard. Dans un cas comme dans l'autre, l'on est passé d'une science cartésienne à une philosophie de Descartes.

A partir de cette date et jusqu'à nos jours, on trouve en France d'innombrables éditions proposant un texte du *Discours* séparé, ou bien joint à des textes de Descartes autres que les *Essais* (*Méditations métaphysiques* surtout) ou encore joint à des textes d'autres auteurs. Il serait oiseux ici de décrire le détail de ces éditions. Toujours est-il que le contraste avec la période antérieure est saisissant. A partir de 1840, il ne se passe sans doute pas une année sans une réédition ou une réimpression du *Discours*, alors que pendant les trois quarts du siècle précédent, le texte était introuvable.

Un cartésianisme d'institution

Il n'est pas malaisé d'expliquer la cause prochaine de cet afflux d'éditions : il est consécutif à l'organisation de l'enseignement secondaire, dans les programmes de la classe de philosophie. Le Conseil impérial de l'Instruction publique en 1809, suivi en cela par le Conseil royal de 1842, placent la *Méthode* de Descartes et ses *Méditations* dans le nombre restreint des livres classiques recommandés pour la classe de philosophie. La connaissance du *Discours de la méthode* est même requise de l'aspirant au grade de bachelier ès lettres dans la partie *Histoire de la philosophie* du programme de 1832. Dans ce programme, les points 39 et 40 concernent respectivement le *Novum Organum* de Bacon pour sa méthode, et le *Discours* de Descartes. Rien d'étonnant alors à ce que l'on trouve dans le commerce des publications réunissant ces deux titres. Ainsi Hachette demande-t-il à un professeur de collège d'Amiens une édition du *Discours*, d'extraits du *Novum Organum*, auxquels s'ajoutent des extraits de Leibniz[63]. L'avertissement général, dans l'esprit du programme, précise que l'on doit étudier Bacon et Descartes pour leur méthode, mais Leibniz pour sa philosophie, c'est-à-dire pour son système, et pour ses « idées les plus élevées sur la Providence divine ».

Naturellement, ces aspects institutionnels permettent de comprendre le succès commercial. Mais il faut aussi apprécier les raisons qui ont conduit précisément les rédacteurs des programmes à rendre la lecture du *Discours* quasi obligatoire, et à négliger les *Essais*.

Le Discours *et les historiens*

La période de domination intellectuelle du cartésianisme a duré assez peu, à tel point qu'un historien de

63. L'ouvrage est publié en un volume avec des notes, « à l'usage des classes de philosophie », par A. Lorquet, Paris, 1840.

la philosophie du XIX⁰ siècle a doué de sa réalité[64]. Il n'est cependant plus possible de croire que partout en France, dans l'enseignement, l'on soit passé à peu près sans transition de l'enseignement scolastique à la physique de Newton. Mais il est clair que le temps de diffusion du cartésianisme, ainsi que la constitution d'une école cartésienne de physique (Régis, Rohault, Malebranche, etc.) commencent dans les années 1660 et que le déclin du cartésianisme est net à partir des années 1730. La pensée de Newton est introduite notamment par Maupertuis et Voltaire[65]. Ce dernier associe la nouvelle physique à la philosophie de Bacon et plus généralement au sensualisme anglais. Locke et Bacon deviennent alors les philosophes des Lumières. Le cartésianisme disparaît, non tant à cause de sa méthode[66] que de sa physique et de son école.

L'histoire de la philosophie au XVIII⁰ siècle saluait l'importance historique de Descartes mais le réduisait

64. Laromiguière, *Leçons de Philosophie*, Paris, 2⁰ édition, 1820, p. 261. Selon P. Costabel (« L'enseignement classique », in *Enseignement et diffusion des sciences en France au XVII⁰ siècle*, sous la direction de René Taton, Paris, 1986), l'enseignement de la physique au XVII⁰ siècle est officiellement aristotélicien, mais souvent en fait cartésien, et parfois même plus moderne.

65. Voir René Dugas, *La Mécanique au XVII⁰ siècle*, Neuchâtel, 1954, ch. XVIII. La France aura résisté cinquante ans, selon Maupertuis, cité p. 586, au principe de l'attraction universelle, identifié par les cartésiens aux qualités occultes de l'ancienne physique.

66. *La Logique ou art de penser*, d'Arnauld et Nicole, dite *Logique de Port-Royal*, ouvrage très cartésien dans son inspiration (le chapitre II de la partie IV sur la méthode est directement inspiré de la lecture du manuscrit des *Regulae*) est imprimée une vingtaine de fois à partir de 1660 jusqu'en 1800.

à cette seule influence. On voit clairement chez Voltaire, Condillac ou les Encyclopédistes, que Descartes, toujours associé à Bacon, n'était loué que pour avoir renversé les anciennes idoles et pour avoir établi les droits de la pensée, en particulier dans la première des règles de la seconde partie du *Discours*[67]. Mais le système cartésien, avec notamment sa physique des tourbillons, avait sombré avec le newtonianisme; ainsi, Descartes aurait remplacé les erreurs des anciens par les siennes propres. Si d'Alembert peut écrire dans son *Tableau de l'esprit humain au XVIIIᵉ siècle*[68] que la philosophie de Descartes est « réduite aujourd'hui à ce qu'elle a d'utile et de vrai », c'est parce qu'il a éliminé à peu près toute la métaphysique, la physique, la théorie des idées, le problème de l'union de l'âme et du corps, etc., pour ne conserver que la méthode et la *Dioptrique*[69].

Ainsi, au temps où Descartes est très peu lu, le *Discours de la méthode* reste l'un des rares textes recommandés. La raison principale est que dans ce texte se manifeste le plus l'esprit d'indépendance combiné à un certain héroïsme. Pour d'Alembert, la philosophie cartésienne est d'abord une philosophie persécutée et exilée qui révèle l'indépendance d'un

67. *Cf.* Voltaire, *Lettres philosophiques* (Lettre XIV, sur Descartes et Newton); Condillac, *Essai sur l'origine des connaissances humaines*, II II. III. § 44; d'Alembert est beaucoup plus nuancé (voir entre beaucoup d'autres textes le *Discours préliminaire* de l'*Encyclopédie*, et l'article « Cartésianisme »).
68. *Essai sur les éléments de philosophie*, 1759, ch. Iᵉʳ.
69. Ainsi, dans le *Discours préliminaire de l'Encyclopédie*, « Sa méthode seule aurait suffi pour le rendre immortel; sa *Dioptrique* est la plus grande et la plus belle application qu'on eût faite encore de la géométrie à la physique... »

génie. Le *Discours* prend par là une dimension éthique, non par sa partie précisément de morale, mais par
tout le reste et notamment par les règles mêmes de la
méthode, associées au récit d'une vie.

A quelles causes intellectuelles est due la résurrec-
tion des textes cartésiens au XIXe siècle ? La philosophie qui a le pouvoir en France, d'un Empire à l'autre,
est dominée par la figure de Victor Cousin. C'est le
même homme qui édite Descartes, rédige les programmes du baccalauréat et de l'agrégation qu'il
organise et devient ministre de l'Instruction publique
en 1840 dans le cabinet Thiers[70]. Il est donc intéressant d'apprécier le statut de Descartes dans l'histoire
de la philosophie telle qu'il la professe et la rédige.
Mais Cousin n'est pas seul. Contre ce pouvoir, on
trouverait l'école positiviste, et les sédiments de l'école
sensualiste. Toutes ces doctrines isolent le *Discours*,
pour des motifs différents.

Degérando, qui se rattache au sensualisme, considère dans sa belle *Histoire comparée des systèmes de
philosophie*[71] que le *Discours*, les *Méditations métaphysiques* et même les *Principes de la Philosophie*
racontent sous des formes diverses le même récit qui se
confond avec la vie de Descartes. Dans cette perspective, il suffit donc de lire le *Discours*. Mais ce n'est pas

---

70. Catholique libéral et fervent partisan de la monarchie
constitutionnelle, il est l'un des promoteurs d'un enseignement laïc
de la philosophie. Voir notamment le recueil des discours tenus
devant la chambre des Pairs, ainsi que de nombreux textes
réglementaires dans V. Cousin, *Défense de l'université et de la
philosophie*, Paris, Joubert, 1844.
71. Deuxième partie, Paris, 1847, volume 2.

même nécessaire, comme on va bientôt le voir. Les
aspects héroïques sont naturellement bien soulignés.
Descartes, « auteur d'une grande révolution », ne peut
survivre à son œuvre. La métaphore politique est plus
claire dans ces jugements : « Il a été le libérateur de la
raison humaine : il ne pouvait en rester le guide », ou
encore : « Il est pour nous un grand personnage
historique, et non un fondateur de doctrines. » D'ailleurs, ses doctrines « ont été irrévocablement jugées au
tribunal de la saine raison ». Ainsi, « Ce ne sont plus
ses livres qu'il s'agit aujourd'hui d'étudier, c'est son
influence [72] ». On ne saurait dire plus clairement que
la philosophie de Descartes est jugée par son historien
totalement dépassée, en particulier dans sa psychologie, mais que sa vie mérite encore de passer pour un
exemple. Degérando rejoint ici d'Alembert ; tout
converge vers l'isolement du *Discours*, récit exemplaire
d'une existence.

Cousin, dans ses nombreuses contributions à l'histoire de la philosophie, reprend la formule de Degérando, malgré son antipathie pour le reste de l'interprétation : Descartes est bien l'émancipateur de la
pensée. La première des règles de la méthode est ainsi
saluée comme l'événement philosophique fondateur de
la modernité. Mais il y a des limites à cette indépendance intellectuelle, que le conservatisme des préceptes de la troisième partie du *Discours* peut permettre d'assigner, et qui font signe vers le XIXᵉ siècle par-
delà le temps des révolutions :

« Le précepte de ne se rendre qu'à l'évidence est

---

72. Cf. pour toutes ces citations l'*Histoire comparée*, éd. citée,
p. 197-198.

donc un précepte de liberté ; il affranchit l'esprit humain dans tous les ordres de la connaissance, et celui qui l'a proclamé le premier a pu être justement appelé le libérateur de la raison humaine.

« Mais Descartes est un homme du XVIIe siècle et non du XVIe ; il ne s'insurge pas contre toute autorité ; loin de là, il se plaît à reconnaître toutes les autorités dont la nécessité lui est évidente, celle de la religion et celle de l'Etat, et il commence cette soumission dans les limites de la raison, qui sépare les temps modernes du Moyen Age, et devait amener notre noble, notre glorieuse liberté constitutionnelle, aussi éloignée de la servilité que de l'esprit d'insubordination » [73]. Ces phrases concluent les cinq pages de remarques sur la seule première règle, tandis que les trois autres sont assimilées à celles de Bacon ou tempérées par elles. Cousin n'est, tant s'en faut, pas le seul à interpréter la première règle en termes juridiques ou politiques : ainsi l'un des premiers historiens du cartésianisme note qu'avec Descartes « triomphe en même temps la cause du libre examen et de la souveraineté de la raison [74] ». D'autres identifient la première règle de la méthode à la déclaration des droits de l'homme : résumant Cousin, le préfacier de l'édition Hachette voit dans cette règle qui affirme les droits de la raison la « charte de toute philosophie ». En 1860, Louis Liard soutient qu'elle est la déclaration des droits de la

73. V. Cousin, *Histoire générale de la philosophie depuis les temps les plus anciens*, 11e édition, Paris, 1884, huitième leçon, p. 359.
74. Francisque Bouiller, *Histoire et critique de la philosophie cartésienne*, Paris, 3e édition, 1868, cité par H. Gouhier, voir *infra*.

raison humaine, tout en faisant judicieusement remarquer que pour comprendre la règle « en elle-même », il faut aller consulter les *Regulae*[75] !

H. Gouhier a admirablement montré le caractère *symbolique* de ce Descartes, substitué au Descartes historique, décrit chez la plupart des commentateurs du XIXe siècle[76]. Il est clair qu'alors la précision de la problématique cartésienne dans l'énoncé des règles compte beaucoup moins que sa dimension éthique ou politique. La raison a enfin des droits qu'elle proclame dans une formule brève et simple qui au fond résume l'esprit cartésien. On comprend ainsi aisément cette concentration d'efforts sur le seul *Discours*, lui-même partiellement lu, car les deux dernières parties sont bien moins commentées que les autres.

L'autre infléchissement sensible que Cousin fait subir à la philosophie cartésienne est son orientation psychologique. Il se sépare ainsi très franchement de l'interprétation de Degérando, qui ne comprenait la psychologie qu'en termes sensualistes et refusait toute innéité. La naissance de la métaphysique moderne tient pour Cousin au *Je pense donc je suis*, dont le véritable sens est pour lui psychologique, et non logique[77].

Méthode, psychologie, métaphysique : dans la continuité des lectures de Maine de Biran, Royer-Collard, Cousin et Jouffroy, ce qui est privilégié dans Descartes n'est plus la science de la nature, mais la

75. Édition Garnier, par L. Liard.
76. H. Gouhier, *La Pensée religieuse de Descartes,* 2e éd., Paris, 1972, p. 14.
77. *Op. cit.*, p. 369 et *Philosophie de Kant,* Paris, 1864, p. 213.

connaissance du moi. Ainsi Cousin : « La philosophie moderne, en effet, date du jour où la réflexion a été son instrument reconnu, et la psychologie son fondement. La création de la psychologie est la plus grande gloire de Descartes, même au-dessus de la gloire de sa méthode ; ou plutôt, c'est l'application la plus fidèle du premier précepte de cette méthode. Car inviter à chercher avant tout l'évidence et à ne se rendre qu'à elle, c'est inviter à la chercher dans la réflexion, qui en est la source la plus profonde et en même temps la plus voisine de nous [78]. » Par un tour de force interprétatif, la première règle de la méthode devient le protocole de la vraie méthode en métaphysique, la réflexion psychologique. Qu'il y ait d'autres règles, que celles-ci soient éclairées et orientées vers la *mathesis universalis* par le texte plus complet des *Regulae*, texte qu'au demeurant Cousin connaissait bien pour l'avoir le premier traduit en langue française, tout cela n'importe pas.

Par là, l'ensemble par lequel Descartes est utilisable dans la classe de philosophie au XIXe siècle est constitué par le *Discours* et les *Méditations*. Pour Cousin, le commentateur doit se défier des apparences logiques de la métaphysique que Descartes expose, et faire paraître « la saine psychologie cachée sous ses formules logiques et mathématiques » [79]. On voit à quel point cette totale opposition à l'association de la science et de la métaphysique, pourtant essentielle dans le cartésianisme effectif, conduit Cousin à une

78. *Op. cit.*, p. 370.
79. *Op. cit.*, p. 372, note.

attitude d'ensemble finalement cohérente, même si elle
nous paraît voisine du contresens : l'édition qu'il
procure bouleverse l'ordre naturel des textes, mais
accompagne le programme des classes de philosophie
conçu d'un même mouvement.

On notera que la lecture psychologiste de Cousin est
beaucoup moins partagée dans son siècle. Il y a bien
un cartésianisme très proche du positivisme [80], dont
par exemple celui de Louis Liard évoqué plus haut,
qui considère la métaphysique cartésienne comme
une pièce rapportée et néglige la psychologie telle
que Cousin la conçoit. Mais cette lecture n'est globa-
lement pas plus exacte que l'autre en dépit d'ana-
lyses locales souvent très fines, manifestées par le
fait que Liard prend réellement les *Regulae* au
sérieux.

Ce partage ainsi constitué entre science et philosophie cartésienne subsiste pendant fort longtemps. On
remarque ainsi que d'un côté Descartes devient objet
d'histoire et de philosophie des sciences (travaux de
L. Liard, ou de G. Milhaud), et de l'autre appartient à
l'histoire de la métaphysique, éventuellement « éclai-
rée » par une psychologie. On ne peut pas assurer que
cette césure n'ait pas laissé des traces, même aujour-

---

80. A. Comte s'est essentiellement intéressé à la *Géométrie* de
Descartes. Mais il inscrit le *Discours* dans sa Bibliothèque du
prolétaire (voir A. Comte, *Catéchisme positiviste*, Paris, Garnier-
Flammarion, 1966, p. 52 et 55), dans la rubrique *Philosophie,
Morale et Religion*, et fait précéder sa propre *Géométrie analytique*
de la *Géométrie* de Descartes (rubrique *Science*). On voit naturellement mal quelle autre œuvre cartésienne, hormis peut-être les
Regulae (sans doute ignorées de Comte), aurait pu prétendre figurer
dans ce catalogue.

d'hui. Toutefois, on comprend bien comment le *Discours* devient le plus petit dénominateur commun des cartésianismes partiels, ou ce qui doit rester de Descartes lorsque l'on en a tout oublié.

F de Buzon

1596 (31 mars) Naissance de René Descartes à La Haye en Touraine (aujourd'hui, cette commune d'Indre-et-Loire se nomme Descartes). Son père est conseiller au parlement de Bretagne. Sa mère meurt un an après sa naissance ; Descartes est élevé à La Haye par sa grand-mère.

1607-1615 (Ces dates sont discutées) Etudes au collège des jésuites de La Flèche, fondé en 1604 par Henri IV.

1611 A l'occasion d'une cérémonie, on lit à La Flèche un poème relatant l'observation par Galilée des satellites de Jupiter.

1616 (9 et 10 novembre) Baccalauréat et licence en droit a Poitiers (les thèses ont été retrouvées en 1986 à Poitiers).

1618 Descartes rejoint à Breda l'armée de Maurice de Nassau ; il y rencontre Isaac Beeckman le 10 novembre ; travaux de mathématiques, de musique (*Compendium musicae*, offert en étrennes le 31 décembre), d'hydrostatique et de physique générale (chute des graves).

1619 Voyage pour l'Allemagne via le Danemark. Descartes assiste en été au couronnement de l'Empereur Ferdinand II à Francfort. Trois songes datés du 10 novembre relatés dans les *Olympica* révèlent à Descartes les « fondements d'une science admirable » ; projets de refonte du savoir, notamment en mathématiques (classification des courbes) exposés dans des lettres à Isaac Beeckman.

1620-1625 Voyages en France et en Italie. Selon Baillet, Descartes renonce aux armes en 1621 ; il entreprend plusieurs traités dont il ne reste que quelques notes.

1625-1627 Séjour à Paris. Descartes se lie d'amitié avec M. Mersenne, J.-L. Guez de Balzac, des savants et ingénieurs et des théologiens. En novembre 1627, Descartes, en compagnie de Mersenne et d'autres, assiste chez le Nonce du Pape à une conférence de Chandoux, professant une philosophie nouvelle, et rencontre le cardinal de Bérulle. auquel il expose une « règle universelle » ou « méthode naturelle ».

1627-1628 Voyages en Bretagne et aux Provinces-Unies (les actuels Pays-Bas), où il s'installe. On estime généralement que la composition des *Regulae ad directionem ingenii* [*Règles pour la direction de l'esprit*], restées inachevées, remonte à cette période.

1629 (26 avril) Descartes s'inscrit sur les registres de l'université de Franeker, en Frise. Il entreprend durant l'année un *Traité de Métaphysique*, qu'il interrompt pour l'étude des météores. Parallèlement à cela, il s'intéresse à la taille des verres. Il s'installe à Amsterdam à l'automne et commence à faire des dissections avec le médecin Plemp (Plempius). Il entreprend une physique complète, qui sera le *Traité du Monde* (avec le *Traité de l'Homme*).

1630 (27 juin) Inscription à l'université de Leyde.

1630 Rencontre avec le mathématicien Golius, qui lui proposera un an après, comme à d'autres mathématiciens du temps, le problème dit de Pappus. Descartes envoie sa solution en janvier 1632.

1633 Condamnation de Galilée à Rome. Descartes renonce peu après à publier le *Traité du monde* de son vivant.

1633-1636 Séjour à Amsterdam. Naissance en 1635 du seul enfant de Descartes, Francine (qui mourra en 1640), dont la mère, Hélène, est une servante. Séjour à Utrecht en été 1635. Descartes s'installe à Leyde au printemps 1636 pour faire imprimer et achever de rédiger le *Discours de la méthode* et les *Essais* (*Dioptrique, Météores* et *Géométrie*).

1637 (8 juin) Achèvement de l'impression de l'ouvrage. Descartes offre en octobre à Huygens une lettre sur la Mécanique (*Explication des engins par l'aide desquels on peut avec une petite force lever un fardeau fort pesant.*)

1639-1640 Rédaction des *Méditationes de prima philosophia* Mersenne recueille des objections auprès de philosophes et de théologiens.

1640 Participation à la querelle mathématique de Stampioen et de

Waessenaer, relative à l'extraction de la racine cubique des binômes. Mort du père de Descartes le 17 octobre.

1641 Publication à Paris des *Meditationes de prima philosophia in qua Dei existentia et animae immortalitas demonstratur* [littéralement : *Méditations de philosophie première où sont démontrées l'existence de Dieu et l'immortalité de l'âme*], achevées d'imprimer le 28 août 1641.

1641 Descartes s'installe à Endegeest près de Leyde, jusqu'en avril 1643.

1642 Début de la querelle d'Utrecht. Descartes soutient Regius contre Voetius, recteur de l'université d'Utrecht. Condamnation le 15 mars 1642 de la nouvelle philosophie par les magistrats d'Utrecht. Cette querelle durera jusqu'en 1648.

1642 Deuxième édition des *Meditationes*. Le titre est ainsi modifié : *Meditationes de prima philosophia in qua Dei existentia et animae humanae a corpore distinctio demonstrantur* [littéralement ... *où sont démontrées l'existence de Dieu et la distinction de l'âme humaine et du corps*].

1643 Martin Schoock, partisan de Voetius publie son *Admiranda Methodus*, qui affirme en conclusion que la philosophie cartésienne conduit au scepticisme, à l'enthousiasme, à l'athéisme et à la folie. Descartes publie une *Lettre à Voetius*. Début de la correspondance avec la princesse Elisabeth.

1644 Séjour en France. Publication des *Principia philosophiae* accompagnant la traduction latine du *Discours*, de la *Dioptrique* et des *Météores* (la *Géométrie* ne sera mise en latin qu'en 1649).

1645-1646 Descartes entreprend un traité sur les passions de l'âme, à la demande d'Elisabeth.

1647 Publication à Paris des *Méditations métaphysiques*, traduites par le duc de Luynes. Les objections et leurs réponses, écourtées, sont traduites par Clerselier. Publication en été des *Principes de la Philosophie*, traduits par l'abbé Picot, et accompagnés d'une lettre-préface au traducteur. De juin à novembre, séjour en France.

1647-1648 Rédaction de la *Description du corps humain*.

1648 *Lettre apologétique* aux magistrats d'Utrecht. Texte polémique contre Regius, son ancien disciple : *Notae in programma quoddam (Remarques sur un placard)*. Entretien avec F. Burman, qui sera pris en notes et publié au XXe siècle. De mai à août, Descartes séjourne en France. Mort de M. Mersenne en septembre.

1649 (septembre) Sur les instances de la reine Christine,
     Descartes se résout à rejoindre la cour de Stockholm ; il doit
     donner son enseignement à cinq heures du matin. Publication en
     novembre des *Passions de l'âme*.

1650 (11 février) Descartes meurt à Stockholm d'une pneumonie.
     L'inventaire des papiers laissés par lui contient la mention de
     textes dont la teneur exacte et la date sont incertaines. Parmi les
     inédits, le *Compendium Musicae* est publié dès 1650, trois
     volumes de lettres en 1657, 1659 et 1667, la traduction latine de
     l'*Homme* en 1662 et l'original français en 1664, le *Monde ou
     Traité de la lumière* en 1664, et en 1701 les *Regulae*. Dès le
     XVIIᵉ siècle on publie des traductions, en anglais et en néerlandais
     notamment, qui paraissent parfois avant les originaux.

BIBLIOGRAPHIE

1. Œuvres de Descartes

Les œuvres et lettres de Descartes sont citées en respectant la
pagination de l'édition Adam-Tannery, *Œuvres*, nouvelle présentation par P. Costabel et B. Rochot, Paris, Vrin-CNRS, 1964-1974.
Nous indiquons cette pagination dans la marge de notre édition.
Chaque référence indique après les lettres AT la tomaison en chiffres
romains et la pagination en chiffres arabes. On cite par ailleurs
certaines traductions tirées de l'édition des *Œuvres philosophiques*
par Ferdinand Alquié, Paris, Classiques Garnier, 1963-1973 avec
l'abréviation *O.P.* suivie de l'indication du volume et de la page.

Le meilleur texte de l'ensemble de la publication de 1637 est
fourni désormais par l'édition du Corpus des Œuvres de Philosophie
de langue française, édité par J.-R. Armogathe, V. Carraud et
M. Authier, Paris, Fayard, 1987.

2. Ouvrages bio- et bibliographiques, index

Adrien Baillet, *La Vie de Monsieur Des-Cartes*, Paris, 1691 (Réimpression Hildesheim-New York, 1972).

Charles Adam, *Vie et œuvres de Descartes*, Paris, Cerf, 1910
(constitue le tome XII de l'édition Adam-Tannery, réédité en
1957, Paris, Vrin).

Gregor Sebba, *Bibliographia Cartesiana. A Critical Guide to the
Descartes Litterature, 1800-1960*, La Haye, 1964.

Centre d'Etudes cartésiennes (Equipe Descartes), *Bulletin cartésien*,
publié une fois l'an dans *Archives de philosophie*, depuis 1972
(numéro 19 en 1991).

Pierre-Alain Cahné, *Index du* Discours de la méthode *de René*

Descartes, Rome, Edizioni dell'Ateneo, 1977 (Index automatisé-lemmatisé).

Etienne Gilson, *Index scolastico-cartésien*, Paris, 1913, 2ᵉ édition, 1979 (constitue à la fois un index des textes cartésiens utilisable avec l'édition AT, et un recueil d'extraits de manuels scolastiques, donnés en latin).

3. *Etudes générales*

Ferdinand Alquié. *La Découverte métaphysique de l'homme chez Descartes*, Paris. PUF. 1950.

François Azouvi. « Descartes, la France — Histoire d'une assimilation ». *Les Lieux de Mémoire*, IV. Paris, Gallimard, 1991.

Jean-Marie Beyssade. *La Philosophie première de Descartes*, Paris. Flammarion. 1979.

Léon Brunschvicg. *Descartes et Pascal lecteurs de Montaigne*, Neuchâtel, La Baconnière. 1945.

Hiram Caton. *The Origins of Subjectivity*. New Haven / Londres, 1973.

Pierre-Alain Cahné, *Un autre Descartes — le philosophe et son langage*, Paris. Vrin. 1980.

Pierre Costabel. *Démarches originales de Descartes savant*. Paris. 1982.

Lüder Gäbe. *Descartes' Selbstkritik, Untersuchungen zur Philosophie des jungen Descartes*. Hambourg. Meiner. 1972.

Etienne Gilson. *Etudes sur le rôle de la pensée médiévale dans la formation du système cartésien*, Paris. Vrin. 1951.

Henri Gouhier. *Les Premières Pensées de Descartes*, Paris, Vrin, 1958.

Henri Gouhier. *La Pensée métaphysique de Descartes*, Paris. Vrin. 1969.

Henri Gouhier. *La Pensée religieuse de Descartes*, Paris. Vrin, 1972.

Pierre Guenancia. *Descartes*, Paris, Bordas, 1989.

Pierre Guenancia, *Descartes et l'ordre politique*, Paris, PUF, 1983.

Martial Gueroult. *Descartes selon l'ordre des raisons*, Paris. Aubier. 1953, 2 vol.

A. Kenny, *Descartes, A Study of His Philosophy*, New York, 1968.

Jean Laporte. *Le Rationalisme de Descartes*, Paris, PUF, Paris. 1945.

Jean-Luc Marion, *Sur l'ontologie grise de Descartes*, Paris. Vrin. 1981 (2ᵉ édition).

Jean-Luc Marion, *Sur la théologie blanche de Descartes*, Paris, PUF, 1981.

Jean-Luc Marion. *Sur le prisme métaphysique de Descartes*, Paris, PUF, 1986.

Gaston Milhaud, *Descartes savant*, Paris, Alcan, 1921.

Wolfgang Röd, *Descartes, die Genese des cartesianischen Rationalismus*, Munich, Beck, 1982.

Geneviève Rodis-Lewis, *L'Œuvre de Descartes*, Paris, Vrin, 1971, 2 vol.

Geneviève Rodis-Lewis, *Descartes, textes et débats*, Paris, Livre de Poche, 1984.

Geneviève Rodis-Lewis, *L'Anthropologie cartésienne*, Paris, PUF, 1990.

Geneviève Rodis-Lewis, *La Morale de Descartes*, Paris, PUF, 1970.

4. *Etudes relatives au* Discours *et aux* Essais

Noam Chomsky, *La Linguistique cartésienne*, trad. française Paris, Le Seuil, 1969.

Elie Denissoff, *Descartes, premier théoricien de la physique mathématique*, Paris-Louvain, 1970.

Etienne Gilson, *Commentaire* in R. Descartes, *Discours de la méthode*, texte et commentaire, Paris, Vrin, 1926 (2ᵉ édition).

Henri Gouhier, Descartes, *Essais sur le* Discours de la méthode, *la métaphysique et la morale*, Paris, Vrin, 1973 (3ᵉ édition).

Nicolas Grimaldi et Jean-Luc Marion (éditeurs), *Le* Discours *et sa méthode*, Paris, PUF, 1987 (Contributions de N. Grimaldi, H. Gouhier, G. Gadoffre. E. Curley, D. Garber, W. Röd, C. Larmore. A. Crombie, J.-R. Armogathe, A. Pessel, G. Rodis-Lewis, P. Costabel, J.-C. Pariente. R. Spaemann, M. Henry, N. Grimaldi, W. Doney, J.-M. Beyssade. J.-L. Marion et H. Frankfurt).

Ettore Lojacono, *Notes* (en italien), in R. Descartes, *Opere scientifiche*, vol. 2, U.T., Turin, 1983.

Henri Méchoulan (éditeur), *Problématique et réception du* Discours de la méthode *et des* Essais, Paris, Vrin, 1988 (Contributions de H. Méchoulan, J.-L. Marion, J. Beaude, M. Fumaroli, M. Miwa, P. Costabel, H. J. Wickes et A. Crombie, Y.-C. Zarka, G. Rodis-Lewis, R. Watson, J.-F. Battail, L. Armour, G. Micheli, L. Pepe, M. Rabia, M. Beyssade, D. Garber, P. Guenancia, M. Kobayashi, A.-R. NDiaye, P.-F. Moreau, J.-L. Fuertes, F. de Buzon, E. Giancotti, P. Magnard, B. Pinchard, M. Spallanzani et R. Monory).

Martin Schoock, *L'Admirable méthode*, in René Descartes et Martin
    Schoock, *La Querelle d'Utrecht*, textes établis, traduits et annotés
    par Theo Verbeek, Paris, Les Impressions Nouvelles, 1988.
[Nicolas Poisson], *Commentaire ou remarques sur la méthode de
    René Descartes*, Vendôme, 1670.
Jules Vuillemin, *Mathématiques et métaphysique chez Descartes*,
    Paris, PUF, 1960.

5. Complément bibliographique

Aux titres précédents il convient d'ajouter désormais (1997):

Jean-Robert Armogathe et Giulia Belgioioso, *Descartes : Principia Philo-
    sophiae*, Naples, Vivarium, 1996.
Jean-Marie Beyssade, « Le sens commun dans la *Règle XII* : le corporel et
    l'incorporel », *Revue de Métaphysique et de Morale*, 96, 4, 1991, p. 497-
    514.
Annie Bitbol-Hespériès, *Le principe de vie chez Descartes*, Paris, Vrin,
    1990.
Frédéric de Buzon et Vincent Carraud, *Descartes et les Principia II - corps
    et mouvement*, Paris, PUF, 1994.
Jean-Pierre Cavaillé, *Descartes. La fable du monde*, Paris, Vrin, 1991.
Jacques Derrida, *Du droit à la philosophie*, Paris, Galilée, 1990.
Michel Fichant, « La géométrisation du regard, réflexions sur la *Dioptrique*
    de Descartes », *Philosophie*, 34, 1992, p. 45-69.
Daniel Garber, *Descartes' Metaphysical Physics*, Chicago, University
    Press, 1992.
Stephen Gaukroger, *Descartes, an intellectual biography*, Oxford, Claren-
    don Press, 1995.
Pierre Guenancia, *L'intelligence du sensible. Essai sur le dualisme carté-
    sien*, Paris, Gallimard, 1998.
Denis Kambouchner, *L'homme des Passions*, Paris, Albin Michel, 1995,
    2 vol.
Michio Kobayashi, *La philosophie naturelle de Descartes*, Paris, Vrin,
    1993.
Jean-Luc Marion, *Questions cartésiennes, Méthode et métaphysique*, Paris,
    PUF, 1991.
Jean-Luc Marion, *Questions cartésiennes II*, Paris, PUF, 1996.
Richard H. Popkin, *Histoire du scepticisme d'Érasme à Spinoza*, Paris,
    PUF, 1995.
Revue philosophique, oct.-déc, 1992, numéro spécial « Descartes et la tra-
    dition humaniste ».
Geneviève Rodis-Lewis, *Descartes, biographie*, Paris, Calmann-Lévy, 1995.
Jean-Louis Vieillard-Baron (éditeur), *Le dualisme de l'âme et du corps*,
    Paris, Vrin, 1991.
Celia Wolf-Devine, « Descartes on Seeing », *Journal of the History of Phi-
    losophy Monograph Series*, 1993.

NOTE SUR LA PRÉSENTE ÉDITION

Nous donnons le texte du *Discours de la méthode* et de la *Dioptrique* dans une orthographe modernisée et une ponctuation modifiée par rapport à l'édition originale de 1637, en ayant toutefois essayé de conserver le rythme de la phrase cartésienne. Les usages du XVIIe siècle sont très différents des nôtres, et le texte composé en Hollande est ponctué de façon arbitraire. Nous avons par ailleurs tenu compte des corrections proposées par certains, et fondées notamment sur la correspondance et la traduction latine. Elles sont signalées en note. Les titres des parties du *Discours* sont placés dans le corps du texte et non dans la marge, comme le faisait l'édition originale. Les notes marginales de Descartes sont indiquées par un astérisque et placées en bas de page. Celles de l'éditeur sont appelées par un chiffre, et placées en fin de volume. Descartes n'a pas eu lui-même l'occasion de publier une nouvelle fois en français le *Discours* et les *Essais*.

Les figures de la *Dioptrique* sont reproduites à partir de l'édition de Paris, Angot, 1668.

L'annotation doit naturellement beaucoup aux très nombreuses études et commentaires, parmi lesquels il convient de mentionner particulièrement le commentaire d'Etienne Gilson et les notes de l'édition italienne de E. Lojacono indiqués dans la Bibliographie.

NOTE SUR LA PRÉSENTE ÉDITION

DISCOURS DE LA MÉTHODE

POUR BIEN CONDUIRE SA RAISON,
ET CHERCHER LA VÉRITÉ
DANS LES SCIENCES

Si ce discours semble trop long pour être tout lu en une fois, on le pourra distinguer en six parties. Et en la première, on trouvera diverses considérations touchant les sciences. En la seconde, les principales règles de la méthode que l'auteur a cherchée. En la 3, quelques-unes de celles de la morale qu'il a tirée de cette méthode. En la 4, les raisons par lesquelles il prouve l'existence de Dieu et de l'âme humaine, qui sont les fondements de sa métaphysique. En la 5, l'ordre des questions de physique qu'il a cherchées, et particulièrement l'explication du mouvement du cœur et de quelques autres difficultés qui appartiennent à la médecine, puis aussi la différence qui est entre notre âme et celle des bêtes. Et en la dernière, quelles choses il croit être requises pour aller plus avant en la recherche de la nature qu'il n'a été, et quelles raisons l'ont fait écrire.

PREMIÈRE PARTIE

Le bon sens [1] est la chose du monde la mieux
partagée : car chacun pense en être si bien pourvu, que 2
ceux même qui sont les plus difficiles à contenter en
toute autre chose, n'ont point coutume d'en désirer
plus qu'ils en ont. En quoi il n'est pas vraisemblable
que tous se trompent : mais plutôt cela témoigne que
la puissance de bien juger, et distinguer le vrai d'avec
le faux, qui est proprement ce qu'on nomme le bon
sens ou la raison, est naturellement égale en tous les
hommes : et ainsi que la diversité de nos opinions ne
vient pas de ce que les uns sont plus raisonnables que
les autres, mais seulement de ce que nous conduisons
nos pensées par diverses voies, et ne considérons pas
les mêmes choses. Car ce n'est pas assez d'avoir l'esprit
bon, mais le principal est de l'appliquer bien. Les plus
grandes âmes sont capables des plus grands vices,
aussi bien que des plus grandes vertus ; et ceux qui ne
marchent que fort lentement peuvent avancer beaucoup davantage, s'ils suivent toujours le droit chemin,
que ne font ceux qui courent, et qui s'en éloignent.

Pour moi, je n'ai jamais présumé que mon esprit fût
en rien plus parfait que ceux du commun ; même j'ai
souvent souhaité d'avoir la pensée aussi prompte, ou
l'imagination aussi nette et distincte, ou la mémoire
aussi ample, ou aussi présente, que quelques autres. Et
je ne sache point de qualités que celles-ci, qui servent à
la perfection de l'esprit : car pour la raison, ou le sens,
d'autant qu'elle est la seule chose qui nous rend
hommes, et nous distingue des bêtes, je veux croire
qu'elle est tout entière en un chacun ; et suivre en ceci
l'opinion commune des philosophes, qui disent qu'il
3 n'y a du plus et du moins qu'entre les *accidents*, et non
point entre les *formes*, ou natures, des *individus* d'une
même *espèce* [1].

Mais je ne craindrai pas de dire que je pense avoir eu
beaucoup d'heur, de m'être rencontré dès ma jeunesse
en certains chemins, qui m'ont conduit à des considérations et des maximes, dont j'ai formé une méthode,
par laquelle il me semble que j'ai moyen d'augmenter
par degrés ma connaissance, et de l'élever peu à peu au
plus haut point, auquel la médiocrité de mon esprit et
la courte durée de ma vie lui pourront permettre
d'atteindre [2]. Car j'en ai déjà recueilli de tels fruits,
qu'encore qu'aux jugements que je fais de moi-même,
je tâche toujours de pencher vers le côté de la défiance,
plutôt que vers celui de la présomption ; et que,
regardant d'un œil de philosophe les diverses actions
et entreprises de tous les hommes, il n'y en ait quasi
aucune qui ne me semble vaine et inutile ; je ne laisse
pas de recevoir une extrême satisfaction du progrès
que je pense avoir déjà fait en la recherche de la vérité,
et de concevoir de telles espérances pour l'avenir, que
si, entre les occupations des hommes, purement

hommes, il y en a quelqu'une qui soit solidement bonne et importante, j'ose croire que c'est celle que j'ai choisie.

Toutefois il se peut faire que je me trompe, et ce n'est peut-être qu'un peu de cuivre et de verre que je prends pour de l'or et des diamants. Je sais combien nous sommes sujets à nous méprendre en ce qui nous touche, et combien aussi les jugements de nos amis nous doivent être suspects, lorsqu'ils sont en notre faveur. Mais je serai bien aise de faire voir en ce discours quels sont les chemins que j'ai suivis, et d'y **4** représenter ma vie comme en un tableau, afin que chacun en puisse juger, et qu'apprenant du bruit commun les opinions qu'on en aura, ce soit un nouveau moyen de m'instruire, que j'ajouterai à ceux dont j'ai coutume de me servir.

Ainsi mon dessein n'est pas d'enseigner ici la méthode que chacun doit suivre pour bien conduire sa raison, mais seulement de faire voir en quelle sorte j'ai tâché de conduire la mienne. Ceux qui se mêlent de donner des préceptes, se doivent estimer plus habiles que ceux auxquels ils les donnent ; et s'ils manquent en la moindre chose, ils en sont blâmables. Mais, ne proposant cet écrit que comme une histoire, ou, si vous l'aimez mieux que comme une fable, en laquelle, parmi quelques exemples qu'on peut imiter, on en trouvera peut-être aussi plusieurs autres qu'on aura raison de ne pas suivre ; j'espère qu'il sera utile à quelques-uns, sans être nuisible à personne, et que tous me sauront gré de ma franchise.

J'ai été nourri aux lettres [1] dès mon enfance, et pour ce qu'on me persuadait que, par leur moyen, on pouvait acquérir une connaissance claire et assurée de

tout ce qui est utile à la vie, j'avais un extrême désir de
les apprendre. Mais sitôt que j'eus achevé tout ce cours
d'études, au bout duquel on a coutume d'être reçu au
rang des doctes, je changeai entièrement d'opinion.
Car je me trouvais embarrassé de tant de doutes et
d'erreurs, qu'il me semblait n'avoir fait autre profit, en
tâchant de m'instruire, sinon que j'avais découvert de
5 plus en plus mon ignorance. Et néanmoins j'étais en
l'une des plus célèbres écoles de l'Europe, où je pensais
qu'il devait y avoir de savants hommes, s'il y en avait
en aucun endroit de la terre[1]. J'y avais appris tout ce
que les autres y apprenaient ; et même, ne m'étant pas
contenté des sciences qu'on nous enseignait, j'avais
parcouru tous les livres, traitant de celles qu'on estime
les plus curieuses[2] et les plus rares, qui avaient pu
tomber entre mes mains. Avec cela, je savais les
jugements que les autres faisaient de moi ; et je ne
voyais point qu'on m'estimât inférieur à mes condisci-
ples, bien qu'il y en eût déjà entre eux quelques-uns,
qu'on destinait à remplir les places de nos maîtres. Et
enfin notre siècle me semblait aussi fleurissant, et aussi
fertile en bons esprits, qu'ait été aucun des précédents.
Ce qui me faisait prendre la liberté de juger par moi de
tous les autres, et de penser qu'il n'y avait aucune
doctrine dans le monde qui fût telle qu'on m'avait
auparavant fait espérer.

Je ne laissais pas toutefois d'estimer les exercices,
auxquels on s'occupe dans les écoles. Je savais que les
langues qu'on y apprend sont nécessaires pour l'intelligence des livres anciens ; que la gentillesse des fables
réveille l'esprit ; que les actions mémorables des histoires le relèvent, et qu'étant lues avec discrétion elles
aident à former le jugement ; que la lecture de tous les

bons livres est comme une conversation avec les plus
honnêtes gens des siècles passés, qui en ont été les
auteurs, et même une conversation étudiée, en laquelle
ils ne nous découvrent que les meilleures de leurs
pensées ; que l'éloquence a des forces et des beautés
incomparables ; que la poésie a des délicatesses et des   6
douceurs très ravissantes ; que les mathématiques ont
des inventions très subtiles et qui peuvent beaucoup
servir, tant à contenter les curieux, qu'à faciliter tous
les arts et diminuer le travail des hommes [1] ; que les
écrits qui traitent des mœurs contiennent plusieurs
enseignements et plusieurs exhortations à la vertu qui
sont fort utiles ; que la théologie enseigne à gagner le
ciel ; que la philosophie [2] donne moyen de parler
vraisemblablement de toutes choses, et se faire admi-
rer des moins savants ; que la jurisprudence [3], la
médecine et les autres sciences apportent des honneurs
et des richesses à ceux qui les cultivent ; et enfin qu'il
est bon de les avoir toutes examinées, même les plus
superstitieuses et les plus fausses, afin de connaître
leur juste valeur et se garder d'en être trompé.

Mais je croyais avoir déjà donné assez de temps aux
langues, et même aussi à la lecture des livres anciens,
et à leurs histoires, et à leurs fables. Car c'est quasi le
même de converser avec ceux des autres siècles, que de
voyager. Il est bon de savoir quelque chose des mœurs
de divers peuples, afin de juger des nôtres plus
sainement, et que nous ne pensions pas que tout ce qui
est contre nos modes soit ridicule, et contre raison,
ainsi qu'ont coutume de faire ceux qui n'ont rien vu.
Mais lorsqu'on emploie trop de temps à voyager, on
devient enfin étranger en son pays ; et lorsqu'on est
trop curieux des choses qui se pratiquaient aux siècles

passés, on demeure ordinairement fort ignorant de
celles qui se pratiquent en celui-ci. Outre que les fables
7 font imaginer plusieurs événements comme possibles
qui ne le sont point ; et que même les histoires les plus
fidèles, si elles ne changent ni n'augmentent la valeur
des choses pour les rendre plus dignes d'être lues, au
moins en omettent-elles presque toujours les plus
basses et moins illustres circonstances : d'où vient que
le reste ne paraît pas tel qu'il est, et que ceux qui
règlent leurs mœurs par les exemples qu'ils en tirent,
sont sujets à tomber dans les extravagances des
paladins de nos romans, et à concevoir des desseins qui
passent leurs forces.

J'estimais fort l'éloquence, et j'étais amoureux de la
poésie ; mais je pensais que l'une et l'autre étaient des
dons de l'esprit, plutôt que des fruits de l'étude. Ceux
qui ont le raisonnement le plus fort, et qui digèrent [1] le
mieux leurs pensées, afin de les rendre claires et
intelligibles, peuvent toujours le mieux persuader ce
qu'ils proposent, encore qu'ils ne parlassent que bas
breton, et qu'ils n'eussent jamais appris de rhétorique.
Et ceux qui ont les inventions les plus agréables, et qui
les savent exprimer avec le plus d'ornement et de
douceur, ne laisseraient pas d'être les meilleurs poètes,
encore que l'art poétique leur fût inconnu.

Je me plaisais surtout aux mathématiques, à cause
de la certitude et de l'évidence de leurs raisons ; mais je
ne remarquais point encore leur vrai usage, et, pensant
qu'elles ne servaient qu'aux arts mécaniques, je
m'étonnais de ce que leurs fondements étant si fermes
et si solides, on n'avait rien bâti dessus de plus relevé.
Comme au contraire je comparais les écrits des anciens
8 païens qui traitent des mœurs, à des palais fort

superbes et fort magnifiques, qui n'étaient bâtis que
sur du sable et sur de la boue. Ils élèvent fort haut les
vertus, et les font paraître estimables par-dessus toutes
les choses qui sont au monde ; mais ils n'enseignent
pas assez à les connaître, et souvent ce qu'ils appellent
d'un si beau nom n'est qu'une insensibilité, ou un
orgueil, ou un désespoir, ou un parricide [1].

Je révérais notre théologie, et prétendais autant
qu'aucun autre à gagner le ciel ; mais ayant appris
comme chose très assurée que le chemin n'en est pas
moins ouvert aux plus ignorants qu'aux plus doctes, et
que les vérités révélées, qui y conduisent, sont au-
dessus de notre intelligence, je n'eusse osé les soumet-
tre à la faiblesse de mes raisonnements, et je pensais
que pour entreprendre de les examiner, et y réussir, il
était besoin d'avoir quelque extraordinaire assistance
du ciel, et d'être plus qu'homme.

Je ne dirai rien de la philosophie, sinon que, voyant
qu'elle a été cultivée par les plus excellents esprits qui
aient vécu depuis plusieurs siècles, et que néanmoins il
ne s'y trouve encore aucune chose dont on ne dispute,
et par conséquent qui ne soit douteuse, je n'avais point
assez de présomption pour espérer d'y rencontrer [2]
mieux que les autres ; et que, considérant combien il
peut y avoir de diverses opinions touchant une même
matière, qui soient soutenues par des gens doctes, sans
qu'il y en puisse avoir jamais plus d'une seule qui soit
vraie, je réputais presque pour faux tout ce qui n'était
que vraisemblable.

Puis, pour les autres sciences, d'autant qu'elles
empruntent leurs principes de la philosophie, je   9
jugeais qu'on ne pouvait avoir rien bâti, qui fût solide,
sur des fondements si peu fermes. Et ni l'honneur, ni le

gain qu'elles promettent, n'étaient suffisants pour me convier à les apprendre; car je ne me sentais point, grâces à Dieu, de condition qui m'obligeât à faire un métier de la science, pour le soulagement de ma fortune; et quoique je ne fisse pas profession de mépriser la gloire en cynique, je faisais néanmoins fort peu d'état de celle que je n'espérais point pouvoir acquérir qu'à faux titres. Et enfin, pour les mauvaises doctrines, je pensais déjà connaître assez ce qu'elles valaient, pour n'être plus sujet à être trompé, ni par les promesses d'un alchimiste, ni par les prédictions d'un astrologue, ni par les impostures d'un magicien, ni par les artifices ou la vanterie d'aucun de ceux qui font profession de savoir plus qu'ils ne savent.

C'est pourquoi, sitôt que l'âge me permit de sortir de la sujétion de mes précepteurs, je quittai entièrement l'étude des lettres. Et me résolvant de ne chercher plus d'autre science, que celle qui se pourrait trouver en moi-même, ou bien dans le grand livre du monde, j'employai le reste de ma jeunesse à voyager, à voir des cours, et des armées, à fréquenter des gens de diverses humeurs et conditions, à recueillir diverses expériences, à m'éprouver moi-même dans les rencontres que la fortune me proposait, et partout à faire telle réflexion sur les choses qui se présentaient, que j'en pusse tirer quelque profit[1]. Car il me semblait que je pourrais rencontrer beaucoup plus de vérité dans les raisonnements que chacun fait touchant les affaires 10 qui lui importent, et dont l'événement le doit punir bientôt après, s'il a mal jugé, que dans ceux que fait un homme de lettres dans son cabinet, touchant des spéculations qui ne produisent aucun effet, et qui ne lui sont d'autre conséquence, sinon que peut-être il en tirera d'autant plus de vanité qu'elles seront plus éloignées du sens commun, à cause qu'il aura dû employer d'autant plus d'esprit et d'artifice à tâcher de les rendre vraisemblables. Et j'avais toujours un extrême désir d'apprendre à distinguer le vrai d'avec le faux, pour voir clair en mes actions, et marcher avec assurance en cette vie.

Il est vrai que, pendant que je ne faisais que considérer les mœurs des autres hommes, je n'y trouvais guère de quoi m'assurer, et que j'y remarquais quasi autant de diversité que j'avais fait auparavant entre les opinions des philosophes. En sorte que le plus grand profit que j'en retirais était que, voyant plusieurs choses qui, bien qu'elles nous semblent fort extravagantes et ridicules, ne laissent pas d'être communément reçues et approuvées par d'autres grands peuples[1], j'apprenais à ne rien croire trop fermement de ce qui ne m'avait été persuadé que par l'exemple et par la coutume, et ainsi je me délivrais peu à peu de beaucoup d'erreurs, qui peuvent offusquer notre lumière naturelle, et nous rendre moins capables d'entendre raison. Mais après que j'eus employé quelques années à étudier ainsi dans le livre du monde et à tâcher d'acquérir quelque expérience, je pris un jour résolution d'étudier aussi en moi-même, et d'employer toutes les forces de mon esprit à choisir les chemins que je devais suivre. Ce qui me réussit beaucoup mieux, ce me semble, que si je ne me fusse jamais éloigné, ni de mon pays ni de mes livres.

11

SECONDE PARTIE

J'étais alors en Allemagne, où l'occasion des guerres qui n'y sont pas encore finies m'avait appelé, et

comme je retournais du couronnement de l'Empereur[1]
vers l'armée, le commencement de l'hiver m'arrêta en
un quartier où, ne trouvant aucune conversation qui
me divertît, et n'ayant d'ailleurs, par bonheur, aucuns
soins ni passions qui me troublassent, je demeurais
tout le jour enfermé seul dans un poêle[2], où j'avais
tout loisir de m'entretenir de mes pensées. Entre
lesquelles l'une des premières fut que je m'avisai de
considérer que souvent il n'y a pas tant de perfection
dans les ouvrages composés de plusieurs pièces, et faits
de la main de divers maîtres, qu'en ceux auxquels un
seul a travaillé. Ainsi voit-on que les bâtiments qu'un
seul architecte a entrepris et achevés ont coutume
d'être plus beaux et mieux ordonnés que ceux que
plusieurs ont tâché de raccommoder, en faisant servir
de vieilles murailles qui avaient été bâties à d'autres
fins. Ainsi ces anciennes cités, qui, n'ayant été au
commencement que des bourgades, sont devenues par
succession de temps de grandes villes, sont ordinairement si mal compassées, au prix de ces places régu-
lières qu'un ingénieur trace à sa fantaisie dans une
plaine[3], qu'encore que considérant leurs édifices chacun à part, on y trouve souvent autant ou plus d'art
qu'en ceux des autres ; toutefois à voir comme ils sont
arrangés, ici un grand, là un petit, et comme ils
12 rendent les rues courbées et inégales, on dirait que
c'est plutôt la fortune, que la volonté de quelques
hommes usant de raison, qui les a ainsi disposés. Et si
on considère qu'il y a eu néanmoins de tout temps
quelques officiers, qui ont eu charge de prendre garde
aux bâtiments des particuliers, pour les faire servir à
l'ornement du public, on connaîtra bien qu'il est
malaisé, en ne travaillant que sur les ouvrages d'au-

trui, de faire des choses fort accomplies. Ainsı je
m'imaginai que les peuples qui, ayant été autrefois
demi-sauvages, et ne s'étant civilisés que peu à peu,
n'ont fait leurs lois qu'à mesure que l'incommodité des
crimes et des querelles les y a contraints, ne sauraient
être si bien policés que ceux qui, dès le commencement
qu'ils se sont assemblés, ont observé les constitutions
de quelque prudent législateur. Comme il est bien
certain que l'État de la vraie religion, dont Dieu seul a
fait les ordonnances, doit être incomparablement
mieux réglé que tous les autres. Et pour parler des
choses humaines, je crois que, si Sparte a été autrefois
très florissante, ce n'a pas été à cause de la bonté de
chacune de ses lois en particulier, vu que plusieurs
étaient fort étranges, et même contraires aux bonnes
mœurs, mais à cause que, n'ayant été inventées que
par un seul, elles tendaient toutes à même fin[1]. Et
ainsi je pensai que les sciences des livres, au moins
celles dont les raisons ne sont que probables[2], et qui
n'ont aucunes démonstrations, s'étant composées et
grossies peu à peu des opinions de plusieurs diverses
personnes, ne sont point si approchantes de la vérité
que les simples raisonnements que peut faire naturellement un homme de bon sens touchant les choses qui 13
se présentent. Et ainsi encore je pensai que, pour ce
que nous avons tous été enfants avant que d'être
hommes[3], et qu'il nous a fallu longtemps être gou-
vernés par nos appétits et nos précepteurs, qui étaient
souvent contraires les uns aux autres, et qui, ni les uns
ni les autres ne nous conseillaient peut-être pas
toujours le meilleur, il est presque impossible que nos
jugements soient si purs, ni si solides qu'ils auraient
été, si nous avions eu l'usage entier de notre raison dès

le point de notre naissance, et que nous n'eussions jamais été conduits que par elle.

Il est vrai que nous ne voyons point qu'on jette par terre toutes les maisons d'une ville, pour le seul dessein de les refaire d'autre façon, et d'en rendre les rues plus belles ; mais on voit bien que plusieurs font abattre les leurs pour les rebâtir, et que même quelquefois ils y sont contraints, quand elles sont en danger de tomber d'elles-mêmes, et que les fondements n'en sont pas bien fermes. A l'exemple de quoi je me persuadai, qu'il n'y aurait véritablement point d'apparence qu'un particulier fît dessein de réformer un État, en y changeant tout dès les fondements, et en le renversant pour le redresser ; ni même aussi de réformer le corps des sciences, ou l'ordre établi dans les écoles pour les enseigner. Mais que, pour toutes les opinions que j'avais reçues jusques alors en ma créance, je ne pouvais mieux faire que d'entreprendre une bonne fois de les en ôter, afin d'y en remettre par après, ou d'autres meilleures, ou bien les mêmes, lorsque je les

14 aurais ajustées au niveau de la raison. Et je crus fermement que par ce moyen je réussirais à conduire ma vie beaucoup mieux, que si je ne bâtissais que sur de vieux fondements, et que je ne m'appuyasse que sur les principes que je m'étais laissé persuader en ma jeunesse, sans avoir jamais examiné s'ils étaient vrais. Car bien que je remarquasse en ceci diverses difficultés, elles n'étaient point toutefois sans remède, ni comparables à celles qui se trouvent en la réformation des moindres choses qui touchent le public. Ces grands corps sont trop malaisés à relever étant abattus ou même à retenir étant ébranlés, et leurs chutes ne peuvent être que très rudes. Puis, pour leurs imperfections, s'ils en ont, comme la seule diversité qui est entre eux suffit pour assurer que plusieurs en ont, l'usage les a sans doute fort adoucies, et même il en a évité ou corrigé insensiblement quantité, auxquelles on ne pourrait si bien pourvoir par prudence. Et enfin, elles sont quasi toujours plus supportables que ne serait leur changement. En même façon que les grands chemins, qui tournoient entre des montagnes, deviennent peu à peu si unis et si commodes, à force d'être fréquentés, qu'il est beaucoup meilleur de les suivre que d'entreprendre d'aller plus droit, en grimpant au-dessus des rochers, et descendant jusques au bas des précipices[1].

C'est pourquoi je ne saurais aucunement approuver ces humeurs brouillonnes et inquiètes, qui, n'étant appelées, ni par leur naissance, ni par leur fortune, au maniement des affaires publiques, ne laissent pas d'y faire toujours en idée quelque nouvelle réformation. Et **15** si je pensais qu'il y eût la moindre chose en cet écrit, par laquelle on me pût soupçonner de cette folie, je serais très marri de souffrir qu'il fût publié. Jamais mon dessein ne s'est étendu plus avant que de tâcher à réformer mes propres pensées, et de bâtir dans un fonds qui est tout à moi. Que si mon ouvrage m'ayant assez plu, je vous en fais voir ici le modèle, ce n'est pas pour cela que je veuille conseiller à personne de l'imiter. Ceux que Dieu a mieux partagés de ses grâces auront peut-être des desseins plus relevés, mais je crains bien que celui-ci ne soit déjà que trop hardi pour plusieurs. La seule résolution de se défaire de toutes les opinions qu'on a reçues auparavant en sa créance n'est pas un exemple que chacun doive suivre ; et le monde n'est quasi composé que de deux sortes d'esprits auxquels il ne convient aucunement. A savoir de ceux qui se croyant plus habiles qu'ils ne sont, ne se peuvent empêcher de précipiter leurs jugements, ni avoir assez de patience pour conduire par ordre toutes leurs pensées[1] : d'où vient que, s'ils avaient une fois pris la liberté de douter des principes qu'ils ont reçus, et de s'écarter du chemin commun, jamais ils ne pourraient tenir le sentier qu'il faut prendre pour aller plus droit, et demeureraient égarés toute leur vie. Puis, de ceux qui, ayant assez de raison, ou de modestie, pour juger qu'ils sont moins capables de distinguer le vrai d'avec le faux que quelques autres par lesquels ils peuvent être instruits, doivent bien plutôt se contenter de suivre les opinions de ces autres, qu'en chercher eux-mêmes de meilleures.

16   Et pour moi, j'aurais été sans doute du nombre de ces derniers, si je n'avais jamais eu qu'un seul maître, ou que je n'eusse point su les différences qui ont été de tout temps entre les opinions des plus doctes. Mais ayant appris, dès le collège, qu'on ne saurait rien imaginer de si étrange et si peu croyable, qu'il n'ait été dit par quelqu'un des philosophes[2], et depuis, en voyageant, ayant reconnu que tous ceux qui ont des sentiments fort contraires aux nôtres, ne sont pas pour cela barbares ni sauvages, mais que plusieurs usent, autant ou plus que nous, de raison ; et ayant considéré combien un même homme, avec son même esprit, étant nourri dès son enfance entre des Français ou des Allemands, devient différent de ce qu'il serait, s'il avait toujours vécu entre des Chinois ou des Cannibales[3], et comment, jusques aux modes de nos habits, la même chose qui nous a plu il y a dix ans, et qui nous plaira peut-être encore avant dix ans, nous semble

maintenant extravagante et ridicule . en sorte que c'est bien plus la coutume et l'exemple qui nous persuadent, qu'aucune connaissance certaine, et que néanmoins la pluralité des voix n'est pas une preuve qui vaille rien pour les vérités un peu malaisées à découvrir, à cause qu'il est bien plus vraisemblable qu'un homme seul les ait rencontrées que tout un peuple ; je ne pouvais choisir personne dont les opinions me semblassent devoir être préférées à celles des autres, et je me trouvai comme contraint d'entreprendre moi-même de me conduire.

Mais, comme un homme qui marche seul, et dans les ténèbres, je me résolus d'aller si lentement, et d'user de tant de circonspection en toutes choses, que si je n'avançais que fort peu, je me garderais bien au moins de tomber. Même je ne voulus point commencer à rejeter tout à fait aucune des opinions qui s'étaient pu glisser autrefois en ma créance sans y avoir été introduites par la raison, que je n'eusse auparavant employé assez de temps à faire le projet de l'ouvrage que j'entreprenais, et à chercher la vraie méthode pour parvenir à la connaissance de toutes les choses dont mon esprit serait capable.

J'avais un peu étudié, étant plus jeune, entre les parties de la philosophie à la logique, et entre les mathématiques à l'analyse des géomètres et à l'algèbre, trois arts ou sciences qui semblaient devoir contribuer quelque chose à mon dessein. Mais en les examinant je pris garde que pour la logique ses syllogismes et la plupart de ses autres instructions servent plutôt à expliquer à autrui les choses qu'on sait, ou même, comme l'art de Lulle, à parler sans jugement de celles qu'on ignore, qu'à les apprendre[1].

Et bien qu'elle contienne en effet beaucoup de préceptes très vrais et très bons, il y en a toutefois tant
d'autres mêlés parmi qui sont ou nuisibles ou superflus, qu'il est presque aussi malaisé de les en séparer,
que de tirer une Diane ou une Minerve hors d'un bloc
de marbre qui n'est point encore ébauché. Puis, pour
l'analyse des anciens et l'algèbre des modernes, outre
qu'elles ne s'étendent qu'à des matières fort abstraites,
et qui ne semblent d'aucun usage, la première est
toujours si astreinte à la considération des figures,
18 qu'elle ne peut exercer l'entendement sans fatiguer
beaucoup l'imagination ; et on s'est tellement assujetti
en la dernière à certaines règles et à certains chiffres [1]
qu'on en a fait un art confus et obscur, qui embarrasse
l'esprit, au lieu d'une science qui le cultive. Ce qui fut
cause que je pensai qu'il fallait chercher quelque autre
méthode, qui comprenant les avantages de ces trois,
fût exempte de leurs défauts. Et comme la multitude
des lois fournit souvent des excuses aux vices, en sorte
qu'un État est bien mieux réglé lorsque, n'en ayant
que fort peu, elles y sont fort étroitement observées :
ainsi, au lieu de ce grand nombre de préceptes dont la
logique est composée, je crus que j'aurais assez des
quatre suivants, pourvu que je prisse une ferme et
constante résolution de ne manquer pas une seule fois
à les observer.

Le premier était de ne recevoir jamais aucune chose
pour vraie que je ne la connusse évidemment être
telle : c'est-à-dire, d'éviter soigneusement la précipitation et la prévention ; et de ne comprendre rien de plus
en mes jugements, que ce qui se présenterait si
clairement et si distinctement à mon esprit, que je
n'eusse aucune occasion de le mettre en doute [2].

Le second, de diviser chacune des difficultés que j'examinerais en autant de parcelles qu'il se pourrait, et qu'il serait requis pour les mieux résoudre.

Le troisième, de conduire par ordre mes pensées, en commençant par les objets les plus simples et les plus aisés à connaître, pour monter peu à peu comme par degrés jusques à la connaissance des plus composés ; et supposant même de l'ordre entre ceux qui ne se **19** précèdent point naturellement les uns les autres [1].

Et le dernier, de faire partout des dénombrements si entiers, et des revues si générales, que je fusse assuré de ne rien omettre [2].

Ces longues chaînes de raisons toutes simples et faciles, dont les géomètres ont coutume de se servir, pour parvenir à leurs plus difficiles démonstrations, m'avaient donné occasion de m'imaginer que toutes les choses, qui peuvent tomber sous la connaissance des hommes s'entre-suivent en même façon, et que pourvu seulement qu'on s'abstienne d'en recevoir aucune pour vraie qui ne le soit, et qu'on garde toujours l'ordre qu'il faut pour les déduire les unes des autres, il n'y en peut avoir de si éloignées auxquelles enfin on ne parvienne, ni de si cachées qu'on ne découvre. Et je ne fus pas beaucoup en peine de chercher par lesquelles il était besoin de commencer : car je savais déjà que c'était par les plus simples et les plus aisées à connaître ; et considérant qu'entre tous ceux qui ont ci-devant recherché la vérité dans les sciences, il n'y a eu que les seuls mathématiciens qui ont pu trouver quelques démonstrations, c'est-à-dire quelques raisons certaines et évidentes, je ne doutais point que ce ne fût par les mêmes qu'ils ont examinées ; bien que je n'en espérasse aucune autre utilité,

sinon qu'elles accoutumeraient mon esprit à se repaître de vérités, et ne se contenter point de fausses raisons. Mais je n'eus pas dessein, pour cela, de tâcher d'apprendre toutes ces sciences particulières, qu'on
20 nomme communément mathématiques[1], et voyant qu'encore que leurs objets soient différents, elles ne laissent pas de s'accorder toutes, en ce qu'elles n'y considèrent autre chose que les divers rapports ou proportions qui s'y trouvent, je pensai qu'il valait mieux que j'examinasse seulement ces proportions en général, et sans les supposer que dans les sujets qui serviraient à m'en rendre la connaissance plus aisée ; même aussi sans les y astreindre aucunement, afin de les pouvoir d'autant mieux appliquer après à tous les autres auxquels elles conviendraient. Puis ayant pris garde que pour les connaître, j'aurais quelquefois besoin de les considérer chacune en particulier et quelquefois seulement de les retenir, ou de les comprendre plusieurs ensemble : je pensai que pour les considérer mieux en particulier je les devais supposer en des lignes[2], à cause que je ne trouvais rien de plus simple, ni que je pusse plus distinctement représenter à mon imagination et à mes sens ; mais que, pour les retenir, ou les comprendre plusieurs ensemble, il fallait que je les expliquasse par quelques chiffres[3] les plus courts qu'il serait possible. Et que, par ce moyen, j'emprunterais tout le meilleur de l'analyse géométrique et de l'algèbre, et corrigerais tous les défauts de l'une par l'autre.

Comme en effet j'ose dire que l'exacte observation de ce peu de préceptes que j'avais choisis, me donna telle facilité à démêler toutes les questions auxquelles ces deux sciences s'étendent, qu'en deux ou trois mois que j'employai à les examiner, ayant commencé par les plus simples et plus générales, et chaque vérité que je trouvais étant une règle qui me servait après à en trouver d'autres, non seulement je vins à bout de plusieurs que j'avais jugées autrefois très difficiles, mais il me sembla aussi vers la fin que je pouvais déterminer, en celles même que j'ignorais, par quels moyens, et jusques où, il était possible de les résoudre[1]. En quoi je ne vous paraîtrai peut-être pas être fort vain, si vous considérez que n'y ayant qu'une vérité de chaque chose, quiconque la trouve en sait autant qu'on en peut savoir ; et que par exemple un enfant instruit en l'arithmétique, ayant fait une addition suivant ses règles, se peut assurer d'avoir trouvé, touchant la somme qu'il examinait, tout ce que l'esprit humain saurait trouver. Car enfin la méthode qui enseigne à suivre le vrai ordre, et à dénombrer exactement toutes les circonstances de ce qu'on cherche, contient tout ce qui donne de la certitude aux règles d'arithmétique[2].

Mais ce qui me contentait le plus de cette méthode était que par elle j'étais assuré d'user en tout de ma raison, sinon parfaitement, au moins le mieux qui fût en mon pouvoir : outre que je sentais, en la pratiquant, que mon esprit s'accoutumait peu à peu à concevoir plus nettement et plus distinctement ses objets, et que ne l'ayant point assujettie à aucune matière particulière, je me promettais de l'appliquer aussi utilement aux difficultés des autres sciences, que j'avais fait à celles de l'algèbre. Non que pour cela j'osasse entreprendre d'abord d'examiner toutes celles qui se présenteraient ; car cela même eût été contraire à l'ordre qu'elle prescrit. Mais, ayant pris garde que leurs

22 principes devaient tous être empruntés de la philosophie, en laquelle je n'en trouvais point encore de
certains, je pensai qu'il fallait, avant tout, que je
tâchasse d'y en établir ; et que cela étant la chose du
monde la plus importante et où la précipitation et la
prévention étaient le plus à craindre, je ne devais point
entreprendre d'en venir à bout, que je n'eusse atteint
un âge bien plus mûr que celui de vingt-trois ans que
j'avais alors ; et que je n'eusse auparavant employé
beaucoup de temps à m'y préparer, tant en déracinant
de mon esprit toutes les mauvaises opinions que j'y
avais reçues avant ce temps-là, qu'en faisant amas de
plusieurs expériences, pour être après la matière de
mes raisonnements, et en m'exerçant toujours en la
méthode que je m'étais prescrite, afin de m'y affermir
de plus en plus.

TROISIÈME PARTIE

Et enfin, comme ce n'est pas assez, avant de
commencer à rebâtir le logis où on demeure, que de
l'abattre, et de faire provision de matériaux et d'architectes, ou s'exercer soi-même à l'architecture, et outre
cela d'en avoir soigneusement tracé le dessin ; mais
qu'il faut aussi s'être pourvu de quelque autre, où on
puisse être logé commodément pendant le temps qu'on
y travaillera ; ainsi, afin que je ne demeurasse point
irrésolu en mes actions pendant que la raison m'obli-
gerait de l'être en mes jugements, et que je ne laissasse
pas de vivre dès lors le plus heureusement que je
pourrais, je me formai une morale par provision, qui
ne consistait qu'en trois ou quatre maximes, dont je
veux bien vous faire part [1].

La première était d'obéir aux lois et aux coutumes

de mon pays, retenant constamment la religion en **23**
laquelle Dieu m'a fait la grâce d'être instruit dès mon
enfance, et me gouvernant en toute autre chose suivant
les opinions les plus modérées, et les plus éloignées de
l'excès, qui fussent communément reçues en pratique
par les mieux sensés de ceux avec lesquels j'aurais à
vivre[1]. Car, commençant dès lors à ne compter pour
rien les miennes propres, à cause que je les voulais
remettre toutes à l'examen, j'étais assuré de ne pouvoir
mieux que de suivre celles des mieux sensés. Et encore
qu'il y en ait peut-être d'aussi bien sensés parmi les
Perses ou les Chinois que parmi nous, il me semblait
que le plus utile était de me régler selon ceux avec
lesquels j'aurais à vivre ; et que pour savoir quelles
étaient véritablement leurs opinions, je devais plutôt
prendre garde à ce qu'ils pratiquaient qu'à ce qu'ils
disaient ; non seulement à cause qu'en la corruption de
nos mœurs il y a peu de gens qui veuillent dire tout ce
qu'ils croient ; mais aussi à cause que plusieurs
l'ignorent eux-mêmes, car l'action de la pensée par
laquelle on croit une chose, étant différente de celle
par laquelle on connaît qu'on la croit, elles sont
souvent l'une sans l'autre. Et entre plusieurs opinions
également reçues, je ne choisissais que les plus modérées ; tant à cause que ce sont toujours les plus
commodes pour la pratique, et vraisemblablement les
meilleures, tous excès ayant coutume d'être mauvais ;
comme aussi afin de me détourner moins du vrai
chemin, en cas que je faillisse, que si, ayant choisi l'un
des extrêmes, c'eût été l'autre qu'il eût fallu suivre. Et
particulièrement je mettais entre les excès toutes les **24**
promesses par lesquelles on retranche quelque chose
de sa liberté[2]. Non que je désapprouvasse les lois qui,

pour remédier à l'inconstance des esprits faibles,
permettent lorsqu'on a quelque bon dessein, ou même,
pour la sûreté du commerce, quelque dessein qui n'est
qu'indifférent, qu'on fasse des vœux ou des contrats
qui obligent à y persévérer ; mais à cause que je ne
voyais au monde aucune chose qui demeurât toujours
en même état, et que pour mon particulier je me
promettais de perfectionner de plus en plus mes
jugements, et non point de les rendre pires, j'eusse
pensé commettre une grande faute contre le bon sens,
si pource que j'approuvais alors quelque chose, je me
fusse obligé de la prendre pour bonne encore après,
lorsqu'elle aurait peut-être cessé de l'être, ou que
j'aurais cessé de l'estimer telle.

Ma seconde maxime était d'être le plus ferme et le
plus résolu [1] en mes actions que je pourrais ; et de ne
suivre pas moins constamment les opinions les plus
douteuses, lorsque je m'y serais une fois déterminé,
que si elles eussent été très assurées. Imitant en ceci les
voyageurs qui, se trouvant égarés en quelque forêt, ne
doivent pas errer en tournoyant tantôt d'un côté tantôt
d'un autre, ni encore moins s'arrêter en une place,
mais marcher toujours le plus droit qu'ils peuvent vers
un même côté, et ne le changer point pour de faibles
raisons, encore que ce n'ait peut-être été au commencement que le hasard seul qui les ait déterminés à le
choisir : car, par ce moyen, s'ils ne vont justement où
25 ils désirent, ils arriveront au moins à la fin quelque
part, où vraisemblablement ils seront mieux que dans
le milieu d'une forêt. Et ainsi les actions de la vie ne
souffrant souvent aucun délai, c'est une vérité très
certaine que, lorsqu'il n'est pas en notre pouvoir de
discerner les plus vraies opinions, nous devons suivre

les plus probables ; et même, qu'encore que nous ne remarquions point davantage de probabilité aux unes qu'aux autres, nous devons néanmoins nous déterminer à quelques-unes, et les considérer après non plus comme douteuses, en tant qu'elles se rapportent à la pratique, mais comme très vraies et très certaines, à cause que la raison qui nous y a fait déterminer se trouve telle. Et ceci fut capable dès lors de me délivrer de tous les repentirs et les remords, qui ont coutume d'agiter les consciences de ces esprits faibles et chancelants, qui se laissent aller inconstamment à pratiquer comme bonnes, les choses qu'ils jugent après être mauvaises.

Ma troisième maxime était de tâcher toujours plutôt à me vaincre que la fortune, et à changer mes désirs que l'ordre du monde ; et généralement de m'accoutumer à croire qu'il n'y a rien qui soit entièrement en notre pouvoir que nos pensées, en sorte qu'après que nous avons fait notre mieux touchant les choses qui nous sont extérieures, tout ce qui manque de nous réussir est au regard de nous absolument impossible. Et ceci seul me semblait être suffisant pour m'empêcher de rien désirer à l'avenir que je n'acquisse, et ainsi pour me rendre content [1]. Car notre volonté ne se portant naturellement à désirer que les choses que notre entendement lui représente en quelque façon comme possibles, il est certain que, si nous considérons tous les biens qui sont hors de nous comme également éloignés de notre pouvoir, nous n'aurons pas plus de regrets de manquer de ceux qui semblent être dus à notre naissance, lorsque nous en serons privés sans notre faute, que nous avons de ne posséder pas les royaumes de la Chine ou du Mexique ; et que faisant, comme on dit, de nécessité vertu, nous ne désirerons pas davantage d'être sains étant malades, ou d'être libres étant en prison, que nous faisons maintenant d'avoir des corps d'une matière aussi peu corruptible que les diamants, ou des ailes pour voler comme les oiseaux. Mais j'avoue qu'il est besoin d'un long exercice, et d'une méditation souvent réitérée, pour s'accoutumer à regarder de ce biais toutes les choses ; et je crois que c'est principalement en ceci que consistait le secret de ces philosophes, qui ont pu autrefois se soustraire de l'empire de la fortune et, malgré les douleurs et la pauvreté, disputer de la félicité avec leurs dieux. Car, s'occupant sans cesse à considérer les bornes qui leur étaient prescrites par la nature, ils se persuadaient si parfaitement que rien n'était en leur pouvoir que leurs pensées[1], que cela seul était suffisant pour les empêcher d'avoir aucune affection pour d'autres choses ; et ils disposaient d'elles si absolument, qu'ils avaient en cela quelque raison de s'estimer plus riches, et plus puissants, et plus libres, et plus heureux, qu'aucun des autres hommes qui, n'ayant point cette philosophie, tant favorisés de la nature et de la fortune qu'ils puissent être, ne disposent jamais ainsi de tout ce qu'ils veulent.

27

Enfin, pour conclusion de cette morale[2] je m'avisai de faire une revue sur les diverses occupations qu'ont les hommes en cette vie, pour tâcher à faire choix de la meilleure, et sans que je veuille rien dire de celles des autres, je pensai que je ne pouvais mieux que de continuer en celle-là même où je me trouvais, c'est-à-dire, que d'employer toute ma vie à cultiver ma raison, et m'avancer autant que je pourrais en la connaissance de la vérité, suivant la méthode que je m'étais

prescrite. J'avais éprouvé de si extrêmes contente-
ments depuis que j'avais commencé à me servir de
cette méthode, que je ne croyais pas qu'on en pût
recevoir de plus doux, ni de plus innocents, en cette
vie ; et découvrant tous les jours par son moyen
quelques vérités, qui me semblaient assez importantes,
et communément ignorées des autres hommes, la
satisfaction que j'en avais remplissait tellement mon
esprit que tout le reste ne me touchait point. Outre que
les trois maximes précédentes n'étaient fondées que
sur le dessein que j'avais de continuer à m'instruire :
car Dieu nous ayant donné à chacun quelque lumière
pour discerner le vrai d'avec le faux, je n'eusse pas cru
me devoir contenter des opinions d'autrui un seul
moment, si je ne me fusse proposé d'employer mon
propre jugement à les examiner, lorsqu'il serait temps ;
et je n'eusse su m'exempter de scrupule, en les suivant,
si je n'eusse espéré de ne perdre pour cela aucune
occasion d'en trouver de meilleures, en cas qu'il y en 28
eût. Et enfin je n'eusse su borner mes désirs, ni être
content, si je n'eusse suivi un chemin par lequel,
pensant être assuré de l'acquisition de toutes les
connaissances dont je serais capable, je le pensais être
par même moyen de celle de tous les vrais biens qui
seraient jamais en mon pouvoir, d'autant que, notre
volonté ne se portant à suivre ni à fuir aucune chose,
que selon que notre entendement ⟨la⟩ lui représente
bonne ou mauvaise, il suffit de bien juger pour bien
faire, et de juger le mieux qu'on puisse pour faire aussi
tout son mieux, c'est-à-dire pour acquérir toutes les
vertus, et ensemble tous les autres biens qu'on puisse
acquérir ; et lorsqu'on est certain que cela est, on ne
saurait manquer d'être content.

Après m'être ainsi assuré de ces maximes, et les avoir mises à part, avec les vérités de la foi, qui ont toujours été les premières en ma créance, je jugeai que pour tout le reste de mes opinions je pouvais librement entreprendre de m'en défaire. Et d'autant que j'espérais en pouvoir mieux venir à bout en conversant avec les hommes, qu'en demeurant plus longtemps renfermé dans le poêle où j'avais eu toutes ces pensées, l'hiver n'était pas encore bien achevé que je me remis à voyager. Et en toutes les neuf années suivantes [1] je ne fis autre chose que rouler çà et là dans le monde, tâchant d'y être spectateur plutôt qu'acteur en toutes les comédies qui s'y jouent ; et faisant particulièrement réflexion en chaque matière sur ce qui la pouvait rendre suspecte, et nous donner occasion de nous méprendre, je déracinais cependant de mon esprit toutes les erreurs qui s'y étaient pu glisser auparavant. Non que j'imitasse pour cela les sceptiques [2], qui ne doutent que pour douter, et affectent d'être toujours irrésolus : car, au contraire, tout mon dessein ne tendait qu'à m'assurer, et à rejeter la terre mouvante et le sable, pour trouver le roc ou l'argile. Ce qui me réussissait ce me semble assez bien, d'autant que tâchant à découvrir la fausseté ou l'incertitude des propositions que j'examinais, non par de faibles conjectures, mais par des raisonnements clairs et assurés, je n'en rencontrais point de si douteuses, que je n'en tirasse toujours quelque conclusion assez certaine, quand ce n'eût été que cela même qu'elle ne contenait rien de certain. Et comme en abattant un vieux logis on en réserve ordinairement les démolitions pour servir à en bâtir un nouveau : ainsi en détruisant toutes celles de mes opinions que je jugeais être mal

29

fondées, je faisais diverses observations, et acquérais plusieurs expériences[1], qui m'ont servi depuis à en établir de plus certaines. Et, de plus, je continuais à m'exercer en la méthode que je m'étais prescrite ; car, outre que j'avais soin de conduire généralement toutes mes pensées selon ses règles, je me réservais de temps en temps quelques heures que j'employais particulièrement à la pratiquer en des difficultés de mathématique, ou même aussi en quelques autres que je pouvais rendre quasi semblables à celles des mathématiques, en les détachant de tous les principes des autres sciences que je ne trouvais pas assez fermes, comme vous verrez que j'ai fait en plusieurs qui sont expliquées en ce volume. Et ainsi sans vivre d'autre façon **30** en apparence, que ceux qui n'ayant aucun emploi qu'à passer une vie douce et innocente, s'étudient à séparer les plaisirs des vices ; et qui pour jouir de leur loisir sans s'ennuyer, usent de tous les divertissements qui sont honnêtes, je ne laissais pas de poursuivre en mon dessein, et de profiter en la connaissance de la vérité, peut-être plus que je n'eusse fait que lire des livres, ou fréquenter des gens de lettres.

Toutefois, ces neuf ans s'écoulèrent avant que j'eusse encore pris aucun parti, touchant les difficultés qui ont coutume d'être disputées entre les doctes, ni commencé à chercher les fondements d'aucune philosophie plus certaine que la vulgaire[2]. Et l'exemple de plusieurs excellents esprits, qui en ayant eu ci-devant le dessein me semblaient n'y avoir pas réussi, m'y faisait imaginer tant de difficulté, que je n'eusse peut-être pas encore sitôt osé l'entreprendre, si je n'eusse vu que quelques-uns faisaient déjà courre le bruit que j'en étais venu à bout. Je ne saurais pas dire sur quoi ils fondaient cette opinion ; et si j'y ai contribué quelque chose par mes discours, ce doit avoir été en confessant plus ingénument ce que j'ignorais que n'ont coutume de faire ceux qui ont un peu étudié, et peut-être aussi en faisant voir les raisons que j'avais de douter de beaucoup de choses que les autres estiment certaines ; plutôt qu'en me vantant d'aucune doctrine. Mais ayant le cœur assez bon pour ne vouloir point qu'on me prît pour autre que je n'étais, je pensai qu'il fallait que je tâchasse par tous moyens à me rendre digne de 31 la réputation qu'on me donnait ; et il y a justement huit ans que ce désir me fit résoudre à m'éloigner de tous les lieux où je pouvais avoir des connaissances, et à me retirer ici[1] en un pays où la longue durée de la guerre a fait établir de tels ordres, que les armées qu'on y entretient ne semblent servir qu'à faire qu'on y jouisse des fruits de la paix avec d'autant plus de sûreté ; et où parmi la foule d'un grand peuple fort actif, et plus soigneux de ses propres affaires que curieux de celles d'autrui, sans manquer d'aucune des commodités qui sont dans les villes les plus fréquentées, j'ai pu vivre aussi solitaire et retiré que dans les déserts les plus écartés.

QUATRIÈME PARTIE

Je ne sais si je dois vous entretenir des premières méditations que j'y ai faites, car elles sont si métaphysiques[2] et si peu communes, qu'elles ne seront peut-être pas au goût de tout le monde. Et toutefois, afin qu'on puisse juger si les fondements que j'ai pris sont assez fermes, je me trouve en quelque façon contraint d'en parler. J'avais dès longtemps remarqué que pour les mœurs il est besoin quelquefois de suivre des opinions qu'on sait être fort incertaines, tout de même que si elles étaient indubitables, ainsi qu'il a été dit ci-dessus ; mais, pource qu'alors je désirais vaquer seulement à la recherche de la vérité, je pensai qu'il fallait que je fisse tout le contraire, et que je rejetasse comme absolument faux tout ce en quoi je pourrais imaginer le moindre doute, afin de voir s'il ne resterait point après cela quelque chose en ma créance qui fût entièrement indubitable. Ainsi, à cause que nos sens **32** nous trompent quelquefois, je voulus supposer qu'il n'y avait aucune chose qui fût telle qu'ils nous la font imaginer. Et pource qu'il y a des hommes qui se méprennent en raisonnant, même touchant les plus simples matières de géométrie, et y font des paralogismes [1], jugeant que j'étais sujet à faillir autant qu'aucun autre, je rejetai comme fausses toutes les raisons que j'avais prises auparavant pour démonstrations. Et enfin considérant que toutes les mêmes pensées que nous avons étant éveillés, nous peuvent aussi venir quand nous dormons sans qu'il y en ait aucune pour lors qui soit vraie, je me résolus de feindre que toutes les choses qui m'étaient jamais entrées en l'esprit n'étaient non plus vraies que les illusions de mes songes. Mais aussitôt après je pris garde, que pendant que je voulais ainsi penser que tout était faux, il fallait nécessairement que moi qui le pensais fusse quelque chose. Et remarquant que cette vérité, *je pense, donc je suis,* était si ferme et si assurée que toutes les plus extravagantes suppositions des sceptiques n'étaient pas capables de l'ébranler, je jugeai que je pouvais la recevoir sans scrupule pour le premier principe de la philosophie que je cherchais [2].

Puis, examinant avec attention ce que j'étais, et

voyant que je pouvais feindre que je n'avais aucun
corps et qu'il n'y avait aucun monde ni aucun lieu où
je fusse ; mais que je ne pouvais pas feindre, pour cela,
que je n'étais point ; et qu'au contraire de cela même
que je pensais à douter de la vérité des autres choses, il
suivait très évidemment et très certainement que
33 j'étais : au lieu que si j'eusse seulement cessé de
penser, encore que tout le reste de ce que j'avais jamais
imaginé eût été vrai, je n'avais aucune raison de croire
que j'eusse été : je connus de là que j'étais une
substance[1] dont toute l'essence ou la nature n'est que
de penser, et qui pour être n'a besoin d'aucun lieu ni
ne dépend d'aucune chose matérielle. En sorte que ce
moi, c'est-à-dire, l'âme par laquelle je suis ce que je
suis, est entièrement distincte du corps, et même
qu'elle est plus aisée à connaître que lui[2], et qu'encore
qu'il ne fût point, elle ne laisserait pas d'être tout ce
qu'elle est.

Après cela je considérai en général ce qui est requis à
une proposition pour être vraie et certaine ; car,
puisque je venais d'en trouver une que je savais être
telle, je pensai que je devais aussi savoir en quoi
consiste cette certitude. Et ayant remarqué qu'il n'y a
rien du tout en ceci, *je pense, donc je suis,* qui m'assure
que je dis la vérité, sinon que je vois très clairement
que, pour penser, il faut être : je jugeai que je pouvais
prendre pour règle générale, que les choses que nous
concevons fort clairement et fort distinctement sont
toutes vraies ; mais qu'il y a seulement quelque
difficulté à bien remarquer quelles sont celles que nous
concevons distinctement.

En suite de quoi faisant réflexion sur ce que je
doutais, et que, par conséquent mon être n'était pas

tout parfait, car je voyais clairement que c'était une
plus grande perfection de connaître que de douter; je
m'avisai de chercher d'où j'avais appris à penser à
quelque chose de plus parfait que je n'étais; et je
connus évidemment que ce devait être de quelque   **34**
nature qui fût en effet plus parfaite. Pour ce qui est des
pensées que j'avais de plusieurs autres choses hors de
moi, comme du ciel, de la terre, de la lumière, de la
chaleur, et de mille autres, je n'étais point tant en
peine de savoir d'où elles venaient à cause que ne
remarquant rien en elles qui me semblât les rendre
supérieures à moi, je pouvais croire que, si elles étaient
vraies, c'étaient des dépendances de ma nature, en
tant qu'elle avait quelque perfection; et si elles ne
l'étaient pas, que je les tenais du néant, c'est-à-dire
qu'elles étaient en moi, parce que j'avais du défaut.
Mais ce ne pouvait être le même de l'idée [1] d'un être
plus parfait que le mien : car, de la tenir du néant,
c'était chose manifestement impossible; et pource
qu'il n'y a pas moins de répugnance [2] que le plus
parfait soit une suite et une dépendance du moins
parfait, qu'il y en a que de rien procède quelque chose,
je ne la pouvais tenir non plus de moi-même. De façon
qu'il restait qu'elle eût été mise en moi par une nature
qui fût véritablement plus parfaite que je n'étais, et
même qui eût en soi toutes les perfections dont je
pouvais avoir quelque idée, c'est-à-dire, pour m'expliquer en un mot, qui fût Dieu. A quoi j'ajoutai que
puisque je connaissais quelques perfections que je
n'avais point, je n'étais pas le seul être qui existât
(j'userai s'il vous plaît ici librement des mots de
l'École), mais qu'il fallait de nécessité qu'il y en eût
quelque autre plus parfait, duquel je dépendisse, et

duquel j'eusse acquis tout ce que j'avais. Car si j'eusse
été seul et indépendant de tout autre, en sorte que
35 j'eusse eu de moi-même tout ce peu que je participais
de l'être parfait, j'eusse pu avoir de moi par même
raison tout le surplus que je connaissais me manquer,
et ainsi être moi-même infini, éternel, immuable, tout
connaissant, tout-puissant, et enfin avoir toutes les
perfections que je pouvais remarquer être en Dieu. Car
suivant les raisonnements que je viens de faire, pour
connaître la nature de Dieu autant que la mienne en
était capable, je n'avais qu'à considérer de toutes les
choses dont je trouvais en moi quelque idée, si c'était
perfection ou non de les posséder, et j'étais assuré
qu'aucune de celles qui marquaient quelque imperfection n'était en lui, mais que toutes les autres y étaient.
Comme je voyais que le doute, l'inconstance, la
tristesse, et choses semblables, n'y pouvaient être, vu
que j'eusse été moi-même bien aise d'en être exempt.
Puis outre cela j'avais des idées de plusieurs choses
sensibles et corporelles : car, quoique je supposasse
que je rêvais, et que tout ce que je voyais ou imaginais
était faux, je ne pouvais nier toutefois que les idées
n'en fussent véritablement en ma pensée ; mais pource
que j'avais déjà connu en moi très clairement que la
nature intelligente est distincte de la corporelle, considérant que toute composition témoigne de la dépendance, et que la dépendance est manifestement un
défaut[1], je jugeais de là, que ce ne pouvait être une
perfection en Dieu d'être composé de ces deux natures,
et que par conséquent il ne l'était pas ; mais que s'il y
avait quelques corps dans le monde, ou bien quelques
intelligences ou autres natures, qui ne fussent point
36 toutes parfaites, leur être devait dépendre de sa

puissance, en telle sorte qu'elles ne pouvaient subsister sans lui un seul moment.

Je voulus chercher après cela d'autres vérités, et m'étant proposé l'objet des géomètres, que je concevais comme un corps continu, ou un espace indéfiniment étendu en longueur, largeur et hauteur ou profondeur, divisible en diverses parties, qui pouvaient avoir diverses figures et grandeurs, et être mues ou transposées en toutes sortes, car les géomètres supposent tout cela en leur objet, je parcourus quelques-unes de leurs plus simples démonstrations. Et ayant pris garde que cette grande certitude, que tout le monde leur attribue, n'est fondée que sur ce qu'on les conçoit évidemment, suivant la règle que j'ai tantôt dite, je pris garde aussi qu'il n'y avait rien du tout en elles qui m'assurât de l'existence de leur objet. Car par exemple je voyais bien que, supposant un triangle, il fallait que ses trois angles fussent égaux à deux droits ; mais je ne voyais rien pour cela qui m'assurât qu'il y eût au monde aucun triangle. Au lieu que, revenant à examiner l'idée que j'avais d'un Être parfait, je trouvais que l'existence y était comprise, en même façon qu'il est compris en celle d'un triangle que ses trois angles sont égaux à deux droits, ou en celle d'une sphère que toutes ses parties sont également distantes de son centre, ou même encore plus évidemment ; et que, par conséquent, il est pour le moins aussi certain, que Dieu, qui est cet Être parfait, est ou existe, qu'aucune démonstration de géométrie le saurait être [1].

Mais ce qui fait qu'il y en a plusieurs qui se **37** persuadent qu'il y a de la difficulté à le connaître, et même aussi à connaître ce que c'est que leur âme, c'est qu'ils n'élèvent jamais leur esprit au-delà des choses sensibles, et qu'ils sont tellement accoutumés à ne rien considérer qu'en l'imaginant, qui est une façon de penser particulière pour les choses matérielles, que tout ce qui n'est pas imaginable leur semble n'être pas intelligible. Ce qui est assez manifeste de ce que même les philosophes tiennent pour maxime dans les Écoles, qu'il n'y a rien dans l'entendement qui n'ait première- ment été dans le sens [1], où toutefois il est certain que les idées de Dieu et de l'âme n'ont jamais été. Et il me semble que ceux qui veulent user de leur imagination pour les comprendre, font tout de même que si pour ouïr les sons, ou sentir les odeurs, ils se voulaient servir de leurs yeux : sinon qu'il y a encore cette différence, que le sens de la vue ne nous assure pas moins de la vérité de ses objets, que font ceux de l'odorat ou de l'ouïe ; au lieu que ni notre imagination ni nos sens ne nous sauraient jamais assurer d'aucune chose, si notre entendement n'y intervient.

Enfin, s'il y a encore des hommes qui ne soient pas assez persuadés de l'existence de Dieu et de leur âme, par les raisons que j'ai apportées, je veux bien qu'ils sachent que toutes les autres choses, dont ils se pensent peut-être plus assurés, comme d'avoir un corps, et qu'il y a des astres et une terre, et choses semblables, sont moins certaines. Car, encore qu'on ait une assurance morale [2] de ces choses, qui est telle, qu'il **38** semble qu'à moins que d'être extravagant, on n'en peut douter, toutefois aussi, à moins que d'être déraisonnable lorsqu'il est question d'une certitude métaphysique, on ne peut nier que ce ne soit assez de sujet pour n'en être pas entièrement assuré, que d'avoir pris garde qu'on peut, en même façon, s'imaginer, étant endormi qu'on a un autre corps, et qu'on voit d'autres astres, et une autre terre, sans qu'il en soit rien. Car d'où sait-on que les pensées qui viennent en songe sont plutôt fausses que les autres, vu que souvent elles ne sont pas moins vives et expresses ? Et que les meilleures esprits y étudient tant qu'il leur plaira, je ne crois pas qu'ils puissent donner aucune raison qui soit suffisante pour ôter ce doute, s'ils ne présupposent l'existence de Dieu. Car premièrement cela même que j'ai tantôt pris pour une règle, à savoir que les choses que nous concevons très clairement et très distinctement sont toutes vraies, n'est assuré qu'à cause que Dieu est ou existe, et qu'il est un être parfait, et que tout ce qui est en nous vient de lui. D'où il suit que nos idées ou notions, étant des choses réelles, et qui viennent de Dieu, en tout ce en quoi elles sont claires et distinctes, ne peuvent en cela être que vraies. En sorte que si nous en avons assez souvent qui contiennent de la fausseté, ce ne peut être que de celles qui ont quelque chose de confus et obscur, à cause qu'en cela elles participent du néant, c'est-à-dire, qu'elles ne sont en nous ainsi confuses, qu'à cause que nous ne sommes pas tout [1] parfaits. Et il est évident qu'il n'y a pas moins de répugnance que la fausseté ou l'imperfection procède de Dieu en tant que telle, qu'il y **39** en a que la vérité ou la perfection procède du néant. Mais si nous ne savions point que tout ce qui est en nous de réel et de vrai vient d'un être parfait et infini, pour claires et distinctes que fussent nos idées, nous n'aurions aucune raison qui nous assurât qu'elles eussent la perfection d'être vraies.

Or après que la connaissance de Dieu et de l'âme nous a ainsi rendus certains de cette règle, il est bien

aisé à connaître que les rêveries que nous imaginons
étant endormis ne doivent aucunement nous faire
douter de la vérité des pensées que nous avons étant
éveillés. Car s'il arrivait même en dormant qu'on eût
quelque idée fort distincte, comme par exemple, qu'un
géomètre inventât quelque nouvelle démonstration,
son sommeil ne l'empêcherait pas d'être vraie. Et pour
l'erreur la plus ordinaire de nos songes, qui consiste en
ce qu'ils nous représentent divers objets en même
façon que font nos sens extérieurs, n'importe pas
qu'elle nous donne occasion de nous défier de la vérité
de telles idées, à cause qu'elles peuvent aussi nous
tromper assez souvent, sans que nous dormions :
comme lorsque ceux qui ont la jaunisse voient tout de
couleur jaune, ou que les astres ou autres corps fort
éloignés nous paraissent beaucoup plus petits qu'ils ne
sont. Car enfin, soit que nous veillions, soit que nous
dormions, nous ne nous devons jamais laisser persuader qu'à l'évidence de notre raison. Et il est à
remarquer que je dis de notre raison, et non point de
notre imagination ni de nos sens. Comme encore que
40 nous voyons le soleil très clairement, nous ne devons
pas juger pour cela qu'il ne soit que de la grandeur que
nous le voyons ; et nous pouvons bien imaginer
distinctement une tête de lion entée sur le corps d'une
chèvre, sans qu'il faille conclure pour cela qu'il y ait au
monde une chimère : car la raison ne nous dicte point
que ce que nous voyons ou imaginons ainsi soit
véritable. Mais elle nous dicte bien que toutes nos idées
ou notions doivent avoir quelque fondement de vérité,
car il ne serait pas possible que Dieu qui est tout
parfait et tout véritable les eût mises en nous sans
cela [1]. Et pource que nos raisonnements ne sont jamais

si évidents ni si entiers pendant le sommeil que pendant la veille, bien que quelquefois nos imaginations soient alors autant ou plus vives et expresses, elle nous dicte aussi que nos pensées ne pouvant être toutes vraies, à cause que nous ne sommes pas tout parfaits, ce qu'elles ont de vérité doit infailliblement se rencontrer en celles que nous avons étant éveillés, plutôt qu'en nos songes.

CINQUIÈME PARTIE

Je serais bien aise de poursuivre, et de faire voir ici toute la chaîne des autres vérités que j'ai déduites de ces premières. Mais, à cause que pour cet effet, il serait maintenant besoin que je parlasse de plusieurs questions, qui sont en controverse entre les doctes, avec lesquels je ne désire point me brouiller, je crois qu'il sera mieux que je m'en abstienne, et que je dise seulement en général quelles elles sont, afin de laisser juger aux plus sages s'il serait utile que le public en fût plus particulièrement informé. Je suis toujours **41** demeuré ferme en la résolution que j'avais prise, de ne supposer aucun autre principe que celui dont je viens de me servir pour démontrer l'existence de Dieu et de l'âme, et de ne recevoir aucune chose pour vraie, qui ne me semblât plus claire et plus certaine que n'avaient fait auparavant les démonstrations des géomètres. Et néanmoins j'ose dire que, non seulement j'ai trouvé moyen de me satisfaire en peu de temps, touchant toutes les principales difficultés dont on a coutume de traiter en la philosophie; mais aussi que j'ai remarqué certaines lois, que Dieu a tellement établies en la nature, et dont il a imprimé de telles notions en nos âmes, qu'après y avoir fait assez de réflexion, nous ne saurions douter qu'elles ne soient exactement observées, en tout ce qui est ou qui se fait dans le monde[1]. Puis, en considérant la suite de ces lois, il me semble avoir découvert plusieurs vérités plus utiles et plus importantes que tout ce que j'avais appris auparavant, ou même espéré d'apprendre.

Mais pource que j'ai tâché d'en expliquer les principales dans un traité[2], que quelques considérations m'empêchent de publier, je ne les saurais mieux faire connaître, qu'en disant ici sommairement ce qu'il contient. J'ai eu dessein d'y comprendre tout ce que je pensais savoir avant que de l'écrire, touchant la nature des choses matérielles. Mais, tout de même que les peintres, ne pouvant également bien représenter dans un tableau plat toutes les diverses faces d'un corps solide, en choisissent une des principales qu'ils mettent seule vers le jour, et ombrageant les autres, ne les font paraître qu'en tant qu'on les peut voir en la regardant : ainsi, craignant de ne pouvoir mettre en mon discours tout ce que j'avais en la pensée, j'entrepris seulement d'y exposer bien amplement ce que je concevais de la lumière ; puis, à son occasion, d'y ajouter quelque chose du soleil et des étoiles fixes, à cause qu'elle en procède presque toute ; des cieux, à cause qu'ils la transmettent ; des planètes, des comètes et de la terre, à cause qu'elles la font réfléchir ; et en particulier de tous les corps qui sont sur la terre, à cause qu'ils sont ou colorés, ou transparents, ou lumineux ; et enfin de l'homme, à cause qu'il en est le spectateur. Même, pour ombrager un peu toutes ces choses, et pouvoir dire plus librement ce que j'en jugeais, sans être obligé de suivre ni de réfuter les opinions qui sont reçus entre les doctes, je me résolus de laisser tout ce monde ici à leurs disputes, et de parler seulement de ce qui arriverait dans un nouveau, si Dieu créait maintenant quelque part dans les espaces imaginaires assez de matière pour le composer, et qu'il agitât diversement et sans ordre les diverses parties de cette matière, en sorte qu'il en composât un chaos aussi confus que les poètes en puissent feindre, et que par après, il ne fît autre chose que prêter son concours ordinaire[1] à la nature, et la laisser agir suivant les lois qu'il a établies. Ainsi premièrement je décrivis cette matière et tâchai de la représenter telle qu'il n'y a rien au monde, ce me semble, de plus clair ni plus intelligible, excepté ce qui a tantôt été dit de Dieu et de l'âme : car même je supposai expressément, qu'il n'y avait en elle aucune **43** de ces formes ou qualités dont on dispute dans les écoles, ni généralement aucune chose, dont la connaissance ne fût si naturelle à nos âmes, qu'on ne pût pas même feindre de l'ignorer. De plus, je fis voir quelles étaient les lois de la nature ; et, sans appuyer mes raisons sur aucun autre principe que sur les perfections infinies de Dieu, je tâchai à démontrer toutes celles dont on eût pu avoir quelque doute, et à faire voir qu'elles sont telles, qu'encore que Dieu aurait créé plusieurs mondes, il n'y en saurait avoir aucun où elles manquassent d'être observées. Après cela, je montrai comment la plus grande part de la matière de ce chaos devait, en suite de ces lois, se disposer et s'arranger d'une certaine façon qui la rendait semblable à nos cieux ; comment cependant quelques-unes de ses parties devaient composer une terre, et quelques-unes des planètes et des comètes, et quelques autres un soleil et des étoiles fixes. Et ici, m'étendant sur le sujet de la

lumière, j'expliquai bien au long quelle était celle qui
se devait trouver dans le soleil et les étoiles, et
comment de là elle traversait en un instant les
immenses espaces des cieux, et comment elle se
réfléchissait des planètes et des comètes vers la terre.
J'y ajoutai aussi plusieurs choses, touchant la substance, la situation, les mouvements et toutes les
diverses qualités de ces cieux et de ces astres ; en sorte
que je pensais en dire assez, pour faire connaître qu'il
ne se remarque rien en ceux de ce monde, qui ne dût,
ou du moins qui ne pût, paraître tout semblable en
44 ceux du monde que je décrivais. De là je vins à parler
particulièrement de la Terre : comment, encore que
j'eusse expressément supposé que Dieu n'avait mis
aucune pesanteur [1] en la matière dont elle était composée, toutes ses parties ne laissaient pas de tendre [2]
exactement vers son centre ; comment, y ayant de l'eau
et de l'air sur sa superficie, la disposition des cieux et
des astres, principalement de la Lune, y devait causer
un flux et reflux, qui fût semblable, en toutes ses
circonstances, à celui qui se remarque dans nos mers ;
et outre cela un certain cours, tant de l'eau que de l'air,
du levant vers le couchant tel qu'on le remarque aussi
entre les tropiques ; comment les montagnes, les mers,
les fontaines et les rivières pouvaient naturellement s'y
former, et les métaux y venir dans les mines, et les
plantes y croître dans les campagnes et généralement
tous les corps qu'on nomme mêlés ou composés s'y
engendrer. Et entre autres choses, à cause qu'après les
astres je ne connais rien au monde que le feu qui
produise de la lumière, je m'étudiai à faire entendre
bien clairement tout ce qui appartient à sa nature,
comment il se fait, comment il se nourrit ; comment il

n'a quelquefois que de la chaleur sans lumière, et quelquefois que de la lumière sans chaleur, comment il peut introduire diverses couleurs en divers corps, et diverses autres qualités ; comment il en fond quelques-uns, et en durcit d'autres, comment il les peut consumer presque tous, ou convertir en cendres et en fumée ; et enfin comment de ces cendres par la seule violence de son action, il forme du verre ; car cette transmutation de cendres en verre me semblant être **45** aussi admirable qu'aucune autre qui se fasse en la nature, je pris particulièrement plaisir à la décrire.

Toutefois je ne voulais pas inférer de toutes ces choses, que ce monde ait été créé en la façon que je proposais ; car il est bien plus vraisemblable que dès le commencement, Dieu l'a rendu tel qu'il devait être. Mais il est certain, et c'est une opinion communément reçue entre les théologiens, que l'action par laquelle maintenant il le conserve est toute la même que celle par laquelle il l'a créé ; de façon qu'encore qu'il ne lui aurait point donné au commencement d'autre forme que celle du chaos, pourvu qu'ayant établi les lois de la nature, il lui prêtât son concours pour agir ainsi qu'elle a de coutume, on peut croire, sans faire tort au miracle de la création, que par cela seul toutes les choses qui sont purement matérielles auraient pu avec le temps s'y rendre telles que nous les voyons à présent. Et leur nature est bien plus aisée à concevoir lorsqu'on les voit naître peu à peu en cette sorte, que lorsqu'on ne les considère que toutes faites[1].

De la description des corps inanimés et des plantes, je passai à celle des animaux et particulièrement à celle des hommes[2]. Mais pource que je n'en avais pas encore assez de connaissance pour en parler du même

style que du reste, c'est-à-dire en démontrant les effets
par les causes, et faisant voir de quelles semences, et en
quelle façon, la nature les doit produire, je me
contentai de supposer que Dieu formât le corps d'un
46 homme, entièrement semblable à l'un des nôtres, tant
en la figure extérieure de ses membres qu'en la
conformation intérieure de ses organes, sans le composer d'autre matière que de celle que j'avais décrite, et
sans mettre en lui au commencement aucune âme
raisonnable, ni aucune autre chose pour y servir d'âme
végétante ou sensitive [1], sinon qu'il excitât en son cœur
un de ces feux sans lumière, que j'avais déjà expliqués,
et que je ne concevais point d'autre nature que celui
qui échauffe le foin lorsqu'on l'a renfermé avant qu'il
fût sec, ou qui fait bouillir les vins nouveaux, lorsqu'on
les laisse cuver sur la râpe. Car examinant les fonctions
qui pouvaient en suite de cela être en ce corps, j'y
trouvais exactement toutes celles qui peuvent être en
nous sans que nous y pensions, ni par conséquent que
notre âme, c'est-à-dire cette partie distincte du corps
dont il a été dit ci-dessus que la nature n'est que de
penser, y contribue, et qui sont toutes les mêmes, en
quoi on peut dire que les animaux sans raison nous
ressemblent : sans que j'y en pusse pour cela trouver
aucune de celles qui, étant dépendantes de la pensée, sont les seules qui nous appartiennent en tant
qu'hommes ; au lieu que je les y trouvais toutes par
après, ayant supposé que Dieu créât une âme raisonnable, et qu'il la joignît à ce corps en certaine façon
que je décrivais.

Mais, afin qu'on puisse voir en quelle sorte j'y
traitais cette matière, je veux mettre ici l'explication
du mouvement du cœur et des artères, qui étant le

premier et le plus général qu'on observe dans les
animaux, on jugera facilement de lui ce qu'on doit
penser de tous les autres. Et afin qu'on ait moins de **47**
difficulté à entendre ce que j'en dirai, je voudrais que
ceux qui ne sont point versés en l'anatomie prissent la
peine, avant que de lire ceci, de faire couper devant
eux le cœur de quelque grand animal qui ait des
poumons, car il est en tous assez semblable à celui de
l'homme, et qu'ils se fissent montrer les deux chambres ou concavités [1] qui y sont. Premièrement, celle qui
est dans son côté droit, à laquelle répondent deux
tuyaux fort larges : à savoir la veine cave, qui est le
principal réceptacle du sang, et comme le tronc de
l'arbre dont toutes les autres veines du corps sont les
branches, et la veine artérieuse [2], qui a été ainsi mal
nommée, pource que c'est en effet une artère, laquelle
prenant son origine du cœur, se divise, après en être
sortie, en plusieurs branches qui se vont répandre
partout dans les poumons. Puis celle qui est dans son
côté gauche, à laquelle répondent en même façon deux
tuyaux, qui sont autant ou plus larges que les précédents : à savoir l'artère veineuse [3], qui a été aussi mal
nommée, à cause qu'elle n'est autre chose qu'une
veine, laquelle vient des poumons, où elle est divisée en
plusieurs branches, entrelacées avec celles de la veine
artérieuse, et celles de ce conduit qu'on nomme le
sifflet [4], par où entre l'air de la respiration; et la
grande artère [5], qui, sortant du cœur, envoie ses
branches par tout le corps. Je voudrais aussi qu'on leur
montrât soigneusement les onze petites peaux [6], qui
comme autant de petites portes, ouvrent et ferment les
quatre ouvertures qui sont en ces deux concavités : à
savoir, trois à l'entrée de la veine cave [7], où elles sont **48**

tellement disposées, qu'elles ne peuvent aucunement empêcher que le sang qu'elle contient ne coule dans la concavité droite du cœur, et toutefois empêchent exactement qu'il n'en puisse sortir; trois à l'entrée de la veine artérieuse [1], qui étant disposées tout au contraire, permettent bien au sang, qui est dans cette concavité, de passer dans les poumons, mais non pas à celui qui est dans les poumons d'y retourner; et ainsi deux autres à l'entrée de l'artère veineuse [2], qui laissent couler le sang des poumons vers la concavité gauche du cœur, mais s'opposent à son retour; et trois à l'entrée de la grande artère, qui lui permettent de sortir du cœur, mais l'empêchent d'y retourner. Et il n'est point besoin de chercher d'autre raison du nombre de ces peaux, sinon que l'ouverture de l'artère veineuse, étant en ovale à cause du lieu où elle se rencontre, peut être commodément fermée avec deux, au lieu que les autres, étant rondes, le peuvent mieux être avec trois. De plus je voudrais qu'on leur fît considérer que la grande artère et la veine artérieuse sont d'une composition beaucoup plus dure et plus ferme que ne sont l'artère veineuse et la veine cave; et que ces deux dernières s'élargissent avant que d'entrer dans le cœur, et y font comme deux bourses, nommées les oreilles du cœur [3], qui sont composées d'une chair semblable à la sienne; et qu'il y a toujours plus de chaleur dans le cœur qu'en aucun autre endroit du corps [4], et enfin que cette chaleur est capable de faire que, s'il entre quelque goutte de sang en ses conca-
49 vités, elle s'enfle promptement et se dilate, ainsi que font généralement toutes les liqueurs, lorsqu'on les laisse tomber goutte à goutte en quelque vaisseau qui est fort chaud.

Car après cela je n'ai besoin de dire autre chose pour expliquer le mouvement du cœur, sinon que, lorsque ses concavités ne sont pas pleines de sang, il y en coule nécessairement de la veine cave dans la droite, et de l'artère veineuse dans la gauche ; d'autant que ces deux vaisseaux en sont toujours pleins, et que leurs ouvertures, qui regardent vers le cœur, ne peuvent alors être bouchées ; mais que sitôt qu'il est entré ainsi deux gouttes de sang, une en chacune de ses concavités, ces gouttes, qui ne peuvent être que fort grosses, à cause que les ouvertures par où elles entrent sont fort larges, et les vaisseaux d'où elles viennent fort pleins de sang, se raréfient et se dilatent, à cause de la chaleur qu'elles y trouvent, au moyen de quoi, faisant enfler tout le cœur, elles poussent et ferment les cinq petites portes qui sont aux entrées des deux vaisseaux d'où elles viennent, empêchant ainsi qu'il ne descende davantage de sang dans le cœur ; et continuant à se raréfier de plus en plus, elles poussent et ouvrent les six autres petites portes qui sont aux entrées des deux autres vaisseaux par où elles sortent, faisant enfler par ce moyen toutes les branches de la veine artérieuse et de la grande artère, quasi au même instant que le cœur ; lequel incontinent après se désenfle, comme font aussi ces artères, à cause que le sang qui y est entré s'y refroidit, et leurs six petites portes se referment, et les cinq de la veine cave et de l'artère veineuse se rouvrent, et donnent passage à deux autres 50 gouttes de sang, qui font derechef enfler le cœur et les artères, tout de même que les précédentes. Et pource que le sang, qui entre ainsi dans le cœur, passe par ces deux bourses qu'on nomme ses oreilles, de là vient que leur mouvement est contraire au sien, et qu'elles se

désenflent lorsqu'il s'enfle. Au reste afin que ceux qui
ne connaissent pas la force des démonstrations mathématiques, et ne sont pas accoutumés à distinguer les
vraies raisons des vraisemblables, ne se hasardent pas
de nier ceci sans l'examiner, je les veux avertir que ce
mouvement que je viens d'expliquer, suit aussi nécessairement de la seule disposition des organes qu'on
peut voir à l'œil dans le cœur, et de la chaleur qu'on y
peut sentir avec les doigts, et de la nature du sang
qu'on peut connaître par expérience, que fait celui
d'un horologe, de la force, de la situation et de la figure
de ses contrepoids et de ses roues.

Mais si on demande comment le sang des veines ne
s'épuise point, en coulant ainsi continuellement dans
le cœur, et comment les artères n'en sont point trop
remplies, puisque tout celui qui passe par le cœur s'y
va rendre, je n'ai pas besoin d'y répondre autre chose
que ce qui a déjà été écrit par un médecin d'Angle-
terre * auquel il faut donner la louange d'avoir rompu
la glace en cet endroit, et d'être le premier qui a
enseigné qu'il y a plusieurs petits passages aux extrémités des artères, par où le sang qu'elles reçoivent du
cœur entre dans les petites branches des veines, d'où il
se va rendre derechef vers le cœur, en sorte que son
51 cours n'est autre chose qu'une circulation perpétuelle.
Ce qu'il prouve fort bien, par l'expérience ordinaire
des chirurgiens, qui ayant lié le bras médiocrement
fort, au-dessus de l'endroit où ils ouvrent la veine, font
que le sang en sort plus abondamment que s'ils ne
l'avaient point lié. Et il arriverait tout le contraire, s'ils

---

* *Hervaus de motu cordis*[1].

le liaient au-dessous entre la main et l'ouverture ; ou
bien qu'ils le liassent très fort au-dessus. Car il est
manifeste que le lien médiocrement serré, pouvant
empêcher que le sang qui est déjà dans le bras ne
retourne vers le cœur par les veines, n'empêche pas
pour cela qu'il n'y en vienne toujours de nouveau par
les artères, à cause qu'elles sont situées au-dessous des
veines, et que leurs peaux, étant plus dures, sont moins
aisées à presser, et aussi que le sang qui vient du cœur
tend avec plus de force à passer par elles vers la main,
qu'il ne fait à retourner de là vers le cœur par les
veines. Et puisque ce sang sort du bras par l'ouverture
qui est en l'une des veines, il doit nécessairement y
avoir quelques passages au-dessous du lien, c'est-à-
dire vers les extrémités du bras, par où il y puisse venir
des artères. Il prouve aussi fort bien ce qu'il dit du
cours du sang, par certaines petites peaux, qui sont
tellement disposées en divers lieux le long des veines,
qu'elles ne lui permettent point d'y passer du milieu
du corps vers les extrémités, mais seulement de
retourner des extrémités vers le cœur, et de plus par
l'expérience qui montre que tout celui qui est dans le
corps en peut sortir en fort peu de temps par une seule
artère lorsqu'elle est coupée, encore même qu'elle fût
étroitement liée fort proche du cœur, et coupée entre
lui et le lien, en sorte qu'on n'eût aucun sujet **52**
d'imaginer que le sang qui en sortirait vînt d'ailleurs.

Mais il y a plusieurs autres choses qui témoignent
que la vraie cause de ce mouvement du sang est celle
que j'ai dite. Comme premièrement la différence qu'on
remarque entre celui qui sort des veines et celui qui
sort des artères, ne peut procéder que de ce qu'étant
raréfié, et comme distillé, en passant par le cœur, il est

plus subtil et plus vif et plus chaud incontinent après
en être sorti, c'est-à-dire, étant dans les artères, qu'il
n'est un peu devant que d'y entrer, c'est-à-dire, étant
dans les veines. Et, si on y prend garde, on trouvera
que cette différence ne paraît bien que vers le cœur, et
non point tant aux lieux qui en sont les plus éloignés.
Puis la dureté des peaux, dont la veine artérieuse et la
grande artère sont composées, montre assez que le
sang bat contre elles avec plus de force que contre les
veines. Et pourquoi la concavité gauche du cœur et la
grande artère seraient-elles plus amples et plus larges
que la concavité droite et la veine artérieuse ? Si ce
n'était que le sang de l'artère veineuse, n'ayant été que
dans les poumons depuis qu'il a passé par le cœur, est
plus subtil, et se raréfie plus fort et plus aisément que
celui qui vient immédiatement de la veine cave. Et
qu'est-ce que les médecins peuvent deviner en tâtant le
pouls, s'ils ne savent que, selon que le sang change de
nature, il peut être raréfié par la chaleur du cœur plus
ou moins fort, et plus ou moins vite qu'auparavant ?
Et si on examine comment cette chaleur se communique aux autres membres, ne faut-il pas avouer que
53 c'est par le moyen du sang qui, passant par le cœur s'y
réchauffe, et se répand de là par tout le corps ? D'où
vient que si on ôte le sang de quelque partie, on en ôte
par même moyen la chaleur ; et encore que le cœur fût
aussi ardent qu'un fer embrasé, il ne suffirait pas pour
réchauffer les pieds et les mains tant qu'il fait, s'il n'y
envoyait continuellement de nouveau sang. Puis aussi
on connaît de là, que le vrai usage de la respiration est
d'apporter assez d'air frais dans le poumon, pour faire
que le sang, qui y vient de la concavité droite du cœur,
où il a été raréfié et comme changé en vapeurs, s'y

épaississe et convertisse en sang derechef, avant que de retomber dans la gauche, sans quoi il ne pourrait être propre à servir de nourriture au feu qui y est. Ce qui se confirme parce qu'on voit que les animaux qui n'ont point de poumons n'ont aussi qu'une seule concavité dans le cœur, et que les enfants, qui n'en peuvent user pendant qu'ils sont renfermés au ventre de leurs mères, ont une ouverture par où il coule du sang de la veine cave en la concavité gauche du cœur, et un conduit par où il en vient de la veine artérieuse en la grande artère, sans passer par le poumon. Puis la coction[1], comment se ferait-elle en l'estomac, si le cœur n'y envoyait de la chaleur par les artères, et avec cela quelques-unes des plus coulantes parties du sang, qui aident à dissoudre les viandes[2] qu'on y a mises ? Et l'action qui convertit le suc de ces viandes en sang n'est-elle pas aisée à connaître, si on considère qu'il se distille, en passant et repassant par le cœur, peut-être plus de cent ou deux cents fois en chaque jour ? Et qu'a-t-on besoin d'autre chose pour expliquer la **54** nutrition, et la production des diverses humeurs qui sont dans le corps, sinon de dire que la force, dont le sang en se raréfiant passe du cœur vers les extrémités des artères, fait que quelques-unes de ses parties s'arrêtent entre celles des membres où elles se trouvent, et y prennent la place de quelques autres qu'elles en chassent ; et que selon la situation, ou la figure, ou la petitesse des pores qu'elles rencontrent, les unes se vont rendre en certains lieux plutôt que les autres, en même façon que chacun peut avoir vu divers cribles qui, étant diversement percés, servent à séparer divers grains les uns des autres ? Et enfin ce qu'il y a de plus remarquable en tout ceci, c'est la génération des

esprits animaux [1], qui sont comme un vent très subtil,
ou plutôt comme une flamme très pure et très vive qui,
montant continuellement en grande abondance du
cœur dans le cerveau, se va rendre de là par les nerfs
dans les muscles, et donne le mouvement à tous les
membres ; sans qu'il faille imaginer d'autre cause, qui
fasse que les parties du sang qui, étant les plus agitées
et les plus pénétrantes sont les plus propres à composer
ces esprits, se vont rendre plutôt vers le cerveau que
vers ailleurs ; sinon que les artères, qui les y portent,
sont celles qui viennent du cœur le plus en ligne droite
de toutes, et que selon les règles des mécaniques [2], qui
sont les mêmes que celles de la nature, lorsque
plusieurs choses tendent ensemble à se mouvoir vers
un même côté où il n'y a pas assez de place pour
toutes, ainsi que les parties du sang qui sortent de la
55 concavité gauche du cœur tendent vers le cerveau, les
plus faibles et moins agitées en doivent être détournées
par les plus fortes, qui par ce moyen s'y vont rendre
seules.

J'avais expliqué assez particulièrement toutes ces
choses dans le traité que j'avais eu ci-devant dessein de
publier. Et ensuite j'y avais montré quelle doit être la
fabrique des nerfs et des muscles du corps humain,
pour faire que les esprits animaux, étant dedans, aient
la force de mouvoir ses membres : ainsi, qu'on voit que
les têtes, un peu après être coupées, se remuent encore,
et mordent la terre, nonobstant qu'elles ne soient plus
animées : quels changements se doivent faire dans le
cerveau pour causer la veille, et le sommeil et les
songes ; comment la lumière, les sons, les odeurs, les
goûts, la chaleur, et toutes les autres qualités des objets
extérieurs y peuvent imprimer diverses idées par

l'entremise des sens ; comment la faim, la soif, et les autres passions intérieures, y peuvent aussi envoyer les leurs ; ce qui doit y être pris pour le sens commun [1], où ces idées sont reçues ; pour la mémoire, qui les conserve ; et pour la fantaisie [2], qui les peut diversement changer et en composer de nouvelles, et par même moyen, distribuant les esprits animaux dans les muscles, faire mouvoir les membres de ce corps en autant de diverses façons, et autant à propos des objets qui se présentent à ses sens, et des passions intérieures qui sont en lui, que les nôtres se puissent mouvoir, sans que la volonté les conduise. Ce qui ne semblera nullement étrange à ceux qui, sachant combien de divers *automates,* ou machines mouvantes, l'industrie des hommes peut faire, sans y employer que fort peu **56** de pièces, à comparaison de la grande multitude des os, des muscles, des nerfs, des artères, des veines, et de toutes les autres parties qui sont dans le corps de chaque animal, considéreront ce corps comme une machine, qui, ayant été faite des mains de Dieu est incomparablement mieux ordonnée et, a en soi des mouvements plus admirables, qu'aucune de celles qui peuvent être inventées par les hommes. Et je m'étais ici particulièrement arrêté à faire voir que, s'il y avait de telles machines, qui eussent les organes et la figure extérieure d'un singe, ou de quelque autre animal sans raison nous n'aurions aucun moyen pour reconnaître qu'elles ne seraient pas en tout de même nature que ces animaux ; au lieu que, s'il y en avait qui eussent la ressemblance de nos corps et imitassent autant nos actions que moralement il serait possible, nous aurions toujours deux moyens très certains pour reconnaître qu'elles ne seraient point pour cela de vrais hommes.

Dont le premier est que jamais elles ne pourraient user de paroles, ni d'autres signes en les composant, comme nous faisons pour déclarer aux autres nos pensées. Car on peut bien concevoir qu'une machine soit tellement faite qu'elle profère des paroles, et même qu'elle en profère quelques-unes à propos des actions corporelles qui causeront quelque changement en ses organes : comme, si on la touche en quelque endroit, qu'elle demande ce qu'on lui veut dire ; si en un autre, qu'elle crie qu'on lui fait mal, et choses semblables ; mais non pas qu'elle les arrange diversement, pour répondre au sens de tout ce qui se dira en sa présence, ainsi que les hommes les plus hébétés peuvent faire. Et le second est que, bien qu'elles fissent plusieurs choses aussi bien, ou peut-être mieux qu'aucun de nous, elles manqueraient infailliblement en quelques autres, par lesquelles on découvrirait qu'elles n'agiraient pas par connaissance, mais seulement par la disposition de leurs organes. Car, au lieu que la raison est un instrument universel, qui peut servir en toutes sortes de rencontres, ces organes ont besoin de quelque particulière disposition pour chaque action particulière ; d'où vient qu'il est moralement impossible qu'il y en ait assez de divers en une machine pour la faire agir en toutes les occurrences de la vie, de même façon que notre raison nous fait agir. Or, par ces deux mêmes moyens, on peut aussi connaître la différence qui est entre les hommes et les bêtes[1]. Car c'est une chose bien remarquable, qu'il n'y a point d'hommes si hébétés et si stupides, sans en excepter même les insensés, qu'ils ne soient capables d'arranger ensemble diverses paroles, et d'en composer un discours par lequel ils fassent entendre leurs pensées ; et qu'au contraire, il n'y a point d'autre animal, tant parfait et tant heureusement né qu'il puisse être, qui fasse le semblable. Ce qui n'arrive pas de ce qu'ils ont faute d'organes, car on voit que les pies et les perroquets peuvent proférer des paroles ainsi que nous, et toutefois ne peuvent parler ainsi que nous, c'est-à-dire en témoignant qu'ils pensent ce qu'ils disent ; au lieu que les hommes qui, étant nés sourds et muets, sont privés des organes qui servent aux autres pour parler, autant 58 ou plus que les bêtes, ont coutume d'inventer d'eux-mêmes quelques signes, par lesquels ils se font entendre à ceux qui étant ordinairement avec eux ont loisir d'apprendre leur langue. Et ceci ne témoigne pas seulement que les bêtes ont moins de raison que les hommes, mais qu'elles n'en ont point du tout. Car on voit qu'il n'en faut que fort peu pour savoir parler ; et d'autant qu'on remarque de l'inégalité entre les animaux d'une même espèce, aussi bien qu'entre les hommes, et que les uns sont plus aisés à dresser que les autres, il n'est pas croyable qu'un singe ou un perroquet, qui serait des plus parfaits de son espèce, n'égalât en cela un enfant des plus stupides, ou du moins un enfant qui aurait le cerveau troublé, si leur âme n'était d'une nature du tout différente de la nôtre. Et on ne doit pas confondre les paroles avec les mouvements naturels, qui témoignent les passions et peuvent être imités par des machines aussi bien que par les animaux ; ni penser, comme quelques anciens, que les bêtes parlent, bien que nous n'entendions pas leur langage : car s'il était vrai, puisqu'elles ont plusieurs organes qui se rapportent aux nôtres, elles pourraient aussi bien se faire entendre à nous qu'à leurs semblables. C'est aussi une chose fort remarquable que, bien qu'il y ait plusieurs animaux qui témoignent plus d'industrie que nous en quelques-unes de leurs actions, on voit toutefois que les mêmes n'en témoignent point du tout en beaucoup d'autres : de façon que ce qu'ils font mieux que nous ne prouve pas qu'ils ont de l'esprit ; car, à ce compte, ils en **59** auraient plus qu'aucun de nous et feraient mieux en toute chose ; mais plutôt qu'ils n'en ont point, et que c'est la nature qui agit en eux, selon la disposition de leurs organes : ainsi qu'on voit qu'un horologe, qui n'est composé que de roues et de ressorts, peut compter les heures, et mesurer le temps, plus justement que nous avec toute notre prudence.

J'avais décrit après cela l'âme raisonnable [1], et fait voir qu'elle ne peut aucunement être tirée de la puissance de la matière, ainsi que les autres choses dont j'avais parlé, mais qu'elle doit expressément être créée ; et comment il ne suffit pas qu'elle soit logée dans le corps humain, ainsi qu'un pilote en son navire [2], sinon peut-être pour mouvoir ses membres, mais qu'il est besoin qu'elle soit jointe et unie plus étroitement avec lui pour avoir, outre cela, des sentiments et des appétits semblables aux nôtres, et ainsi composer un vrai homme. Au reste, je me suis ici un peu étendu sur le sujet de l'âme, à cause qu'il est des plus importants ; car, après l'erreur de ceux qui nient Dieu, laquelle je pense avoir ci-dessus assez réfutée, il n'y en a point qui éloigne plutôt les esprits faibles du droit chemin de la vertu, que d'imaginer que l'âme des bêtes soit de même nature que la nôtre, et que par conséquent nous n'avons rien à craindre, ni à espérer, après cette vie, non plus que les mouches et les fourmis ; au lieu que lorsqu'on sait combien elles diffèrent, on comprend beaucoup mieux les raisons, qui prouvent que la nôtre est d'une nature entièrement indépendante du corps et, par conséquent, qu'elle n'est point sujette à mourir avec lui ; puis, d'autant qu'on ne voit point d'autres causes qui la détruisent, **60** on est naturellement porté à juger de là qu'elle est immortelle [1].

SIXIÈME PARTIE

Or, il y a maintenant trois ans que j'étais parvenu à la fin du traité qui contient toutes ces choses, et que je commençais à le revoir, afin de le mettre entre les mains d'un imprimeur, lorsque j'appris que des personnes, à qui je défère et dont l'autorité ne peut guère moins sur mes actions que ma propre raison sur mes pensées, avaient désapprouvé une opinion de physique, publiée un peu auparavant par quelque autre [2], de laquelle je ne veux pas dire que je fusse, mais bien que je n'y avais rien remarqué, avant leur censure, que je pusse imaginer être préjudiciable ni à la religion ni à l'État, ni par conséquent qui m'eût empêché de l'écrire, si la raison me l'eût persuadée, et que cela me fit craindre qu'il ne s'en trouvât tout de même quelqu'une entre les miennes, en laquelle je me fusse mépris, nonobstant le grand soin que j'ai toujours eu de n'en point recevoir de nouvelles en ma créance, dont je n'eusse des démonstrations très certaines, et de n'en point écrire qui pussent tourner au désavantage de personne. Ce qui a été suffisant pour m'obliger à changer la résolution que j'avais eue de les publier. Car, encore que les raisons, pour lesquelles je l'avais prise auparavant, fussent très fortes, mon inclination, qui m'a toujours fait haïr le métier de faire des livres,

m'en fit incontinent trouver assez d'autres pour m'en
excuser. Et ces raisons de part et d'autre sont telles,
61 que non seulement j'ai ici quelque intérêt de les dire,
mais peut-être aussi que le public en a de les savoir.

Je n'ai jamais fait beaucoup d'état de choses qui
venaient de mon esprit, et pendant que je n'ai recueilli
d'autres fruits de la méthode dont je me sers, sinon que
je me suis satisfait touchant quelques difficultés qui
appartiennent aux sciences spéculatives, ou bien que
j'ai tâché de régler mes mœurs par les raisons qu'elle
m'enseignait, je n'ai point cru être obligé d'en rien
écrire. Car pour ce qui touche les mœurs, chacun
abonde si fort en son sens, qu'il se pourrait trouver
autant de réformateurs que de têtes, s'il était permis à
d'autres qu'à ceux que Dieu a établis pour souverains
sur ses peuples, ou bien auxquels il a donné assez de
grâce et de zèle pour être prophètes, d'entreprendre
d'y rien changer; et bien que mes spéculations me
plussent fort, j'ai cru que les autres en avaient aussi
qui leur plaisaient peut-être davantage. Mais, sitôt que
j'ai eu acquis quelques notions générales touchant la
physique, et que commençant à les éprouver en
diverses difficultés particulières, j'ai remarqué jusques
où elles peuvent conduire, et combien elles diffèrent
des principes dont on s'est servi jusques à présent, j'ai
cru que je ne pouvais les tenir cachées, sans pécher
grandement contre la loi qui nous oblige à procurer,
autant qu'il est en nous, le bien général de tous les
hommes. Car elles m'ont fait voir qu'il est possible de
parvenir à des connaissances qui soient fort utiles à la
vie, et qu'au lieu de cette philosophie spéculative,
62 qu'on enseigne dans les écoles, on en peut trouver une
pratique, par laquelle, connaissant la force et les

actions du feu, de l'eau, de l'air, des astres, des cieux et de tous les autres corps qui nous environnent, aussi distinctement que nous connaissons les divers métiers de nos artisans, nous les pourrions employer en même façon à tous les usages auxquels ils sont propres, et ainsi nous rendre comme maîtres et possesseurs de la nature. Ce qui n'est pas seulement à désirer pour l'invention d'une infinité d'artifices, qui feraient qu'on jouirait sans aucune peine des fruits de la terre et de toutes les commodités qui s'y trouvent, mais principalement aussi pour la conservation de la santé, laquelle est sans doute le premier bien et le fondement de tous les autres biens de cette vie ; car même l'esprit dépend si fort du tempérament, et de la disposition des organes du corps que, s'il est possible de trouver quelque moyen qui rende communément les hommes plus sages et plus habiles qu'ils n'ont été jusques ici, je crois que c'est dans la médecine qu'on doit le chercher. Il est vrai que celle qui est maintenant en usage contient peu de choses dont l'utilité soit si remarquable ; mais sans que j'aie aucun dessein de la mépriser, je m'assure qu'il n'y a personne, même de ceux qui en font profession, qui n'avoue que tout ce qu'on y sait n'est presque rien, à comparaison de ce qui reste à y savoir, et qu'on se pourrait exempter d'une infinité de maladies, tant du corps que de l'esprit, et même aussi peut-être de l'affaiblissement de la vieillesse, si on avait assez de connaissance de leurs causes, et de tous les remèdes dont la nature nous a pourvus. Or ayant dessein d'employer toute ma vie à la recherche d'une 63 science si nécessaire, et ayant rencontré un chemin qui me semble tel qu'on doit infailliblement la trouver en le suivant, si ce n'est qu'on en soit empêché, ou par la

brièveté de la vie, ou par le défaut des expériences, je
jugeais qu'il n'y avait point de meilleur remède contre
ces deux empêchements que de communiquer fidèle-
ment au public tout le peu que j'aurais trouvé, et de
convier les bons esprits à tâcher de passer plus outre,
en contribuant, chacun selon son inclination et son
pouvoir, aux expériences qu'il faudrait faire, et com-
muniquant aussi au public toutes les choses qu'ils
apprendraient, afin que les derniers commençant où
les précédents auraient achevé, et ainsi, joignant les
vies et les travaux de plusieurs, nous allassions tous
ensemble beaucoup plus loin que chacun en particulier
ne saurait faire.

Même je remarquais touchant les expériences[1],
qu'elles sont d'autant plus nécessaires qu'on est plus
avancé en connaissance. Car pour le commencement,
il vaut mieux ne se servir que de celles qui se
présentent d'elles-mêmes à nos sens, et que nous ne
saurions ignorer pourvu que nous y fassions tant soit
peu de réflexion, que d'en chercher de plus rares et
étudiées : dont la raison est que ces plus rares trompent souvent, lorsqu'on ne sait pas encore les causes
des plus communes, et que les circonstances dont elles
dépendent sont quasi toujours si particulières et si
petites, qu'il est très malaisé de les remarquer. Mais
l'ordre que j'ai tenu en ceci a été tel. Premièrement,
64 j'ai tâché de trouver en général les principes, ou
premières causes de tout ce qui est, ou qui peut être
dans le monde, sans rien considérer pour cet effet que
Dieu seul qui l'a créé, ni les tirer d'ailleurs que de
certaines semences de vérités[2] qui sont naturellement
en nos âmes. Après cela j'ai examiné quels étaient les
premiers et plus ordinaires effets qu'on pouvait

déduire de ces causes : et il me semble que, par là, j'ai
trouvé des cieux, des astres, une Terre, et même, sur la
terre, de l'eau, de l'air, du feu, des minéraux, et
quelques autres telles choses qui sont les plus communes de toutes et les plus simples, et par conséquent
les plus aisées à connaître. Puis, lorsque j'ai voulu
descendre à celles qui étaient plus particulières, il s'en
est tant présenté à moi de diverses, que je n'ai pas cru
qu'il fût possible à l'esprit humain de distinguer les
formes ou espèces de corps qui sont sur la terre d'une
infinité d'autres qui pourraient y être si c'eût été le
vouloir de Dieu de les y mettre, ni, par conséquent de
les rapporter à notre usage, si ce n'est qu'on vienne au-
devant des causes par les effets, et qu'on se serve de
plusieurs expériences particulières. En suite de quoi,
repassant mon esprit sur tous les objets qui s'étaient
jamais présentés à mes sens, j'ose bien dire que je n'y
ai remarqué aucune chose que je ne pusse assez
commodément expliquer par les principes que j'avais
trouvés. Mais il faut aussi que j'avoue que la puissance
de la nature est si ample et si vaste, et que ces principes
sont si simples et si généraux, que je ne remarque
quasi plus aucun effet particulier, que d'abord je ne
connaisse qu'il peut en être déduit en plusieurs **65**
diverses façons, et que ma plus grande difficulté est
d'ordinaire de trouver en laquelle de ces façons il en
dépend. Car à cela je ne sais point d'autre expédient,
que de chercher derechef quelques expériences, qui
soient telles, que leur événement ne soit pas le même,
si c'est en l'une de ces façons qu'on doit l'expliquer,
que si c'est en l'autre. Au reste j'en suis maintenant là,
que je vois, ce me semble, assez bien de quel biais on se
doit prendre à faire la plupart de celles qui peuvent

servir à cet effet ; mais je vois aussi qu'elles sont telles et en si grand nombre, que ni mes mains ni mon revenu, bien que j'en eusse mille fois plus que je n'en ai, ne sauraient suffire pour toutes ; en sorte que, selon que j'aurai désormais la commodité d'en faire plus ou moins, j'avancerai aussi plus ou moins en la connaissance de la nature. Ce que je me promettais de faire connaître par le traité que j'avais écrit, et d'y montrer si clairement l'utilité que le public en peut recevoir, que j'obligerais tous ceux qui désirent en général le bien des hommes, c'est-à-dire, tous ceux qui sont en effet vertueux, et non point par faux-semblant, ni seulement par opinion, tant à me communiquer celles qu'ils ont déjà faites, qu'à m'aider en la recherche de celles qui restent à faire.

Mais j'ai eu depuis ce temps-là d'autres raisons qui m'ont fait changer d'opinion, et penser que je devais véritablement continuer d'écrire toutes les choses que je jugerais de quelque importance, à mesure que j'en découvrirais la vérité, et y apporter le même soin que si 66 je les voulais faire imprimer : tant afin d'avoir d'autant plus d'occasion de les bien examiner, comme sans doute on regarde toujours de plus près à ce qu'on croit devoir être vu par plusieurs, qu'à ce qu'on ne fait que pour soi-même, et souvent les choses qui m'ont semblé vraies lorsque j'ai commencé à les concevoir, m'ont paru fausses lorsque je les ai voulu mettre sur le papier ; qu'afin de ne perdre aucune occasion de profiter au public si j'en suis capable, et que si mes écrits valent quelque chose, ceux qui les auront après ma mort en puissent user ainsi qu'il sera le plus à propos ; mais que je ne devais aucunement consentir qu'ils fussent publiés pendant ma vie, afin que ni les oppositions et controverses, auxquelles ils seraient peut-être sujets, ni même la réputation telle quelle qu'ils me pourraient acquérir, ne me donnassent aucune occasion de perdre le temps que j'ai dessein d'employer à m'instruire. Car bien qu'il soit vrai que chaque homme est obligé de procurer autant qu'il est en lui le bien des autres, et que c'est proprement ne valoir rien que de n'être utile à personne, toutefois il est vrai aussi que nos soins se doivent étendre plus loin que le temps présent, et qu'il est bon d'omettre les choses qui apporteraient peut-être quelque profit à ceux qui vivent, lorsque c'est à dessein d'en faire d'autres qui en apportent davantage à nos neveux. Comme en effet je veux bien qu'on sache que le peu que j'ai appris jusqu'ici n'est presque rien, à comparaison de ce que j'ignore, et que je ne désespère pas de pouvoir apprendre ; car c'est quasi le même de ceux qui découvrent peu à peu la vérité dans les sciences, **67** que de ceux qui, commençant à devenir riches ont moins de peine à faire de grandes acquisitions, qu'ils n'ont eu auparavant, étant plus pauvres, à en faire de beaucoup moindres. Ou bien on peut les comparer aux chefs d'armée, dont les forces ont coutume de croître à proportion de leurs victoires, et qui ont besoin de plus de conduite pour se maintenir après la perte d'une bataille, qu'ils n'ont, après l'avoir gagnée à prendre des villes et des provinces. Car c'est véritablement donner des batailles, que de tâcher à vaincre toutes les difficultés et les erreurs qui nous empêchent de parvenir à la connaissance de la vérité ; et c'est en perdre une, que de recevoir quelque fausse opinion, touchant une matière un peu générale et importante ; il faut après beaucoup plus d'adresse pour se remettre

au même état qu'on était auparavant, qu'il ne faut à
faire de grands progrès, lorsqu'on a déjà des principes
qui sont assurés. Pour moi si j'ai ci-devant trouvé
quelques vérités dans les sciences (et j'espère que les
choses qui sont contenues en ce volume feront juger
que j'en ai trouvé quelques-unes), je puis dire que ce
ne sont que des suites et des dépendances de cinq ou
six principales difficultés que j'ai surmontées, et que je
compte pour autant de batailles où j'ai eu l'heur de
mon côté. Même je ne craindrai pas de dire que je
pense n'avoir plus besoin d'en gagner que deux ou
trois autres semblables, pour venir entièrement à bout
de mes desseins ; et que mon âge n'est point si avancé
que, selon le cours ordinaire de la nature, je ne puisse
68 encore avoir assez de loisir pour cet effet. Mais je crois
être d'autant plus obligé à ménager le temps qui me
reste, que j'ai plus d'espérance de le pouvoir bien
employer ; et j'aurais sans doute plusieurs occasions de
le perdre, si je publiais les fondements de ma physique.
Car encore qu'il soient presque tous si évidents qu'il ne
faut que les entendre pour les croire, et qu'il n'y en ait
aucun, dont je ne pense pouvoir donner des démonstrations ; toutefois, à cause qu'il est impossible qu'ils
soient accordants avec toutes les diverses opinions des
autres hommes, je prévois que je serais souvent diverti
par les oppositions qu'ils feraient naître.

On peut dire que ces oppositions seraient utiles, tant
afin de me faire connaître mes fautes, qu'afin que si
j'avais quelque chose de bon, les autres en eussent par
ce moyen plus d'intelligence, et, comme plusieurs
peuvent plus voir qu'un homme seul, que commençant
dès maintenant à s'en servir, ils m'aidassent aussi de
leurs inventions. Mais encore que je me reconnaisse

extrêmement sujet à faillir, et que je ne me fie quasi jamais aux premières pensées qui me viennent, toutefois l'expérience que j'ai des objections qu'on me peut faire m'empêche d'en espérer aucun profit : car j'ai déjà souvent éprouvé les jugements, tant de ceux que j'ai tenus pour mes amis, que de quelques autres à qui je pensais être indifférent, et même aussi de quelques-uns dont je savais que la malignité et l'envie tâcheraient assez à découvrir ce que l'affection cacherait à mes amis ; mais il est rarement arrivé qu'on m'ait objecté quelque chose que je n'eusse point du tout prévue, si ce n'est qu'elle fût fort éloignée de mon **69** sujet ; en sorte que je n'ai quasi jamais rencontré aucun censeur de mes opinions, qui ne me semblât ou moins rigoureux, ou moins équitable que moi-même. Et je n'ai jamais remarqué non plus que, par le moyen des disputes qui se pratiquent dans les écoles, on ait découvert aucune vérité qu'on ignorât auparavant ; car, pendant que chacun tâche de vaincre, on s'exerce bien plus à faire valoir la vraisemblance, qu'à peser les raisons de part et d'autre ; et ceux qui ont été longtemps bons avocats ne sont pas pour cela par après meilleurs juges.

Pour l'utilité que les autres recevraient de la communication de mes pensées, elle ne pourrait aussi être fort grande, d'autant que je ne les ai point encore conduites si loin, qu'il ne soit besoin d'y ajouter beaucoup de choses avant que de les appliquer à l'usage. Et je pense pouvoir dire sans vanité que, s'il y a quelqu'un qui en soit capable, ce doit être plutôt moi qu'aucun autre : non pas qu'il ne puisse y avoir au monde plusieurs esprits incomparablement meilleurs que le mien ; mais pour ce qu'on ne saurait si bien

concevoir une chose, et la rendre sienne, lorsqu'on
l'apprend de quelque autre, que lorsqu'on l'invente
soi-même. Ce qui est si véritable, en cette matière, que
bien que j'aie souvent expliqué quelques-unes de mes
opinions à des personnes de très bon esprit, et qui
pendant que je leur parlais semblaient les entendre
fort distinctement, toutefois, lorsqu'ils les ont redites,
j'ai remarqué qu'ils les ont changées presque toujours
en telle sorte que je ne les pouvais plus avouer pour
70 miennes. A l'occasion de quoi je suis bien aise de prier
ici nos neveux de ne croire jamais que les choses qu'on
leur dira viennent de moi, lorsque je ne les aurai point
moi-même divulguées. Et je ne m'étonne aucunement
des extravagances qu'on attribue à tous ces anciens
philosophes [1], dont nous n'avons point les écrits, ni ne
juge pas pour cela que leurs pensées aient été fort
déraisonnables, vu qu'ils étaient des meilleurs esprits
de leurs temps, mais seulement qu'on nous les a mal
rapportées. Comme on voit aussi que presque jamais il
n'est arrivé qu'aucun de leurs sectateurs les ait sur-
passés ; et je m'assure que les plus passionnés de ceux
qui suivent maintenant Aristote se croiraient heureux,
s'ils avaient autant de connaissance de la nature qu'il
en a eu, encore même que ce fût à condition qu'ils n'en
auraient jamais davantage. Ils sont comme le lierre,
qui ne tend point à monter plus haut que les arbres qui
le soutiennent, et même souvent qui redescend après
qu'il est parvenu jusques à leur faîte ; car il me semble
aussi que ceux-là redescendent, c'est-à-dire se rendent
en quelque façon moins savants que s'ils s'abstenaient
d'étudier, lesquels non contents de savoir tout ce qui
est intelligiblement expliqué dans leur auteur, veulent
outre cela y trouver la solution de plusieurs difficultés

dont il ne dit rien et auxquelles il n'a peut-être jamais pensé. Toutefois, leur façon de philosopher est fort commode, pour ceux qui n'ont que des esprits fort médiocres ; car l'obscurité des distinctions et des principes dont ils se servent est cause qu'ils peuvent parler de toutes choses aussi hardiment que s'ils les savaient, et soutenir tout ce qu'ils en disent contre les **71** plus subtils et les plus habiles, sans qu'on ait moyen de les convaincre. En quoi ils me semblent pareils à un aveugle qui, pour se battre sans désavantage contre un qui voit, l'aurait fait venir dans le fond de quelque cave fort obscure ; et je puis dire que ceux-ci ont intérêt que je m'abstienne de publier les principes de la philosophie dont je me sers, car étant très simples et très évidents, comme ils sont, je ferais quasi le même, en les publiant, que si j'ouvrais quelques fenêtres, et faisais entrer du jour dans cette cave où ils sont descendus pour se battre. Mais même les meilleurs esprits n'ont pas occasion de souhaiter de les connaî-tre : car s'ils veulent savoir parler de toutes choses et acquérir la réputation d'être doctes, ils y parviendront plus aisément en se contentant de la vraisemblance, qui peut être trouvée sans grande peine en toutes sortes de matières, qu'en cherchant la vérité, qui ne se découvre que peu à peu en quelques-unes, et qui lorsqu'il est question de parler des autres oblige à confesser franchement qu'on les ignore. Que s'ils préfèrent la connaissance de quelque peu de vérités à la vanité de paraître n'ignorer rien, comme sans doute elle est bien préférable, et qu'ils veuillent suivre un dessein semblable au mien, ils n'ont pas besoin pour cela que je leur dise rien davantage que ce que j'ai déjà dit en ce discours. Car s'ils sont capables de passer plus outre que je n'ai fait, ils le seront aussi, à plus forte raison, de trouver d'eux-mêmes tout ce que je pense avoir trouvé. D'autant que n'ayant jamais rien examiné que par ordre, il est certain que ce qui me reste encore à découvrir est de soi plus difficile et plus caché que ce que j'ai pu ci-devant rencontrer, et ils auraient bien moins de plaisir à l'apprendre de moi que d'eux-mêmes ; outre que l'habitude qu'ils acquerront, en cherchant premièrement des choses faciles, et passant peu à peu par degrés à d'autres plus difficiles [1], leur servira plus que toutes mes instructions ne sauraient faire. Comme pour moi je me persuade que, si on m'eût enseigné dès ma jeunesse toutes les vérités dont j'ai cherché depuis les démonstrations, et que je n'eusse eu aucune peine à les apprendre, je n'en aurais peut-être jamais su aucunes autres, et du moins que jamais je n'aurais acquis l'habitude et la facilité que je pense avoir, d'en trouver toujours de nouvelles, à mesure que je m'applique à les chercher. Et en un mot s'il y a au monde quelque ouvrage qui ne puisse être si bien achevé par aucun autre que par le même qui l'a commencé, c'est celui auquel je travaille.

Il est vrai que pour ce qui est des expériences qui peuvent y servir, un homme seul ne saurait suffire à les faire toutes : mais il n'y saurait aussi employer utilement d'autres mains que les siennes, sinon celles des artisans, ou telles gens qu'il pourrait payer, et à qui l'espérance du gain, qui est un moyen très efficace, ferait faire exactement toutes les choses qu'il leur prescrirait. Car pour les volontaires, qui par curiosité ou désir d'apprendre s'offriraient peut-être de lui aider, outre qu'ils ont pour l'ordinaire plus de promesses que d'effet, et qu'ils ne font que de belles

propositions dont aucune jamais ne réussit, ils voudraient infailliblement être payés par l'explication de 73
quelques difficultés, ou du moins par des compliments
et des entretiens inutiles, qui ne lui sauraient coûter si
peu de son temps qu'il n'y perdît. Et pour les
expériences que les autres ont déjà faites, quand bien
même ils les lui voudraient communiquer, ce que ceux
qui les nomment des secrets ne feraient jamais, elles
sont pour la plupart composées de tant de circonstances, ou d'ingrédients superflus, qu'il lui serait très
malaisé d'en déchiffrer la vérité; outre qu'il les
trouverait presque toutes si mal expliquées, ou même
si fausses, à cause que ceux qui les ont faites se sont
efforcés de les faire paraître conformes à leurs principes, que s'il y en avait quelques-unes qui lui
servissent, elles ne pourraient derechef valoir le temps
qu'il lui faudrait employer à les choisir. De façon que
s'il y avait au monde quelqu'un, qu'on sût assurément
être capable de trouver les plus grandes choses et les
plus utiles au public qui puissent être, et que pour
cette cause les autres hommes s'efforçassent par tous
moyens de l'aider à venir à bout de ses desseins, je ne
vois pas qu'ils pussent autre chose pour lui, sinon
fournir aux frais des expériences dont il aurait besoin
et du reste empêcher que son loisir ne lui fût ôté par
l'importunité de personne. Mais outre que je ne
présume pas tant de moi-même, que de vouloir rien
promettre d'extraordinaire, ni ne me repais point de
pensées si vaines, que de m'imaginer que le public se
doive beaucoup intéresser en mes desseins, je n'ai pas
aussi l'âme si basse, que je voulusse accepter de qui
que ce fût aucune faveur, qu'on pût croire que je 74
n'aurais pas méritée.

Toutes ces considérations jointes ensemble furent cause il y a trois ans que je ne voulus point divulguer le traité que j'avais entre les mains. et même que je fus en résolution de n'en faire voir aucun autre pendant ma vie, qui fût si général. ni duquel on pût entendre les fondements de ma physique. Mais il y a eu depuis derechef deux autres raisons. qui m'ont obligé à mettre ici quelques essais particuliers. et à rendre au public quelque compte de mes actions et de mes desseins. La première est que. si j'y manquais. plusieurs. qui ont su l'intention que j'avais eue ci-devant de faire imprimer quelques écrits. pourraient s'imaginer que les causes pour lesquelles je m'en abstiens seraient plus à mon désavantage qu'elles ne sont. Car bien que je n'aime pas la gloire par excès. ou même. si je l'ose dire, que je la haïsse, en tant que je la juge contraire au repos, lequel j'estime sur toutes choses. toutefois aussi je n'ai jamais tâché de cacher mes actions comme des crimes, ni n'ai usé de beaucoup de précautions pour être inconnu ; tant à cause que j'eusse cru me faire tort. qu'à cause que cela m'aurait donné quelque espèce d'inquiétude. qui eût derechef été contraire au parfait repos d'esprit que je cherche. Et pource que, m'étant toujours ainsi tenu indifférent entre le soin d'être connu ou ne l'être pas. je n'ai pu empêcher que je n'acquisse quelque sorte de réputation, j'ai pensé que je devais faire mon mieux pour m'exempter au moins de l'avoir mauvaise. L'autre raison qui m'a obligé à

75 écrire ceci est que voyant tous les jours de plus en plus le retardement que souffre le dessein que j'ai de m'instruire, à cause d'une infinité d'expériences dont j'ai besoin, et qu'il est impossible que je fasse sans l'aide d'autrui. bien que je ne me flatte pas tant que

d'espérer que le public prenne grande part en mes intérêts, toutefois je ne veux pas aussi me défaillir tant à moi-même, que de donner sujet à ceux qui me survivront de me reprocher quelque jour, que j'eusse pu leur laisser plusieurs choses beaucoup meilleures que je n'aurai fait, si je n'eusse point trop négligé de leur faire entendre en quoi ils pouvaient contribuer à mes desseins.

Et j'ai pensé qu'il m'était aisé de choisir quelques matières qui, sans être sujettes à beaucoup de controverses, ni m'obliger à déclarer davantage de mes principes que je ne désire, ne laisseraient pas de faire voir assez clairement ce que je puis, ou ne puis pas, dans les sciences. En quoi je ne saurais dire si j'ai réussi, et je ne veux point prévenir les jugements de personne, en parlant moi-même de mes écrits ; mais je serai bien aise qu'on les examine, et afin qu'on en ait d'autant plus d'occasion, je supplie tous ceux qui auront quelques objections à y faire de prendre la peine de les envoyer à mon libraire, par lequel en étant averti, je tâcherai d'y joindre ma réponse en même temps ; et par ce moyen les lecteurs, voyant ensemble l'un et l'autre, jugeront d'autant plus aisément de la vérité. Car je ne promets pas d'y faire jamais de longues réponses, mais seulement d'avouer mes fautes fort franchement, si je les connais, ou bien si je ne les **76** puis apercevoir, de dire simplement ce que je croirai être requis pour la défense des choses que j'ai écrites, sans y ajouter l'explication d'aucune nouvelle matière, afin de ne me pas engager sans fin de l'une en l'autre.

Que si quelques-unes de celles dont j'ai parlé, au commencement de la Dioptrique et des Météores, choquent d'abord, à cause que je les nomme des suppositions, et que je ne semble pas avoir envie de les prouver, qu'on ait la patience de lire le tout avec attention, et j'espère qu'on s'en trouvera satisfait. Car il me semble que les raisons s'y entre-suivent en telle sorte que, comme les dernières sont démontrées par les premières, qui sont leurs causes, ces premières le sont réciproquement par les dernières, qui sont leurs effets. Et on ne doit pas imaginer que je commette en ceci la faute que les logiciens nomment un cercle ; car l'expérience rendant la plupart de ces effets très certains, les causes dont je les déduis ne servent pas tant à les prouver qu'à les expliquer ; mais tout au contraire ce sont elles qui sont prouvées par eux. Et je ne les ai nommées des suppositions, qu'afin qu'on sache que je pense les pouvoir déduire de ces premières vérités que j'ai ci-dessus expliquées, mais que j'ai voulu expressément ne le pas faire, pour empêcher que certains esprits, qui s'imaginent qu'ils savent en un jour tout ce qu'un autre a pensé en vingt années, sitôt qu'il leur en a seulement dit deux ou trois mots, et qui sont d'autant plus sujets à faillir, et moins capables de la vérité, qu'ils sont plus pénétrants et plus vifs, ne puissent de 77 là prendre occasion de bâtir quelque philosophie extravagante sur ce qu'ils croiront être mes principes, et qu'on m'en attribue la faute. Car pour les opinions, qui sont toutes miennes, je ne les excuse point comme nouvelles, d'autant que si on en considère bien les raisons, je m'assure qu'on les trouvera si simples, et si conformes au sens commun, qu'elles sembleront moins extraordinaires, et moins étranges, qu'aucunes autres qu'on puisse avoir sur mêmes sujets. Et je ne me vante point aussi d'être le premier inventeur d'aucunes, mais bien que je ne les ai jamais reçues, ni pource qu'elles avaient été dites par d'autres, ni pource qu'elles ne l'avaient point été, mais seulement pource que la raison me les a persuadées.

Que si les artisans ne peuvent si tôt exécuter l'invention[1] qui est expliquée en la Dioptrique, je ne crois pas qu'on puisse dire, pour cela, qu'elle soit mauvaise : car, d'autant qu'il faut de l'adresse et de l'habitude, pour faire et pour ajuster les machines que j'ai décrites, sans qu'il y manque aucune circonstance, je ne m'étonnerais pas moins s'ils rencontraient du premier coup, que si quelqu'un pouvait apprendre, en un jour, à jouer du luth excellemment, par cela seul qu'on lui aurait donné de la tablature[2] qui serait bonne. Et si j'écris en français[3], qui est la langue de mon pays, plutôt qu'en latin, qui est celle de mes précepteurs, c'est à cause que j'espère que ceux qui ne se servent que de leur raison naturelle toute pure jugeront mieux de mes opinions que ceux qui ne croient qu'aux livres anciens. Et pour ceux qui joignent le bon sens avec l'étude, lesquels seuls je souhaite pour mes juges, ils ne seront point je m'assure, si partiaux pour le latin, qu'ils refusent d'entendre mes raisons pource que je les explique en langue vulgaire.

Au reste, je ne veux point parler ici, en particulier, des progrès que j'ai espérance de faire à l'avenir dans les sciences, ni m'engager envers le public d'aucune promesse que je ne sois pas assuré d'accomplir ; mais je dirai seulement que j'ai résolu de n'employer le temps qui me reste à vivre à autre chose qu'à tâcher d'acquérir quelque connaissance de la nature, qui soit telle qu'on en puisse tirer des règles pour la médecine, plus assurées que celles qu'on a eues jusques à présent,

et que mon inclination m'éloigne si fort de toute sorte
d'autres desseins. principalement de ceux qui ne
sauraient être utiles aux uns qu'en nuisant aux autres.
que si quelques occasions me contraignaient de m'y
employer. je ne crois point que je fusse capable d'y
réussir. De quoi je fais ici une déclaration. que je sais
bien ne pouvoir servir à me rendre considérable dans
le monde. mais aussi n'ai-je aucunement envie de
l'être : et je me tiendrai toujours plus obligé à ceux par
la faveur desquels je jouirai sans empêchement de mon
loisir. que je ne serais à ceux qui m'offriraient les plus
honorables emplois de la terre.

FIN

LA DIOPTRIQUE

DE LA LUMIÈRE

DISCOURS PREMIER

Toute la conduite de notre vie dépend de nos sens, entre lesquels celui de la vue étant le plus universel et le plus noble, il n'y a point de doute que les inventions qui servent à augmenter sa puissance, ne soient des plus utiles qui puissent être. Et il est malaisé d'en trouver aucune qui l'augmente davantage que celle de ces merveilleuses lunettes qui, n'étant en usage que depuis peu, nous ont déjà découvert de nouveaux astres dans le ciel, et d'autres nouveaux objets dessus la terre, en plus grand nombre que ne sont ceux que nous y avions vus auparavant : en sorte que portant notre vue beaucoup plus loin que n'avait coutume d'aller l'imagination de nos pères, elles semblent nous avoir ouvert le chemin, pour parvenir à une connaissance de la Nature beaucoup plus grande et plus parfaite qu'ils ne l'ont eue. Mais à la honte de nos sciences, cette invention si utile et si admirable, n'a

82 premièrement été trouvée que par l'expérience et la fortune. Il y a environ trente ans, qu'un nommé Jacques Metius[1] de la ville d'Alcmar en Hollande, homme qui n'avait jamais étudié, bien qu'il eût un père et un frère qui ont fait profession des mathématiques, mais qui prenait particulièrement plaisir à faire des miroirs et verres brûlants, en composant même l'hiver avec de la glace, ainsi que l'expérience a montré qu'on en peut faire ; ayant à cette occasion plusieurs verres de diverses formes, s'avisa par bonheur de regarder au travers de deux, dont l'un était un peu plus épais au milieu qu'aux extrémités, et l'autre au contraire beaucoup plus épais aux extrémités qu'au milieu, et il les appliqua si heureusement aux deux bouts d'un tuyau, que la première des lunettes dont nous parlons, en fut composée. Et c'est seulement sur ce patron, que toutes les autres qu'on a vues depuis ont été faites, sans que personne encore, que je sache, ait suffisamment déterminé les figures que ces verres doivent avoir. Car, bien qu'il y ait eu depuis quantité de bons esprits, qui ont fort cultivé cette matière, et ont trouvé à son occasion plusieurs choses en l'optique qui valent mieux que ce que nous en avaient laissé les anciens, toutefois à cause que les inventions un peu malaisées n'arrivent pas à leur dernier degré de perfection du premier coup, il est encore demeuré assez de difficultés en celle-ci, pour me donner sujet d'en écrire. Et d'autant que l'exécution des choses que je dirai, doit dépendre de l'industrie des artisans, qui pour l'ordinaire n'ont point étudié, je tâcherai de me **83** rendre intelligible à tout le monde, et de ne rien omettre ni supposer, qu'on doive avoir appris des autres sciences. C'est pourquoi je commencerai par l'explication de la lumière et de ses rayons ; puis, ayant fait une brève description des parties de l'œil, je dirai particulièrement en quelle sorte se fait la vision ; et en suite, ayant remarqué toutes les choses qui sont capables de la rendre plus parfaite, j'enseignerai comment elles y peuvent être ajoutées par les inventions que je décrirai[1].

Or n'ayant ici autre occasion de parler de la lumière, que pour expliquer comment ses rayons entrent dans l'œil, et comment ils peuvent être détournés par les divers corps qu'ils rencontrent, il n'est pas besoin que j'entreprenne de dire au vrai quelle est sa nature, et je crois qu'il suffira que je me serve de deux ou trois comparaisons, qui aident à la concevoir en la façon qui me semble la plus commode, pour expliquer toutes celles de ses propriétés que l'expérience nous fait connaître, et pour déduire ensuite toutes les autres qui ne peuvent pas si aisément être remarquées. Imitant en ceci les astronomes, qui, bien que leurs suppositions soient presque toutes fausses ou incertaines, toutefois, à cause qu'elles se rapportent à diverses observations qu'ils ont faites, ne laissent pas d'en tirer plusieurs conséquences très vraies et très assurées[2].

Il vous est bien sans doute arrivé quelquefois en marchant de nuit sans flambeau, par des lieux un peu difficiles, qu'il fallait vous aider d'un bâton pour vous conduire, et vous avez pour lors pu remarquer, que **84** vous sentiez, par l'entremise de ce bâton, les divers objets qui se rencontraient autour de vous, et même que vous pouviez distinguer s'il y avait des arbres, ou des pierres, ou du sable, ou de l'eau, ou de l'herbe, ou de la boue, ou quelque autre chose de semblable. Il est vrai que cette sorte de sentiment est un peu confuse et

obscure, en ceux qui n'en ont pas un long usage ; mais
considérez-la en ceux qui, étant nés aveugles, s'en sont
servis toute leur vie, et vous l'y trouverez si parfaite et
si exacte, qu'on pourrait quasi dire qu'ils voient des
mains, ou que leur bâton est l'organe de quelque
sixième sens, qui leur a été donné au défaut de la vue.
Et pour tirer une comparaison de ceci, je désire que
vous pensiez que la lumière n'est autre chose, dans les
corps qu'on nomme lumineux, qu'un certain mouvement, ou une action fort prompte et fort vive, qui passe
vers nos yeux, par l'entremise de l'air et des autres
corps transparents, en même façon que le mouvement
ou la résistance des corps, que rencontre cet aveugle,
passe vers sa main, par l'entremise de son bâton. Ce
qui vous empêchera d'abord de trouver étrange, que
cette lumière puisse étendre ses rayons en un instant,
depuis le soleil jusques à nous : car vous savez que
l'action, dont on meut l'un des bouts d'un bâton, doit
ainsi passer en un instant jusques à l'autre, et qu'elle y
devrait passer en même sorte, encore qu'il y aurait
plus de distance qu'il n'y en a depuis la terre jusques
aux cieux [1]. Vous ne trouverez pas étrange non plus,
que par son moyen nous puissions voir toutes sortes de
85 couleurs ; et même vous croirez peut-être que ces
couleurs ne sont autre chose dans les corps qu'on
nomme colorés, que les diverses façons dont ces corps
la reçoivent et la renvoient contre nos yeux : si vous
considérez que les différences, qu'un aveugle remarque entre des arbres, des pierres, de l'eau, et choses
semblables, par l'entremise de son bâton, ne lui
semblent pas moindres que nous font celles qui sont
entre le rouge, le jaune, le vert, et toutes les autres
couleurs ; et toutefois que ces différences ne sont autre

chose, en tous ces corps, que les diverses façons de mouvoir, ou de résister aux mouvements de ce bâton. En suite de quoi vous aurez occasion de juger, qu'il n'est pas besoin de supposer qu'il passe quelque chose de matériel, depuis les objets jusques à nos yeux, pour nous faire voir les couleurs et la lumière, ni même qu'il y ait rien en ces objets, qui soit semblable aux idées ou aux sentiments que nous en avons : tout de même qu'il ne sort rien des corps, que sent un aveugle, qui doive passer le long de son bâton jusques à sa main, et que la résistance ou le mouvement de ces corps, qui est la seule cause des sentiments qu'il en a, n'est rien de semblable aux idées qu'il en conçoit. Et par ce moyen votre esprit sera délivré de toutes ces petites images voltigeantes par l'air, nommées des *espèces intention-nelles* [1], qui travaillent tant l'imagination des philosophes. Même vous pourrez aisément décider la question, qui est entre eux, touchant le lieu d'où vient l'action qui cause le sentiment de la vue. Car, comme notre aveugle peut sentir les corps qui sont autour de lui, non seulement par l'action de ces corps, lorsqu'ils 86 se meuvent contre son bâton, mais aussi par celle de sa main, lorsqu'ils ne font que lui résister ; ainsi faut-il avouer que les objets de la vue peuvent être sentis, non seulement par le moyen de l'action qui, étant en eux, tend vers les yeux, mais aussi par le moyen de celle qui, étant dans les yeux, tend vers eux. Toutefois pour ce que cette action n'est autre chose que la lumière, il faut remarquer qu'il n'y a que ceux qui peuvent voir pendant les ténèbres de la nuit, comme les chats [2], dans les yeux desquels elle se trouve ; et que, pour l'ordinaire des hommes, ils ne voient que par l'action qui vient des objets : car l'expérience nous montre que ces objets doivent être lumineux ou illuminés pour être vus, et non point nos yeux pour les voir. Mais pour ce qu'il y a grande différence entre le bâton de cet aveugle et l'air ou les autres corps transparents, par l'entremise desquels nous voyons, il faut que je me serve encore ici d'une autre comparaison

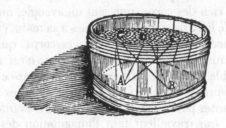

Voyez une cuve au temps de vendange, toute pleine de raisins à demi foulés, et dans le fond de laquelle on ait fait un trou ou deux, comme A et B, par où le vin doux qu'elle contient puisse couler. Puis pensez que, n'y ayant point de vide en la Nature, ainsi que presque tous les Philosophes avouent[1], et néanmoins y ayant 87 plusieurs pores en tous les corps que nous apercevons autour de nous, ainsi que l'expérience peut montrer fort clairement ; il est nécessaire que ces pores soient remplis de quelque matière fort subtile et fort fluide, qui s'étende sans interruption depuis les Astres jusques à nous. Or cette matière subtile étant comparée avec le vin de cette cuve, et les parties moins fluides ou plus grossières tant de l'air que des autres corps transparents, avec les grappes de raisins qui sont parmi : vous entendrez facilement que, comme les parties de ce vin,

qui sont par exemple vers C, tendent à descendre en
ligne droite par le trou A, au même instant qu'il est
ouvert, et ensemble par le trou B, et que celles qui sont
vers D, et vers E, tendent aussi en même temps à
descendre par ces deux trous, sans qu'aucune de ces
actions soit empêchée par les autres, ni aussi par la
résistance des grappes qui sont en cette cuve : nonobstant que ces grappes, étant soutenues l'une par l'autre,
ne tendent point du tout à descendre par ces trous A et
B, comme le vin ; et même qu'elles puissent cependant
être mues, en plusieurs autres façons, par ceux qui les
foulent. Ainsi toutes les parties de la matière subtile,
que touche le côté du Soleil qui nous regarde, tendent
en ligne droite vers nos yeux au même instant qu'ils
sont ouverts, sans s'empêcher les unes les autres, et
même sans être empêchées par les parties grossières
des corps transparents, qui sont entre deux : soit que
ces corps se meuvent en d'autres façons, comme l'air,
qui est presque toujours agité par quelque vent ; soit
qu'ils soient sans mouvement, comme peut être le
verre ou le cristal. Et remarquez ici qu'il faut distin- **88**
guer entre le mouvement, et l'action ou l'inclination à
se mouvoir[1]. Car on peut fort bien concevoir que les
parties du vin, qui sont par exemple vers C, tendent
vers B, et ensemble vers A, nonobstant qu'elles ne
puissent actuellement se mouvoir vers ces deux côtés
en même temps ; et qu'elles tendent exactement en
ligne droite vers B et vers A, nonobstant qu'elles ne se
puissent mouvoir si exactement vers là en ligne droite,
à cause des grappes de raisins qui sont entre deux : et
ainsi, pensant que ce n'est pas tant le mouvement,
comme l'action des corps lumineux qu'il faut prendre
pour leur lumière, vous devez juger que les rayons de

cette lumière ne sont autre chose, que les lignes suivant lesquelles tend cette action. En sorte qu'il y a une infinité de tels rayons qui viennent de tous les points des corps lumineux, vers tous les points de ceux qu'ils illuminent, ainsi que vous pouvez imaginer une infinité de lignes droites, suivant lesquelles les actions, qui viennent de tous les points de la superficie du vin CDE, tendent vers A, et une infinité d'autres, suivant lesquelles les actions qui viennent de ces mêmes points tendent aussi vers B, sans que les unes empêchent les autres[1].

Au reste ces rayons doivent bien être ainsi toujours imaginés exactement droits, lorsqu'ils ne passent que par un seul corps transparent, qui est partout égal à soi-même : mais lorsqu'ils rencontrent quelques autres corps, ils sont sujets à être détournés par eux, ou amortis, en même façon que l'est le mouvement d'une 89 balle, ou d'une pierre jetée dans l'air, par ceux qu'elle rencontre. Car il est bien aisé à croire que l'action ou inclination à se mouvoir, que j'ai dit devoir être prise pour la lumière, doit suivre en ceci les mêmes lois que le mouvement[2]. Et afin que j'explique cette troisième comparaison tout au long, considérez que les corps, qui peuvent ainsi être rencontrés par une balle qui passe dans l'air, sont ou mous, ou durs, ou liquides ; et que s'ils sont mous, ils arrêtent et amortissent tout à fait son mouvement : comme lorsqu'elle donne contre des toiles, ou du sable, ou de la boue ; au lieu que, s'ils sont durs, ils la renvoient d'un autre côté sans l'arrêter ; et ce en plusieurs diverses façons. Car ou leur superficie est toute égale et unie, ou raboteuse et inégale ; et derechef étant égale, elle est ou plate, ou courbée ; et étant inégale, ou son inégalité ne consiste

qu'en ce qu'elle est composée de plusieurs parties
diversement courbées, dont chacune est en soi assez
unie ; ou bien elle consiste outre cela, en ce qu'elle a
plusieurs divers angles ou pointes, ou des parties plus
dures l'une que l'autre, ou qui se meuvent, et ce avec
des variétés qui peuvent être imaginées en mille sortes.
Et il faut remarquer que la balle, outre son mouvement simple et ordinaire, qui la porte d'un lieu en
l'autre, en peut encore avoir un deuxième, qui la fait
tourner autour de son centre, et que la vitesse de celui-
ci peut avoir plusieurs diverses proportions avec celle
de l'autre. Or quand plusieurs balles venant d'un
même côté, rencontrent un corps, dont la superficie est
toute unie et égale, elles se réfléchissent également, et
en même ordre, en sorte que, si cette superficie est **90**
toute plate, elles gardent entre elles la même distance,
après l'avoir rencontrée, qu'elles avaient auparavant ;
et si elle est courbée en dedans ou en dehors, elles
s'approchent ou s'éloignent en même ordre les unes
des autres, plus ou moins, à raison de cette courbure.
Comme vous voyez ici les balles A, B, C, qui, après
avoir rencontré les superficies des corps D, E, F, se
réfléchissent vers G, H, I. Et si ces balles rencontrent
une superficie inégale, comme L ou M, elles se

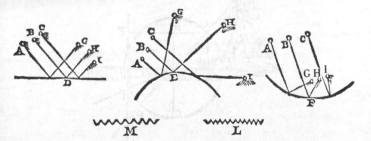

réfléchissent vers divers côtés, chacune selon la situation de l'endroit de cette superficie qu'elle touche. Et elles ne changent rien que cela en la façon de leur mouvement, lorsque son inégalité ne consiste qu'en ce que ses parties sont courbées diversement. Mais elle peut aussi consister en plusieurs autres choses et faire par ce moyen que si ces balles n'ont eu auparavant qu'un simple mouvement droit, elles en perdent une partie, et en acquièrent au lieu un circulaire, qui peut avoir diverse proportion avec ce qu'elles retiennent du droit, selon que la superficie du corps qu'elles rencontrent peut être diversement disposée. Ce que ceux qui jouent à la paume éprouvent assez, lorsque leur balle rencontre de faux carreaux, ou bien qu'ils la touchent en biaisant de leur raquette, ce qu'ils nomment, ce me semble, couper ou friser [1]. Enfin considérez que si une balle qui se meut rencontre obliquement la superficie d'un corps liquide, par lequel elle puisse passer plus ou moins facilement que par celui d'où elle sort, elle se détourne et change son cours en y entrant : comme, par exemple, si étant en l'air au point A, on la

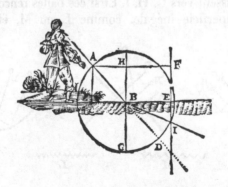

pousse vers B, elle va bien en ligne droite depuis A
jusques à B, si ce n'est que sa pesanteur ou quelque
autre cause particulière l'en empêche ; mais étant au
point B où je suppose qu'elle rencontre la superficie de
l'eau CBE, elle se détourne et prend son cours vers I,
allant derechef en ligne droite depuis B jusques à I,
ainsi qu'il est aisé à vérifier par l'expérience. Or il faut
penser en même façon, qu'il y a des corps qui étant
rencontrés par les rayons de la lumière les amortissent,
et leur ôtent toute leur force, à savoir ceux qu'on
nomme noirs, lesquels n'ont point d'autre couleur que
les ténèbres ; et qu'il y en a d'autres qui les font
réfléchir, les uns au même ordre qu'ils les reçoivent, à
savoir ceux qui ayant leur superficie toute polie,
peuvent servir de miroirs tant plats que courbés, et les
autres confusément vers plusieurs côtés. Et que derechef entre ceux-ci les uns font réfléchir ces rayons sans **92**
apporter aucun autre changement en leur action, à
savoir ceux qu'on nomme blancs, et les autres y
apportent avec cela un changement semblable à celui
que reçoit le mouvement d'une balle quand on la frise,
à savoir ceux qui sont rouges, ou jaunes, ou bleus, ou
de quelque autre telle couleur. Car je pense pouvoir
déterminer en quoi consiste la nature de chacune de
ces couleurs, et le faire voir par expérience ; mais cela
passe les bornes de mon sujet [1]. Et il me suffit ici de
vous avertir que les rayons, qui tombent sur les corps
qui sont colorés et non polis, se réfléchissent ordinairement de tous côtés, encore même qu'ils ne viennent
que d'un seul côté : comme, encore que ceux qui
tombent sur la superficie du corps blanc AB, ne
viennent que du flambeau C, ils ne laissent pas de se
réfléchir tellement de tous côtés, qu'en quelque lieu

qu'on pose l'œil, comme par exemple vers D, il s'en trouve toujours plusieurs venant de chaque endroit de cette superficie AB, qui tendent vers lui. Et même, si

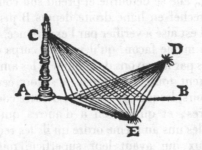

l'on suppose ce corps fort délié comme un papier ou une toile, en sorte que le jour passe au travers, encore que l'œil soit d'autre côté que le flambeau, comme vers E, il ne laissera pas de se réfléchir vers lui quelques rayons de chacune des parties de ce corps. Enfin, considérez que les rayons se détournent aussi, en même façon qu'il a été dit d'une balle quand ils rencontrent obliquement la superficie d'un corps transparent, par lequel ils pénètrent plus ou moins facilement que par celui d'où ils viennent, et cette façon de se détourner s'appelle en eux réfraction.

DE LA RÉFRACTION

DISCOURS SECOND

D'autant que nous aurons besoin ci-après de savoir exactement la quantité de cette réfraction, et qu'elle peut assez commodément être entendue par la comparaison dont je viens de me servir, je crois qu'il est à propos que je tâche ici tout d'un train de l'expliquer, et que je parle premièrement de la réflexion, afin d'en rendre l'intelligence d'autant plus aisée. Pensons donc qu'une balle, étant poussée d'A vers B, rencontre, au

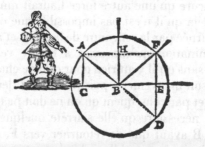

point B, la superficie de la terre CBE, qui l'empêchant de passer outre, est cause qu'elle se détourne ; et voyons vers quel côté. Mais afin de ne nous embarrasser point en de nouvelles difficultés, supposons que la terre est parfaitement plate et dure, et que la balle va toujours d'égale vitesse, tant en descendant qu'en remontant, sans nous enquérir en aucune façon de la **94** puissance qui continue de la mouvoir, après qu'elle n'est plus touchée de la raquette, ni considérer aucun

effet de sa pesanteur. ni de sa grosseur, ni de sa figure.
Car il n'est pas ici question d'y regarder de si près, et il
n'y a aucune de ces choses qui ait lieu en l'action de la
lumière à laquelle ceci se doit rapporter. Seulement
faut-il remarquer. que la puissance. telle qu'elle soit,
qui fait continuer le mouvement de cette balle, est
différente de celle qui la détermine à se mouvoir plutôt
vers un côté que vers un autre. ainsi qu'il est très aisé à
connaître de ce que c'est la force dont elle a été poussée
par la raquette. de qui dépend son mouvement, et que
cette même force l'aurait pu faire mouvoir vers tout
autre côté, aussi facilement que vers B. au lieu que
c'est la situation de cette raquette qui la détermine à
tendre vers B. et qui aurait pu l'y déterminer en même
façon, encore qu'une autre force l'aurait mue. Ce qui
montre déjà qu'il n'est pas impossible que cette balle
soit détournée par la rencontre de la terre. et ainsi, que
la détermination qu'elle avait à tendre vers B soit
changée, sans qu'il y ait rien pour cela de changé en la
force de son mouvement. puisque ce sont deux choses
diverses, et par conséquent qu'on ne doit pas imaginer
qu'il soit nécessaire qu'elle s'arrête quelque moment
au point B avant que de retourner vers F, ainsi que
font plusieurs de nos philosophes [1] ; car si son mouvement était une fois interrompu par cet arrêt, il ne se
trouverait aucune cause, qui le fît par après recom-
mencer. De plus il faut remarquer que la détermina-
95 tion à se mouvoir vers quelque côté peut, aussi bien
que le mouvement et généralement que toute autre
sorte de quantité. être divisée entre toutes les parties
desquelles on peut imaginer qu'elle est composée ; et
qu'on peut aisément imaginer que celle de la balle qui
se meut d'A vers B est composée de deux autres, dont

l'une la fait descendre de la ligne AF vers la ligne CE,
et l'autre en même temps la fait aller de la gauche AC
vers la droite FE, en sorte que ces deux, jointes
ensemble, la conduisent jusques à B suivant la ligne

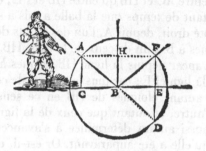

droite AB[1]. Et en suite il est aisé à entendre, que la
rencontre de la terre ne peut empêcher que l'une de ces
deux déterminations, et non point l'autre en aucune
façon. Car elle doit bien empêcher celle qui faisait
descendre la balle d'AF vers CE, à cause qu'elle
occupe tout l'espace qui est au-dessous de CE ; mais
pourquoi empêcherait-elle l'autre, qui la faisait avancer vers la main droite, vu qu'elle ne lui est aucunement opposée en ce sens-là ? Pour trouver donc
justement vers quel côté cette balle doit retourner,
décrivons un cercle du centre B, qui passe par le point
A, et disons qu'en autant de temps qu'elle aura mis à
se mouvoir depuis A jusques à B, elle doit infailliblement retourner depuis B jusques à quelque point de la
circonférence de ce cercle, d'autant que tous les points
qui sont aussi distants de celui-ci B qu'en est A, se
trouvent en cette circonférence, et que nous supposons
le mouvement de cette balle être toujours également 96

vite. Puis afin de savoir précisément auquel de tous les points de cette circonférence elle doit retourner, tirons trois lignes droites AC, HB et FE perpendiculaires sur CE, et en telle sorte, qu'il n'y ait ni plus ni moins de distance entre AC et HB qu'entre HB et FE ; et disons, qu'en autant de temps que la balle a mis à s'avancer vers le côté droit, depuis A, l'un des points de la ligne AC, jusques à B, l'un de ceux de la ligne HB, elle doit aussi s'avancer depuis la ligne HB jusques à quelque point de la ligne FE ; car tous les points de cette ligne FE sont autant éloignés de HB en ce sens-là, l'un comme l'autre, et autant que ceux de la ligne AC, et elle est aussi autant déterminée à s'avancer vers ce côté-là, qu'elle a été auparavant. Or est-il, qu'elle ne peut arriver en même temps en quelque point de la ligne FE, et ensemble à quelque point de la circonférence du cercle AFD, si ce n'est au point D, ou au point F, d'autant qu'il n'y a que ces deux, où elles s'entre-coupent l'une l'autre ; si bien que, la terre l'empêchant de passer vers D, il faut conclure qu'elle doit aller infailliblement vers F. Et ainsi vous voyez facilement comment se fait la réflexion, à savoir selon un angle toujours égal à celui qu'on nomme l'angle d'incidence. Comme si un rayon, venant du point A, tombe au point B sur la superficie du miroir plat CBE, il se réfléchit vers F, en sorte que l'angle de la réflexion FBE n'est ni plus ni moins grand que celui de l'incidence ABC [1].

Venons maintenant à la réfraction. Et première-97 ment supposons qu'une balle, poussée d'A vers B, rencontre au point B, non plus la superficie de la terre, mais une toile CBE, qui soit si faible et déliée que cette balle ait la force de la rompre et de passer tout au

travers, en perdant seulement une partie de sa vitesse,
à savoir, par exemple, la moitié. Or cela posé, afin de
savoir quel chemin elle doit suivre, considérons derechef que son mouvement diffère entièrement de sa
détermination à se mouvoir plutôt vers un côté que

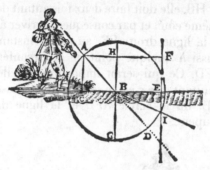

vers un autre, d'où il suit que leur quantité doit être
examinée séparément. Et considérons aussi que des
deux parties dont on peut imaginer que cette détermination est composée, il n'y a que celle qui faisait tendre
la balle de haut en bas, qui puisse être changée en
quelque façon par la rencontre de la toile ; et que, pour
celle qui la faisait tendre vers la main droite, elle doit
toujours demeurer la même qu'elle a été, à cause que
cette toile ne lui est aucunement opposée en ce sens-là.
Puis ayant décrit du centre B le cercle AFD, et tiré à
angles droits sur CBE les trois lignes droites AC, HB,
FE, en telle sorte qu'il y ait deux fois autant de
distance entre FE et HB qu'entre HB et AC, nous
verrons que cette balle doit tendre vers le point I. Car,
puisqu'elle perd la moitié de sa vitesse, en traversant la
toile CBE, elle doit employer deux fois autant de temps **98**
à passer au-dessous, depuis B jusques à quelque point

de la circonférence du cercle AFD, qu'elle a fait
au-dessus à venir depuis A jusques à B. Et puisqu'elle
ne perd rien du tout de la détermination qu'elle avait à
s'avancer vers le côté droit, en deux fois autant de
temps qu'elle en a mis à passer depuis la ligne AC
jusques à HB, elle doit faire deux fois autant de chemin
vers ce même côté, et par conséquent arriver à quelque
point de la ligne droite FE, au même instant qu'elle
arrive aussi à quelque point de la circonférence du
cercle AFD. Ce qui serait impossible, si elle n'allait
vers I, d'autant que c'est le seul point au-dessous de la
toile CBE, où le cercle AFD et la ligne droite FE
s'entrecoupent.

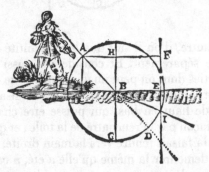

Pensons maintenant que la balle qui vient d'A vers
D, rencontre au point B, non plus une toile, mais de
l'eau, dont la superficie CBE lui ôte justement la
moitié de sa vitesse, ainsi que faisait cette toile. Et le
reste posé comme devant, je dis que cette balle doit
passer de B en ligne droite, non vers D, mais vers I.
Car, premièrement, il est certain que la superficie de
l'eau la doit détourner vers là en même façon que la
toile, vu qu'elle lui ôte tout autant de sa force, et

qu'elle lui est opposée en même sens. Puis pour le reste du corps de l'eau qui remplit tout l'espace qui est depuis B jusques à I, encore qu'il lui résiste plus ou **99** moins que ne faisait l'air que nous y supposions auparavant, ce n'est pas à dire pour cela qu'il doive plus ou moins la détourner : car il se peut ouvrir, pour lui faire passage, tout aussi facilement vers un côté que vers un autre, au moins si on suppose toujours, comme nous faisons, que ni la pesanteur ou légèreté de cette balle, ni sa grosseur, ni sa figure, ni aucune autre telle cause étrangère ne change son cours. Et on peut ici remarquer, qu'elle est d'autant plus détournée par la superficie de l'eau ou de la toile, qu'elle la rencontre plus obliquement, en sorte que, si elle la rencontre à angles droits, comme lorsqu'elle est poussée d'H vers

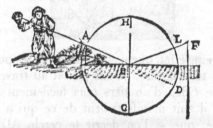

B, elle doit passer outre en ligne droite vers G, sans aucunement se détourner. Mais si elle est poussée suivant une ligne, comme AB, qui soit si fort inclinée sur la superficie de l'eau ou de la toile CBE, que la ligne FE, étant tirée comme tantôt, ne coupe point le cercle AD, cette balle ne doit aucunement la pénétrer, mais rejaillir de sa superficie B vers l'air L, tout de même que si elle y avait rencontré de la terre. Ce qu'on a quelquefois expérimenté avec regret, lorsque faisant tirer pour plaisir des pièces d'artillerie vers le fond d'une rivière, on a blessé ceux qui étaient de l'autre côté sur le rivage.

Mais faisons encore ici une autre supposition, et pensons que la balle ayant été premièrement poussée d'A vers B, est poussée derechef étant au point B, par la raquette CBE, qui augmente la force de son mouvement, par exemple, d'un tiers, en sorte qu'elle puisse faire par après autant de chemin en deux moments, qu'elle en faisait en trois auparavant. Ce qui

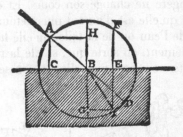

fera le même effet, que si elle rencontrait au point B un corps de telle nature, qu'elle passât au travers de sa superficie CBE, d'un tiers plus facilement que par l'air. Et il suit manifestement de ce qui a été déjà démontré, que si l'on décrit le cercle AD comme devant, et les lignes AC, HB, FE, en telle sorte qu'il y ait d'un tiers moins de distance entre FE et HB qu'entre HB et AC, le point I, où la ligne droite FE et la circulaire AD s'entrecoupent, désignera le lieu vers lequel cette balle, étant au point B, se doit détourner.

Or on peut prendre aussi le revers de cette conclusion et dire que puisque la balle qui vient d'A en ligne droite jusques à B, se détourne étant au point B, et prend son cours de là vers I, cela signifie que la force

ou facilité, dont elle entre dans le corps CBEI, est à
celle dont elle sort du corps ACBE, comme la distance
qui est entre AC et HB, à celle qui est entre HB et FI,
c'est-à-dire comme la ligne CB est à BE[1].

Enfin d'autant que l'action de la lumière suit en ceci
les mêmes lois que le mouvement de cette balle, il faut
dire que, lorsque ses rayons passent obliquement d'un
corps transparent dans un autre, qui les reçoit plus ou
moins facilement que le premier, ils s'y détournent en **101**
telle sorte, qu'ils se trouvent toujours moins inclinés
sur la superficie de ces corps, du côté où est celui qui
les reçoit le plus aisément, que du côté où est l'autre :
et ce justement à proportion de ce qu'il les reçoit plus
aisément que ne fait l'autre. Seulement faut-il prendre
garde que cette inclination se doit mesurer par la
quantité des lignes droites, comme CB ou AH, et EB ou
IG, et semblables, comparées les unes aux autres ; non
par celle des angles, tels que sont ABH ou GBI, ni
beaucoup moins par celle des semblables à DBI, qu'on
nomme les angles de réfraction. Car la raison ou
proportion qui est entre ces angles, varie à toutes les
diverses inclinations des rayons ; au lieu que celle qui
est entre les lignes AH et IG ou semblables, demeure la
même en toutes les réfractions qui sont causées par les
mêmes corps[2]. Comme, par exemple, s'il passe un

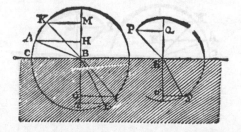

rayon dans l'air d'A vers B, qui rencontrant au point B
la superficie du verre CBR, se détourne vers I dans ce
verre ; et qu'il en vienne un autre de K vers B, qui se
détourne vers L ; et un autre de P vers R, qui se
détourne vers S ; il doit y avoir même proportion entre
les lignes KM et LN, ou PQ et ST, qu'entre AH et IG,
mais non pas la même entre les angles KBM et LBN, ou
PRQ et SRT, qu'entre ABH et IBG.

102   Si bien que vous voyez maintenant en quelle sorte se
doivent mesurer les réfractions ; et encore que, pour
déterminer leur quantité, en tant qu'elle dépend de la
nature particulière des corps où elles se font, il soit
besoin d'en venir à l'expérience [1], on ne laisse pas de le
pouvoir faire assez certainement et aisément, depuis
qu'elles sont ainsi toutes réduites sous une même
mesure ; car il suffit de les examiner en un seul rayon,
pour connaître toutes celles qui se font en une même
superficie, et on peut éviter toute erreur, si on les
examine outre cela en quelques autres. Comme si nous
voulons savoir la quantité de celles qui se font en la
superficie CBR, qui sépare l'air AKP du verre LIS,
nous n'avons qu'à l'éprouver en celle du rayon ABI, en
cherchant la proportion qui est entre les lignes AH et
IG. Puis si nous craignons d'avoir failli en cette

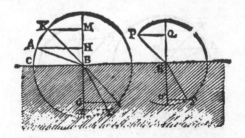

expérience, il faut encore l'éprouver en quelques autres rayons, comme KBL ou PRS, et trouvant même proportion de KM à LN, et de PQ à ST, que d'AH à IG, nous n'aurons plus aucune occasion de douter de la vérité.

Mais peut-être vous étonnerez-vous, en faisant ces expériences, de trouver que les rayons de la lumière s'inclinent plus dans l'air que dans l'eau, sur les superficies où se fait leur réfraction, et encore plus dans l'eau que dans le verre, tout au contraire d'une balle qui s'incline davantage dans l'eau que dans l'air, et ne peut aucunement passer dans le verre. Car par exemple, si c'est une balle qui, étant poussée dans l'air d'A vers B, rencontre au point B la superficie de l'eau CBE, elle se détournera de B vers V ; et si c'est un

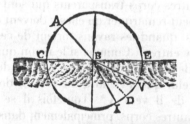

rayon, il ira tout au contraire de B vers I. Ce que vous cesserez toutefois de trouver étrange, si vous vous souvenez de la nature que j'ai attribuée à la lumière, quand j'ai dit qu'elle n'était autre chose, qu'un certain mouvement ou une action reçue en une matière très subtile, qui remplit les pores des autres corps ; et que vous considériez que, comme une balle perd davantage de son agitation, en donnant contre un corps mou, que contre un qui est dur, et qu'elle roule moins aisément

sur un tapis. que sur une table toute nue. ainsi l'action
de cette matière subtile peut beaucoup plus être
empêchée par les parties de l'air. qui. étant comme
molles et mal jointes. ne lui font pas beaucoup de
résistance. que par celles de l'eau. qui lui en font
davantage : et encore plus par celles de l'eau. que par
celles du verre. ou du cristal. En sorte que d'autant
que les petites parties d'un corps transparent sont plus
dures et plus fermes. d'autant laissent-elles passer la
lumière plus aisément : car cette lumière n'en doit pas
chasser aucunes hors de leurs places. ainsi qu'une
balle en doit chasser de celles de l'eau. pour trouver
passage parmi elles.

Au reste. sachant ainsi la cause des réfractions qui se
font dans l'eau et dans le verre. et communément en
tous les autres corps transparents qui sont autour de
nous. on peut remarquer qu'elles y doivent être toutes
semblables. quand les rayons sortent de ces corps. et
quand ils y entrent. Comme. si le rayon qui vient d'A
vers B. se détourne de B vers I. en passant de l'air dans
le verre. celui qui reviendra d'I vers B. doit aussi se
détourner de B vers A*. Toutefois il se peut bien
trouver d'autres corps. principalement dans le ciel. où
les réfractions. procédant d'autres causes. ne sont pas
ainsi réciproques. Et il se peut aussi trouver certains
cas. auxquels les rayons se doivent courber. encore
qu'ils ne passent que par un seul corps transparent.
ainsi que se courbe souvent le mouvement d'une balle.
pour ce qu'elle est détournée vers un côté par sa

---

* Voyez la figure en la page 170.

pesanteur, et vers un autre par l'action dont on l'a poussée, ou pour diverses autres raisons. Car enfin j'ose dire que les trois comparaisons, dont je viens de me servir, sont si propres, que toutes les particularités qui s'y peuvent remarquer, se rapportent à quelques autres qui se trouvent toutes semblables en la lumière ; mais je n'ai tâché que d'expliquer celles qui faisaient le plus à mon sujet. Et je ne vous veux plus faire ici considérer autre chose, sinon que les superficies des corps transparents qui sont courbées, détournent les rayons qui passent par chacun de leurs points, en **105** même sorte que feraient les superficies plates, qu'on peut imaginer toucher ces corps aux mêmes points. Comme, par exemple, la réfraction des rayons AB, AC, AD, qui, venant du flambeau A, tombent sur la superficie courbe de la boule de cristal BCD, doit être considérée en même sorte que si AB tombait sur la

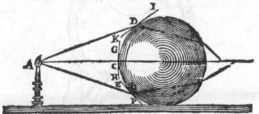

superficie plate EBF, et AC sur GCH, et AD sur IDK, et ainsi des autres. D'où vous voyez que ces rayons se peuvent assembler ou écarter diversement, selon qu'ils tombent sur des superficies qui sont courbées diversement. Et il est temps que je commence à vous décrire quelle est la structure de l'œil, afin de vous pouvoir faire entendre comment les rayons, qui entrent dedans, s'y disposent pour causer le sentiment de la vue.

DE L'ŒIL

DISCOURS TROISIÈME

S'il était possible de couper l'œil par la moitié, sans que les liqueurs dont il est rempli s'écoulassent, ni qu'aucune de ses parties changeât de place. et que le plan de la section passât justement par le milieu de la prunelle, il paraîtrait tel qu'il est représenté en cette figure. ABCB est une peau assez dure et épaisse, qui

106

compose comme un vase rond dans lequel toutes ses parties intérieures sont contenues. DEF est une autre peau plus déliée, qui est tendue ainsi qu'une tapisserie au-dedans de la précédente. ZH est le nerf nommé optique, qui est composé d'un grand nombre de petits filets, dont les extrémités s'étendent en tout l'espace GHI, où, se mêlant avec une infinité de petites veines

et artères, elles composent une espèce de chair extrêmement tendre et délicate, laquelle est comme une
troisième peau, qui couvre tout le fond de la seconde.
K, L, M sont trois sortes de glaires ou humeurs fort
transparentes, qui remplissent tout l'espace contenu
au-dedans de ces peaux, et ont chacune la figure, en
laquelle vous la voyez ici représentée[1]. Et l'expérience
montre que celle du milieu L, qu'on nomme l'humeur
cristalline, cause à peu près même réfraction que le
verre ou le cristal ; et que les deux autres K et M la
causent un peu moindre, environ comme l'eau commune, en sorte que les rayons de la lumière passent
plus facilement par celle du milieu que par les deux
autres, et encore plus facilement par ces deux que par
l'air. En la première peau, la partie BCB est transparente, et un peu plus voûtée que le reste BAB. En la
seconde, la superficie intérieure de la partie EF, qui   **107**
regarde le fond de l'œil, est toute noire et obscure ; et
elle a au milieu un petit trou rond FF, qui est ce qu'on
nomme la prunelle, et qui paraît si noir au milieu de
l'œil, quand on le regarde par dehors. Ce trou n'est pas
toujours de même grandeur, et la partie EF de la peau
en laquelle il est, nageant librement en l'humeur K,
qui est fort liquide, semble être comme un petit
muscle, qui se peut étrécir et élargir à mesure qu'on
regarde des objets plus ou moins proches, ou plus ou
moins éclairés, ou qu'on les veut voir plus ou moins
distinctement. Et vous pourrez voir facilement l'expérience de tout ceci en l'œil d'un enfant ; car si vous lui
faites regarder fixement un objet proche, vous verrez
que sa prunelle deviendra un peu plus petite que si
vous lui en faites regarder un plus éloigné, qui ne soit
point avec cela plus éclairé. Et derechef, qu'encore

qu'il regarde toujours le même objet, il l'aura beaucoup plus petite, étant en une chambre fort claire, que si en fermant la plupart des fenêtres, on la rend fort obscure. Et enfin que demeurant au même jour, et regardant le même objet, s'il tâche d'en distinguer les moindres parties, sa prunelle sera plus petite, que s'il ne le considère que tout entier, et sans attention. Et notez que ce mouvement doit être appelé volontaire, nonobstant qu'il soit ordinairement ignoré de ceux qui le font, car il ne laisse pas pour cela d'être dépendant et de suivre de la volonté qu'ils ont de bien voir ; ainsi que les mouvements des lèvres et de la langue qui servent à prononcer les paroles, se nomment volon-
108 taires, à cause qu'ils suivent de la volonté qu'on a de parler, nonobstant qu'on ignore souvent quels ils doivent être pour servir à la prononciation de chaque

lettre. EN, EN sont plusieurs petits filets noirs, qui embrassent tout autour l'humeur marquée L, et qui, naissant aussi de la seconde peau, en l'endroit où la

troisième se termine, semblent autant de petits ten-
dons, par le moyen desquels cette humeur L, devenant
tantôt plus voûtée, tantôt plus plate, selon l'intention
qu'on a de regarder des objets proches ou éloignés,
change un peu toute la figure du corps de l'œil. Et vous
pouvez connaître ce mouvement par expérience : car si
lorsque vous regardez fixement une tour ou une
montagne un peu éloignée, on présente un livre devant
vos yeux, vous n'y pourrez voir distinctement aucune
lettre, jusques à ce que leur figure soit un peu changée.
Enfin O, O sont six ou sept muscles attachés à l'œil par
dehors, qui le peuvent mouvoir de tous côtés, et même
aussi, peut-être, en le pressant ou retirant, aider à
changer sa figure. Je laisse à dessein plusieurs autres
particularités qui se remarquent en cette matière, et
dont les anatomistes grossissent leurs livres ; car je
crois que celles que j'ai mises ici, suffiront pour
expliquer tout ce qui sert à mon sujet, et que les autres
que j'y pourrais ajouter, n'aidant en rien votre intelligence, ne feraient que divertir votre attention.

DES SENS EN GÉNÉRAL

DISCOURS QUATRIÈME

Mais il faut que je vous dise maintenant quelque
chose de la nature des sens en général, afin de pouvoir
d'autant plus aisément expliquer en particulier celui
de la vue. On sait déjà assez que c'est l'âme qui sent, et
non le corps : car on voit que lorsqu'elle est divertie

par une extase ou forte contemplation, tout le corps demeure sans sentiment, encore qu'il ait divers objets qui le touchent. Et on sait que ce n'est pas proprement en tant qu'elle est dans les membres qui servent d'organes aux sens extérieurs, qu'elle sent, mais en tant qu'elle est dans le cerveau, où elle exerce cette faculté qu'ils appellent le sens commun [1] : car on voit des blessures et maladies qui, n'offensant que le cerveau seul, empêchent généralement tous les sens, encore que le reste du corps ne laisse point pour cela d'être animé. Enfin on sait que c'est par l'entremise des nerfs que les impressions que font les objets dans les membres extérieurs parviennent jusques à l'âme dans le cerveau : car on voit divers accidents, qui ne nuisant à rien qu'à quelque nerf, ôtent le sentiment de toutes les parties du corps où ce nerf envoie ces branches, sans rien diminuer de celui des autres. Mais, pour savoir plus particulièrement en quelle sorte l'âme 110 demeurant dans le cerveau, peut ainsi par l'entremise des nerfs, recevoir les impressions des objets qui sont au-dehors, il faut distinguer trois choses en ces nerfs : à savoir premièrement les peaux qui les enveloppent, et qui prenant leur origine de celles qui enveloppent le cerveau, sont comme de petits tuyaux divisés en plusieurs branches, qui se vont épandre çà et là par tous les membres, en même façon que les veines et les artères ; puis leur substance intérieure, qui s'étend en forme de petits filets tout le long de ces tuyaux, depuis le cerveau, d'où elle prend son origine, jusques aux extrémités des autres membres, où elle s'attache, en sorte qu'on peut imaginer, en chacun de ces petits tuyaux, plusieurs de ces petits filets indépendants les uns des autres ; puis enfin les esprits animaux [2], qui sont comme un air ou un vent très subtil, qui, venant des chambres ou concavités qui sont dans le cerveau, s'écoule par ces mêmes tuyaux dans les muscles. Or les anatomistes et médecins avouent assez que ces trois choses se trouvent dans les nerfs ; mais il ne me semble point qu'aucun d'eux en ait encore bien distingué les usages. Car voyant que les nerfs ne servent pas seulement à donner le sentiment aux membres, mais aussi à les mouvoir, et qu'il y a quelquefois des paralysies qui ôtent le mouvement, sans ôter pour cela le sentiment, tantôt ils ont dit qu'il y avait deux sortes de nerfs, dont les uns ne servaient que pour les sens, et les autres que pour les mouvements ; et tantôt, que la faculté de sentir était dans les peaux ou membranes, et que celle de mouvoir était dans la substance intérieure des nerfs : qui sont choses fort répugnantes à l'expérience et à la raison [1]. Car qui a jamais pu remarquer **111** aucun nerf, qui servît au mouvement, sans servir aussi à quelque sens ? Et comment, si c'était des peaux que le sentiment dépendît, les diverses impressions des objets pourraient-elles, par le moyen de ces peaux, parvenir jusques au cerveau ? Afin donc d'éviter ces difficultés, il faut penser que ce sont les esprits, qui, coulant par les nerfs dans les muscles, et les enflant plus ou moins, tantôt les uns, tantôt les autres, selon les diverses façons que le cerveau les distribue, causent le mouvement de tous les membres ; et que ce sont les petits filets, dont la substance intérieure de ces nerfs est composée, qui servent aux sens. Et d'autant que je n'ai point ici besoin de parler des mouvements, je désire seulement que vous conceviez que ces petits filets étant enfermés, comme j'ai dit, en des tuyaux qui sont toujours enflés et tenus ouverts par les esprits qu'ils contiennent, ne se pressent ni empêchent aucunement les uns les autres, et sont étendus depuis le cerveau jusques aux extrémités de tous les membres qui sont capables de quelque sentiment, en telle sorte que, pour peu qu'on touche et fasse mouvoir l'endroit de ces membres où quelqu'un d'eux est attaché, on fait aussi mouvoir au même instant l'endroit du cerveau d'où il vient, ainsi que, tirant l'un des bouts d'une corde qui est toute tendue, on fait mouvoir au même instant l'autre bout. Car sachant que ces filets sont ainsi enfermés en des tuyaux, que les esprits tiennent toujours un peu enflés et entrouverts, il est aisé à entendre qu'encore qu'ils fussent beaucoup plus déliés que ceux que filent les vers à soie, et plus faibles que ceux des araignées, ils ne laisseraient pas de se pouvoir étendre depuis la tête jusques aux membres les plus éloignés, sans être en aucun hasard de se rompre, ni que les diverses situations de ces membres empêchassent leurs mouvements. Il faut, outre cela, prendre garde à ne pas supposer que, pour sentir, l'âme ait besoin de contempler quelques images qui soient envoyées par les objets jusques au cerveau, ainsi que font communément nos philosophes ; ou, du moins, il faut concevoir la nature de ces images tout autrement qu'ils ne font. Car, d'autant qu'ils ne considèrent en elles autre chose, sinon qu'elles doivent avoir de la ressemblance avec les objets qu'elles représentent, il leur est impossible de nous montrer comment elles peuvent être formées par ces objets, et reçues par les organes des sens extérieurs, et transmises par les nerfs jusques au cerveau. Et ils n'ont eu aucune raison de les supposer, sinon que voyant que notre pensée peut facilement être excitée par un tableau, à concevoir l'objet qui y est peint, il leur a semblé qu'elle devait l'être en même façon à concevoir ceux qui touchent nos sens, par quelques petits tableaux qui s'en formassent en notre tête. Au lieu que nous devons considérer qu'il y a plusieurs autres choses que des images, qui peuvent exciter notre pensée ; comme par exemple, les signes et les paroles, qui ne ressemblent en aucune façon aux choses qu'elles signifient. Et si, pour ne nous éloigner que le moins qu'il est possible des opinions déjà reçues, nous aimons mieux avouer que les objets que nous sentons, envoient véritablement leurs images jusques au-dedans de notre cerveau, il faut au moins **113** que nous remarquions qu'il n'y a aucunes images qui doivent en tout ressembler aux objets qu'elles représentent : car autrement il n'y aurait point de distinction entre l'objet et son image : mais qu'il suffit qu'elles leur ressemblent en peu de choses ; et souvent même que leur perfection dépend de ce qu'elles ne leur ressemblent pas tant qu'elles pourraient faire. Comme vous voyez que les tailles-douces n'étant faites que d'un peu d'encre posée çà et là sur du papier, nous représentent des forêts, des villes, des hommes, et même des batailles et des tempêtes, bien que, d'une infinité de diverses qualités qu'elles nous font concevoir en ces objets, il n'y en ait aucune que la figure seule dont elles aient proprement la ressemblance ; et encore est-ce une ressemblance fort imparfaite, vu que sur une superficie toute plate, elles nous représentent des corps diversement relevés et enfoncés, et que même, suivant les règles de la perspective[1], souvent elles représentent mieux des cercles par des ovales que par d'autres cercles ; et des carrés par des losanges que par d'autres carrés ; et ainsi de toutes les autres figures : en sorte que souvent, pour être plus parfaites en qualité d'images, et représenter mieux un objet, elles doivent ne lui pas ressembler. Or il faut que nous pensions tout le même des images qui se forment en notre cerveau, et que nous remarquions qu'il est seulement question de savoir comment elles peuvent donner moyen à l'âme de sentir toutes les diverses qualités des objets auxquels elles se rapportent, et non point comment elles ont en soi leur ressemblance[1]. Comme lorsque l'aveugle, dont nous avons parlé ci-dessus, touche quelques corps de son bâton, il est certain que ces corps n'envoient autre chose jusques à lui, sinon que, faisant mouvoir diversement son bâton selon les diverses qualités qui sont en eux, ils meuvent par même moyen les nerfs de sa main, et ensuite les endroits de son cerveau d'où viennent ces nerfs ; ce qui donne occasion à son âme de sentir tout autant de diverses qualités en ces corps, qu'il se trouve de variétés dans les mouvements qui sont causés par eux en son cerveau.

DES IMAGES QUI SE FORMENT SUR LE FOND DE L'ŒIL

DISCOURS CINQUIÈME

Vous voyez donc assez que pour sentir, l'âme n'a pas besoin de contempler aucunes images qui soient semblables aux choses qu'elle sent ; mais cela

n'empêche pas qu'il ne soit vrai que les objets que nous
regardons, en impriment d'assez parfaites dans le fond
de nos yeux ; ainsi que quelques-uns [1] ont déjà très
ingénieusement expliqué, par la comparaison de celles
qui paraissent dans une chambre, lorsque l'ayant toute
fermée, réservé un seul trou, et ayant mis au-devant de
ce trou un verre en forme de lentille, on étend derrière, **115**
à certaine distance, un linge blanc, sur qui la lumière,
qui vient des objets de dehors, forme ces images. Car
ils disent que cette chambre représente l'œil ; ce trou,
la prunelle ; ce verre, l'humeur cristalline, ou plutôt
toutes celles des parties de l'œil qui causent quelque
réfraction ; et ce linge, la peau intérieure, qui est
composée des extrémités du nerf optique.

Mais vous en pourrez être encore plus certain, si
prenant l'œil d'un homme fraîchement mort, ou, au
défaut, celui d'un bœuf ou de quelque autre gros
animal, vous coupez dextrement vers le fond les trois
peaux qui l'enveloppent, en sorte qu'une grande partie
de l'humeur M, qui y est, demeure découverte, sans
qu'il y ait rien d'elle pour cela qui se répande ; puis,
l'ayant recouverte de quelque corps blanc, qui soit si
délié que le jour passe au travers, comme, par
exemple, d'un morceau de papier ou de la coquille
d'un œuf, RST, que vous mettiez cet œil dans le trou
d'une fenêtre fait exprès, comme Z, en sorte qu'il ait le
devant, BCD, tourné vers quelque lieu où il y ait divers
objets, comme V, X, Y, éclairés par le soleil ; et le
derrière, où est le corps blanc RST, vers le dedans de la
chambre, P, où vous serez, et en laquelle il ne doit
entrer aucune lumière, que celle qui pourra pénétrer
au travers de cet œil, dont vous savez que toutes les
parties, depuis C jusques à S, sont transparentes. Car

n'estre pas qu'il ne soit vrai que les objets que nous regardons impriment d'assez parfaites en fond de nos yeux; ainsi que quelques-uns ont déja très ingenieusement expliqué, par la comparaison de celles qui paroissent dans une chambre, lorsque l'ayant toute fermée, reservé un seul trou, et ayant mis au devant de ce trou un verre en forme de lune, on a tendu derriere, à certaine distance, un linge blanc, sur le quel la lumiere qui vient des divers points de cet objet se va rendre: car ils disent que cette chambre represente l'œil; ce trou, la prunelle; ce verre, l'humeur cristalline, ou plutôt toutes celles des parties de l'œil qui causent quelque refraction; et ce linge, la peau interieure, qui est composée des extremités du nerf optique.

Mais vous en pouvez estre encore plus certain; si prenant l'œil d'un homme fraischement mort, ou, au défaut de celui-ci, d'un bœuf ou de quelque autre gros animal, vous ravalez vers le fond les trois peaux qui l'envelopent, en sorte qu'une grande partie de l'humeur M y soit à decouvert, sans qu'il y ait rien pour cela d'espandu; puis l'ayant recoupé du linge blanc, et subtil qui n'ait point d'épaisseur...

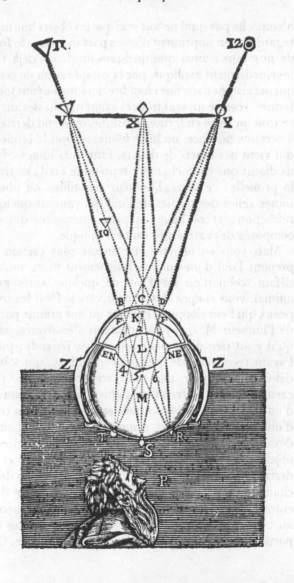

cela fait, si vous regardez sur ce corps blanc RST, vous
y verrez non peut-être sans admiration et plaisir, une
peinture, qui représentera fort naïvement en perspective tous les objets qui seront au-dehors vers VXY, au **116**
moins si vous faites en sorte que cet œil retienne sa
figure naturelle, proportionnée à la distance de ces **117**
objets : car, pour peu que vous le pressiez plus ou
moins que de raison, cette peinture en deviendra
moins distincte. Et il est à remarquer qu'on doit le
presser un peu davantage, et rendre sa figure un peu
plus longue, lorsque les objets sont fort proches, que
lorsqu'ils sont plus éloignés. Mais il est besoin que
j'explique ici plus au long comment se forme cette
peinture ; car je pourrai, par même moyen, vous faire
entendre plusieurs choses qui appartiennent à la
vision.

Considérez donc premièrement, que de chaque
point des objets, V, X, Y, il entre en cet œil autant de
rayons, qui pénètrent jusques au corps blanc RST, que
l'ouverture de la prunelle FF en peut comprendre, et
que suivant ce qui a été dit ci-dessus, tant de la nature
de la réfraction que de celle des trois humeurs K, L, M,
tous ceux de ces rayons, qui viennent d'un même
point, se courbent en traversant les trois superficies
BCD, 1 2 3[1] et 4 5 6, en la façon qui est requise pour se
rassembler derechef environ vers un même point. Et il
faut remarquer qu'afin que la peinture, dont il est ici
question, soit la plus parfaite qu'il est possible, les
figures de ces trois superficies doivent être telles que
tous les rayons, qui viennent de l'un des points des
objets, se rassemblent exactement en l'un des points
du corps blanc RST. Comme vous voyez ici que ceux
du point X s'assemblent au point S ; en suite de quoi

ceux qui viennent du point V s'assemblent aussi à peu
près au point R ; et ceux du point Y, au point T. Et que
réciproquement, il ne vient aucun rayon vers S, que du
118 point X ; ni quasi aucun vers R, que du point V ; ni
vers T, que du point Y, et ainsi des autres. Or cela
posé, si vous vous souvenez de ce qui a été dit ci-dessus
de la lumière et des couleurs en général, et en
particulier des corps blancs, il vous sera facile à
entendre, qu'étant enfermé dans la chambre P, et
jetant vos yeux sur le corps blanc RST, vous y devez
voir la ressemblance des objets V, X, Y. Car premièrement la lumière, c'est-à-dire le mouvement ou l'action
dont le soleil, ou quelques autres des corps qu'on
nomme lumineux, pousse une certaine matière fort
subtile qui se trouve en tous les corps transparents,
étant repoussée vers R par l'objet V, que je suppose
par exemple, être rouge, c'est-à-dire, être disposé à
faire que les petites parties de cette matière subtile, qui
ont été seulement poussées en lignes droites par les
corps lumineux, se meuvent aussi en rond autour de
leurs centres, après les avoir rencontrés, et que leurs
deux mouvements aient entre eux la proportion qui est
requise pour faire sentir la couleur rouge ; il est certain
que l'action de ces deux mouvements ayant rencontré
au point R un corps blanc, c'est-à-dire un corps
disposé à la renvoyer vers tout autre côté sans la
changer, doit de là se réfléchir vers vos yeux par les
pores de ce corps, que j'ai supposé à cet effet fort délié,
et comme percé à jour de tous côtés, et ainsi vous faire
voir le point R de couleur rouge. Puis la lumière étant
aussi repoussée de l'objet X, que je suppose jaune, vers
S ; et d'Y, que je suppose bleu, vers T, d'où elle est
portée vers vos yeux : elle vous doit faire paraître S de

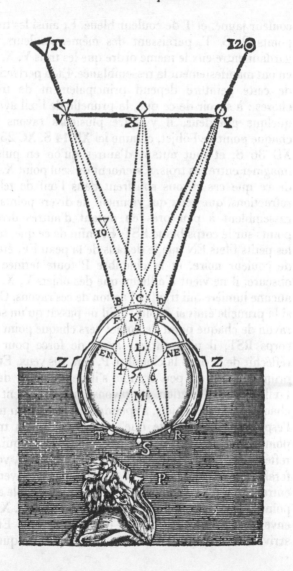

couleur jaune, et T de couleur bleue. Et ainsi les trois
119 points R, S, T, paraissant des mêmes couleurs, et
gardant entre eux le même ordre que les trois V, X, Y,
120 en ont manifestement la ressemblance. Et la perfection
de cette peinture dépend principalement de trois
choses : à savoir de ce que, la prunelle de l'œil ayant
quelque grandeur, il y entre plusieurs rayons de
chaque point de l'objet, comme ici XB 14 S, XC 25 S,
XD 36 S, et tout autant d'autres qu'on en puisse
imaginer entre ces trois, y viennent du seul point X. Et
de ce que ces rayons souffrent dans l'œil de telles
réfractions, que ceux qui viennent de divers points se
rassemblent à peu près en autant d'autres divers
points sur le corps blanc RST. Et enfin de ce que, tant
les petits filets EN que le dedans de la peau EF, étant
de couleur noire, et la chambre P toute fermée et
obscure, il ne vient d'ailleurs que des objets V, X, Y,
aucune lumière qui trouble l'action de ces rayons. Car,
si la prunelle était si étroite, qu'il ne passât qu'un seul
rayon de chaque point de l'objet vers chaque point du
corps RST, il n'aurait pas assez de force pour se
réfléchir de là dans la chambre P, vers vos yeux. Et la
prunelle étant un peu grande, s'il ne se faisait dans
l'œil aucune réfraction, les rayons qui viendraient de
chaque point des objets, s'épandraient çà et là en tout
l'espace RST, en sorte que, par exemple, les trois
points, V, X, Y enverraient trois rayons vers R, qui, se
réfléchissant de là tous ensemble vers vos yeux, vous
feraient paraître ce point R d'une couleur moyenne
entre le rouge, le jaune et le bleu, et tout semblable aux
points S et T, vers lesquels les mêmes points V, X, Y
enverraient aussi chacun un de leurs rayons. Et il
arriverait aussi quasi le même, si la réfraction qui se

fait en l'œil était plus ou moins grande qu'elle ne doit,
à raison de la grandeur de cet œil : car, étant trop **121**
grande, les rayons qui viendraient, par exemple, du
point X, s'assembleraient avant que d'être parvenus
jusques à S, comme vers M. Et, au contraire, étant trop
petite, ils ne s'assembleraient qu'au-delà, comme vers
P ; si bien qu'ils toucheraient le corps blanc RST en
plusieurs points, vers lesquels il viendrait aussi d'autres rayons des autres parties de l'objet. Enfin, si les
corps EN, EF n'étaient noirs, c'est-à-dire disposés à
faire que la lumière qui donne de contre s'y amortisse,
les rayons qui viendraient vers eux du corps blanc
RST, pourraient de là retourner, ceux de T vers S et
vers R ; ceux de R, vers T et vers S ; et ceux de S, vers R
et vers T : au moyen de quoi ils troubleraient l'action
les uns des autres ; et de même feraient aussi les rayons
qui viendraient de la chambre P vers RST, s'il y avait
quelque autre lumière en cette chambre, que celle qu'y
envoient les objets V, X, Y.

Mais, après vous avoir parlé des perfections de cette
peinture, il faut aussi que je vous fasse considérer ses
défauts, dont le premier et le principal est que,
quelques figures que puissent avoir les parties de l'œil,
il est impossible qu'elles fassent que les rayons qui
viennent de divers points, s'assemblent tous en autant
d'autres divers points, et que tout le mieux qu'elles
puissent faire, c'est seulement que tous ceux qui
viennent de quelque point, comme d'X, s'assemblent
en un autre point, comme S, dans le milieu du fond de
l'œil : en quel cas il n'y en peut avoir que quelques-uns
de ceux du point V, qui s'assemblent justement au
point R, ou du point Y, qui s'assemblent justement au **122**
point T : et les autres s'en doivent écarter quelque peu,

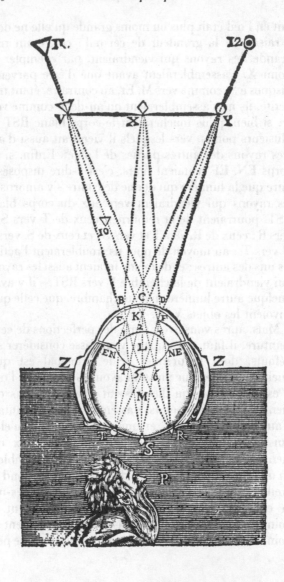

tout à l'entour, ainsi que j'expliquerai ci-après. Et ceci **123**
est cause que cette peinture n'est jamais si distincte
vers ses extrémités qu'au milieu, comme il a été assez
remarqué par ceux qui ont écrit de l'optique[1]. Car
c'est pour cela qu'ils ont dit que la vision se fait
principalement suivant la ligne droite, qui passe par
les centres de l'humeur cristalline et de la prunelle,
telle qu'est ici la ligne XKLS, qu'ils nomment l'essieu
de la vision. Et notez que les rayons, par exemple, ceux
qui viennent du point V, s'écartent autour du point R,
d'autant plus que l'ouverture de la prunelle est plus
grande ; et ainsi que, si sa grandeur sert à rendre les
couleurs de cette peinture plus vives et plus fortes, elle
empêche en revanche que ces figures ne soient si
distinctes, d'où vient qu'elle ne doit être que médiocre.
Notez aussi que ces rayons s'écarteraient encore plus
autour du point R, qu'ils ne font, si le point V, d'où ils
viennent, était beaucoup plus proche de l'œil, comme
vers 10, ou beaucoup plus éloigné, comme vers 11, que
n'est X, à la distance duquel je suppose que la figure
de l'œil est proportionnée ; de sorte qu'ils rendraient la
partie R de cette peinture encore moins distincte qu'ils
ne font. Et vous entendrez facilement les démonstrations de tout ceci, lorsque vous aurez vu, ci-après,
quelle figure doivent avoir les corps transparents, pour
faire que les rayons qui viennent d'un point, s'assemblent en quelque autre point, après les avoir traversés.
Pour les autres défauts de cette peinture, ils consistent
en ce que ses parties sont renversées, c'est-à-dire en
position toute contraire à celle des objets ; et en ce
qu'elles sont apetissées et raccourcies les unes plus, les **124**
autres moins, à raison de la diverse distance et
situation des choses qu'elles représentent, quasi en

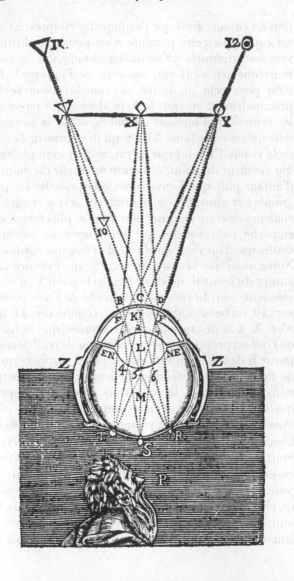

même façon que dans un tableau de perspective. Comme vous voyez ici clairement que T, qui est vers le côté gauche, représente Y, qui est vers le droit, et que R, qui est vers le droit, représente V, qui est vers le gauche. Et de plus, que la figure de l'objet V ne doit pas occuper plus d'espace vers R, que celle de l'objet 10, qui est plus petit, mais plus proche ; ni moins que celle de l'objet 11, qui est plus grand, mais à proportion plus éloigné, sinon en tant qu'elle est un peu plus distincte. Et enfin, que la ligne droite VXY est représentée par la courbe RST.

Or, ayant ainsi vu cette peinture dans l'œil d'un animal mort, et en ayant considéré les raisons, on ne peut douter qu'il ne s'en forme une toute semblable en celui d'un homme vif, sur la peau intérieure, en la place de laquelle nous avions substitué le corps blanc RST ; et même qu'elle ne s'y forme beaucoup mieux ; à cause que ses humeurs étant pleines d'esprits, sont plus transparentes, et ont plus exactement la figure qui est requise à cet effet. Et peut-être aussi qu'en l'œil d'un bœuf la figure de la prunelle, qui n'est pas ronde, empêche que cette peinture n'y soit si parfaite.

On ne peut douter non plus que les images qu'on fait paraître sur un linge blanc dans une chambre obscure, ne s'y forment tout de même et pour la même raison qu'au fond de l'œil ; même à cause qu'elles y sont ordinairement beaucoup plus grandes, et s'y forment en plus de façons, on y peut plus commodément **125** remarquer diverses particularités, dont je désire ici vous avertir, afin que vous en fassiez l'expérience, si **126** vous ne l'avez encore jamais faite. Voyez donc premièrement, que, si on ne met aucun verre au-devant du trou qu'on aura fait en cette chambre, il paraîtra bien

quelques images sur le linge, pourvu que le trou soit
fort étroit, mais qui seront fort confuses et imparfaites,
et qui le seront d'autant plus, que ce trou sera moins
étroit ; et qu'elles seront aussi d'autant plus grandes,
qu'il y aura plus de distance entre lui et le linge, en
sorte que leur grandeur doit avoir à peu près même
proportion avec cette distance, que la grandeur des
objets, qui les causent, avec la distance qui est entre
eux et ce même trou. Comme il est évident que, si ACB
est l'objet, D le trou, et EFG l'image, EG est à FD
comme AB est à CD. Puis, ayant mis un verre en forme
de lentille au-devant de ce trou, considérez qu'il y a

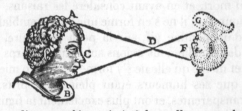

certaine distance déterminée à laquelle tenant le linge,
les images paraissent fort distinctes, et que pour peu
qu'on l'éloigne ou qu'on l'approche davantage du
verre, elles commencent à l'être moins. Et que cette
distance doit être mesurée par l'espace qui est, non pas
entre le linge et le trou, mais entre le linge et le verre :
en sorte que, si l'on met le verre un peu au-delà du
trou de part ou d'autre, le linge en doit aussi être
d'autant approché ou reculé. Et qu'elle dépend en
partie de la figure de ce verre, et en partie aussi de
l'éloignement des objets : car, en laissant l'objet en
127 même lieu, moins les superficies du verre sont courbées, plus le linge en doit être éloigné, et en se servant
du même verre, si les objets en sont fort proches, il en

faut tenir le linge un peu plus loin, que s'ils en sont plus éloignés. Et que de cette distance dépend la grandeur des images, quasi en même façon que lorsqu'il n'y a point de verre au-devant du trou. Et que ce trou peut être beaucoup plus grand, lorsqu'on y met un verre, que lorsqu'on le laisse tout vide, sans que les images en soient pour cela de beaucoup moins distinctes. Et que plus il est grand, plus elles paraissent claires et illuminées : en sorte que, si on couvre une partie de ce verre, elles paraîtront bien plus obscures qu'auparavant, mais qu'elles ne laisseront pas pour cela d'occuper autant d'espace sur le linge. Et que, plus ces images sont grandes et claires, plus elles se voient parfaitement : en sorte que, si on pouvait aussi faire un œil, dont la profondeur fût fort grande, et la prunelle fort large, et que les figures de celles de ses superficies qui causent quelque réfraction, fussent proportionnées à cette grandeur, les images s'y formeraient d'autant plus visibles. Et que, si ayant deux ou plusieurs verres en forme de lentilles, mais assez plats, on les joint l'un contre l'autre, ils auront à peu près le même effet qu'aurait un seul, qui serait autant voûté ou convexe qu'eux deux ensemble, car le nombre des superficies où se font les réfractions n'y fait pas grandchose. Mais que si on éloigne ces verres à certaines distances les uns des autres, le second pourra redresser l'image que le premier aura renversée, et le troisième la renverser derechef, et ainsi de suite. Qui sont toutes choses dont les raisons sont fort aisées à déduire de ce **128** que j'ai dit, et elles seront bien plus vôtres, s'il vous faut user d'un peu de réflexion pour les concevoir, que si vous les trouviez ici mieux expliquées[1].

Au reste, les images des objets ne se forment pas seulement ainsi au fond de l'œil, mais elles passent encore au-delà jusques au cerveau, comme vous

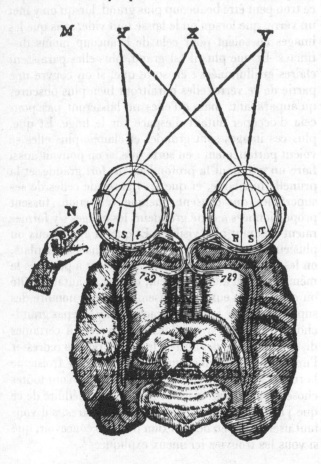

entendrez facilement, si vous pensez que, par exemple,
les rayons qui viennent dans l'œil de l'objet V,
touchent au point R l'extrémité de l'un des petits filets
du nerf optique, qui prend son origine de l'endroit 7 de **129**
la superficie intérieure du cerveau 789 ; et ceux de
l'objet X touchent au point S l'extrémité d'un autre de
ces filets dont le commencement est au point 8 ; et
ceux de l'objet Y en touchent un autre au point T, qui
répond à l'endroit du cerveau marqué 9, et ainsi des
autres. Et que la lumière n'étant autre chose qu'un
mouvement ou une action qui tend à causer quelque
mouvement, ceux de ses rayons qui viennent de V vers
R, ont la force de mouvoir tout le filet R7, et par
conséquent l'endroit du cerveau marqué 7 ; et ceux qui
viennent d'X vers S, de mouvoir tout le nerf S8, et
même de le mouvoir d'autre façon que n'est mû R7, à
cause que les objets X et V sont de deux diverses
couleurs ; et ainsi que ceux qui viennent d'Y, meuvent
le point 9. D'où il est manifeste qu'il se forme derechef
une peinture 789, assez semblable aux objets V, X, Y,
en la superficie intérieure du cerveau qui regarde ses
concavités. Et de là je pourrais encore la transporter
jusques à une certaine petite glande[1], qui se trouve
environ le milieu de ces concavités, et est proprement
le siège du sens commun. Même je pourrais encore plus
outre vous montrer comment quelquefois elle peut
passer de là par les artères d'une femme enceinte,
jusques à quelque membre déterminé de l'enfant
qu'elle porte en ses entrailles, et y former ces marques
d'envie qui causent tant d'admiration à tous les
doctes[2]

130 # DE LA VISION

DISCOURS SIXIÈME

Or encore que cette peinture, en passant ainsi jusques au-dedans de notre tête, retienne toujours quelque chose de la ressemblance des objets dont elle procède, il ne se faut point toutefois persuader, ainsi que je vous ai déjà tantôt assez fait entendre, que ce soit par le moyen de cette ressemblance qu'elle fasse que nous les sentons, comme s'il y avait derechef d'autres yeux en notre cerveau, avec lesquels nous la pussions apercevoir. Mais plutôt que ce sont les mouvements par lesquels elle est composée, qui agissant immédiatement contre notre âme d'autant qu'elle est unie à notre corps, sont institués de la nature pour lui faire avoir de tels sentiments. Ce que je vous veux ici expliquer plus en détail. Toutes les qualités que nous apercevons dans les objets de la vue, peuvent être réduites à six principales, qui sont la lumière, la couleur, la situation, la distance, la grandeur, et la figure[1]. Et premièrement, touchant la lumière et la couleur, qui seules appartiennent proprement au sens de la vue, il faut penser que notre âme est de telle nature, que la force des mouvements, qui se trouvent dans les endroits du cerveau d'où viennent les petits filets des nerfs optiques, lui fait avoir le sentiment de la
131 lumière ; et la façon de ces mouvements, celui de la couleur ; ainsi que les mouvements des nerfs qui répondent aux oreilles, lui font ouïr les sons ; et ceux des nerfs de la langue lui font goûter les saveurs ; et, généralement, ceux des nerfs de tout le corps lui font

sentir quelque chatouillement, quand ils sont modérés, et quand ils sont trop violents, quelque douleur ; sans qu'il doive, en tout cela, y avoir aucune ressemblance entre les idées qu'elle conçoit, et les mouvements qui causent ces idées. Ce que vous croirez facilement, si vous remarquez qu'il semble à ceux qui reçoivent quelque blessure dans l'œil, qu'ils voient une infinité de feux et d'éclairs devant eux, nonobstant qu'ils ferment les yeux, ou bien qu'ils soient en lieu fort obscur ; en sorte que ce sentiment ne peut être attribué qu'à la seule force du coup, laquelle meut les petits filets du nerf optique, ainsi que ferait une violente lumière. Et cette même force, touchant les oreilles, pourrait faire ouïr quelque son ; et touchant le corps en d'autres parties, y faire sentir de la douleur. Et ceci se confirme aussi de ce que, si quelquefois on force ses yeux à regarder le soleil, ou quelque autre lumière fort vive, ils en retiennent, après un peu de temps, l'impression en telle sorte que, nonobstant même qu'on les tienne fermés, il semble qu'on voie diverses couleurs, qui se changent et passent de l'une à l'autre, à mesure qu'elles s'affaiblissent : car cela ne peut procéder que de ce que les petits filets du nerf optique, ayant été mus extraordinairement fort, ne se peuvent arrêter sitôt que de coutume. Mais l'agitation, qui est encore en eux après que les yeux sont fermés, n'étant **132** plus assez grande pour représenter cette forte lumière qui l'a causée, représente des couleurs moins vives. Et ces couleurs se changent en s'affaiblissant, ce qui montre que leur nature ne consiste qu'en la diversité du mouvement, et n'est point autre que je l'ai ci-dessus supposée. Et enfin ceci se manifeste de ce que les couleurs paraissent souvent en des corps transparents, où il est certain qu'il n'y a rien qui les puisse causer, que les diverses façons dont les rayons de la lumière y sont reçus, comme lorsque l'arc-en-ciel paraît dans les nues, et encore plus clairement, lorsqu'on en voit la ressemblance dans un verre qui est taillé à plusieurs faces.

Mais il faut ici particulièrement considérer en quoi consiste la quantité de la lumière qui se voit, c'est-à-dire, de la force dont est mû chacun des petits filets du nerf optique : car elle n'est pas toujours égale à la lumière qui est dans les objets, mais elle varie à raison de leur distance et de la grandeur de la prunelle, et aussi à raison de l'espace que les rayons, qui viennent de chaque point de l'objet, peuvent occuper au fond de l'œil. Comme, par exemple *, il est manifeste que le point X enverrait plus de rayons dans l'œil B qu'il ne fait, si la prunelle FF était ouverte jusques à G ; et qu'il en envoie tout autant en cet œil B qui est proche de lui, et dont la prunelle est fort étroite, qu'il fait en l'œil A, dont la prunelle est beaucoup plus grande, mais qui est à proportion plus éloigné. Et encore qu'il n'entre pas

133 plus de rayons des divers points de l'objet VXY, considérés tous ensemble dans le fond de l'œil A que dans celui de l'œil B, toutefois, pour ce que ces rayons ne s'y étendent qu'en l'espace TR, qui est plus petit que n'est HI, dans lequel ils s'étendent au fond de l'œil B, ils y doivent agir avec plus de force contre chacune des extrémités du nerf optique qu'ils y touchent : ce qui est fort aisé à calculer. Car, si par exemple, l'espace HI est quadruple de TR, et qu'il contienne les extrémités de quatre mille des petits filets du nerf optique, TR ne contiendra que celles de mille, et par

* . Voyez la figure en la page suivante.

conséquent chacun de ces petits filets sera mû, dans le fond de l'œil A, par la millième partie des forces qu'ont tous les rayons qui y entrent, jointes ensemble, et, dans le fond de l'œil B, par le quart de la millième partie seulement. Il faut aussi considérer qu'on ne peut discerner les parties des corps qu'on regarde, qu'en tant qu'elles diffèrent en quelque façon de couleur ; et que la vision distincte de ces couleurs ne dépend pas seulement de ce que tous les rayons, qui viennent de chaque point de l'objet, se rassemblent à peu près en autant d'autres divers points au fond de l'œil, et de ce qu'il n'en vient aucuns autres d'ailleurs vers ces mêmes points, ainsi qu'il a été tantôt amplement expliqué ; mais

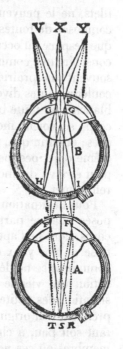

aussi de la multitude des petits filets du nerf optique, qui sont en l'espace qu'occupe l'image au fond de l'œil. Car si par exemple, l'objet VXY est composé de **134** dix mille parties, qui soient disposées à envoyer des rayons vers le fond de l'œil RST, en dix mille façons différentes, et par conséquent à faire voir en même temps dix mille couleurs, elles n'en pourront néanmoins faire distinguer à l'âme que mille tout au plus, si nous supposons qu'il n'y ait que mille des filets du nerf optique en l'espace RST ; d'autant que dix des parties de l'objet, agisssant ensemble contre chacun de ces filets, ne le peuvent mouvoir que d'une seule façon, composée de toutes celles dont elles agissent, en sorte que l'espace qu'occupe chacun de ces filets ne doit être considéré que comme un point. Et c'est ce qui fait que souvent une prairie, qui sera peinte d'une infinité de couleurs toutes diverses, ne paraîtra de loin que toute blanche, ou toute bleue ; et généralement que tous les corps se voient moins distinctement de loin que de près ; et enfin que, plus on peut faire que l'image d'un même objet occupe d'espace au fond de l'œil, plus il peut être vu distinctement. Ce qui sera ci-après fort à remarquer.

Pour la situation, c'est-à-dire, le côté vers lequel est posée chaque partie de l'objet au respect de notre corps, nous ne l'apercevons pas autrement par l'entremise de nos yeux que par celle de nos mains ; et sa connaissance ne dépend d'aucune image, ni d'aucune action qui vienne de l'objet, mais seulement de la situation des petites parties du cerveau d'où les nerfs prennent leur origine. Car cette situation, se changeant tant soit peu, à chaque fois que se change celle des 135 membres où ces nerfs sont insérés, est instituée de la nature pour faire, non seulement que l'âme connaisse en quel endroit est chaque partie du corps qu'elle anime, au respect de toutes les autres ; mais aussi qu'elle puisse transférer de là son attention à tous les lieux contenus dans les lignes droites, qu'on peut imaginer être tirées de l'extrémité de chacune de ces parties, et prolongées à l'infini[1]. Comme lorsque l'aveugle, dont nous avons déjà tant parlé ci-dessus, tourne sa main A vers E, ou C aussi vers E, les nerfs insérés en cette main causent un certain changement en son cerveau, qui donne moyen à son âme de connaître, non seulement le lieu A ou C, mais aussi tous les autres qui sont en la ligne droite AE ou CE, en sorte qu'elle peut porter son attention jusques aux objets B et D, et déterminer les lieux où ils sont, sans connaître pour cela ni penser aucunement à ceux où

sont ses deux mains. Et ainsi, lorsque notre œil ou notre tête se tournent vers quelque côté, notre âme en est avertie par le changement que les nerfs insérés dans les muscles, qui servent à ces mouvements, causent en notre cerveau. Comme ici en l'œil RST, il faut penser que la situation du petit filet du nerf optique, qui est au point R, ou S, ou T, est suivie d'une autre certaine situation de la partie du cerveau 7, ou 8, ou 9, qui fait que l'âme peut connaître tous les lieux qui sont en la ligne RV, ou SX, ou TY. De façon que vous ne devez pas trouver étrange que les objets puissent être vus en leur vraie situation, nonobstant que la peinture, qu'ils **136** impriment dans l'œil, en ait une toute contraire : ainsi que notre aveugle peut sentir en même temps l'objet B, qui est à droite, par l'entremise de sa main gauche ; et D, qui est à gauche, par l'entremise de sa main droite. Et comme cet aveugle ne juge point qu'un corps soit double, encore qu'il le touche de ses deux mains, ainsi lorsque nos yeux sont tous deux disposés en la façon **137** qui est requise pour porter notre attention vers un même lieu, ils ne nous y doivent faire voir qu'un seul objet, nonobstant qu'il s'en forme en chacun d'eux une peinture.

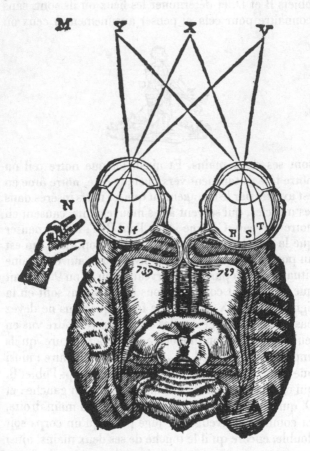

La vision de la distance ne dépend, non plus que celle de la situation, d'aucunes images envoyées des objets mais premièrement de la figure du corps de l'œil ; car, comme nous avons dit, cette figure doit être un peu autre, pour nous faire voir ce qui est proche de nos yeux, que pour nous faire voir ce qui en est plus éloigné. Et à mesure que nous la changeons pour la proportionner à la distance des objets, nous changeons aussi certaine partie de notre cerveau, d'une façon qui est instituée de la Nature pour faire apercevoir à notre âme cette distance. Et ceci nous arrive ordinairement sans que nous y fassions de réflexion ; tout de même que lorsque nous serrons quelque corps de notre main, nous la conformons à la grosseur et à la figure de ce corps, et le sentons par son moyen, sans qu'il soit besoin pour cela que nous pensions à ses mouvements. Nous connaissons, en second lieu, la distance par le rapport qu'ont les deux yeux l'un à l'autre. Car comme notre aveugle, tenant les deux bâtons AE, CE, dont je suppose qu'il ignore la longueur, et sachant seulement l'intervalle qui est entre ses deux mains A et C, et la grandeur des angles ACE, CAE, peut de là, comme par une géométrie naturelle [1] connaître où est le point E.

Ainsi, quand nos deux yeux, RST et *rst*, sont tournés
vers X, la grandeur de la ligne S*s*, et celle des deux
angles XS*s* et X*s*S, nous font savoir où est le point X.
138 Nous pouvons aussi le même par l'aide d'un œil seul,
en lui faisant changer de place : comme, si, le tenant
tourné vers X, nous le mettons premièrement au point
S et incontinent après au point *s*, cela suffira pour faire
que la grandeur de la ligne S*s* et des deux angles XS*s* et
X*s*S se trouvent ensemble en notre fantaisie, et nous
fassent apercevoir la distance du point X. Et ce, par
une action de la pensée, qui, n'étant qu'une imagination toute simple, ne laisse point d'envelopper en soi
un raisonnement tout semblable à celui que font les
arpenteurs, lorsque, par le moyen de deux différentes
stations, ils mesurent les lieux inaccessibles. Nous
avons encore une autre façon d'apercevoir la distance,
à savoir par la distinction ou confusion de la figure, et
ensemble par la force ou débilité de la lumière. Comme
pendant que nous regardons fixement vers X, les
rayons qui viennent des objets 10 et 12, ne s'assemblent pas si exactement vers R et vers T, au fond de
notre œil, que si ces objets étaient aux points V et Y ;
d'où nous voyons qu'ils sont plus éloignés, ou plus
proches de nous, que n'est X. Puis de ce que la
lumière, qui vient de l'objet 10 vers notre œil, est plus
forte que si cet objet était vers V, nous le jugeons être
plus proche ; et de ce que celle qui vient de l'objet 12,
est plus faible que s'il était vers Y, nous le jugeons plus
éloigné. Enfin, quand nous imaginons déjà d'ailleurs
la grandeur d'un objet, ou sa situation, ou la distinction de sa figure et de ses couleurs, ou seulement la
force de la lumière qui vient de lui, cela nous peut
139 servir, non pas proprement à voir, mais à imaginer sa

distance. Comme regardant de loin quelque corps, que
nous avons accoutumé de voir de près, nous en jugeons **140**
bien mieux l'éloignement, que nous ne ferions si sa
grandeur nous était moins connue. Et regardant une
montagne exposée au soleil, au-delà d'une forêt cou-
verte d'ombre, ce n'est que la situation de cette forêt,
qui nous la fait juger la plus proche. Et regardant sur
mer deux vaisseaux, dont l'un soit plus petit que
l'autre, mais plus proche à proportion, en sorte qu'ils
paraissent égaux, nous pourrons, par la différence de
leurs figures et de leurs couleurs et de la lumière qu'ils
envoient vers nous, juger lequel sera le plus loin.

Au reste, pour la façon dont nous voyons la grandeur et la figure des objets, je n'ai pas besoin d'en rien
dire de particulier, d'autant qu'elle est toute comprise
en celle dont nous voyons la distance et la situation de
leurs parties. A savoir, leur grandeur s'estime par la
connaissance, ou l'opinion, qu'on a de leur distance,
comparée avec la grandeur des images qu'ils impriment au fond de l'œil ; et non pas absolument par la
grandeur de ces images, ainsi qu'il est assez manifeste
de ce que, encore qu'elles soient, par exemple, cent fois
plus grandes, lorsque les objets sont fort proches de
nous, que lorsqu'ils en sont dix fois plus éloignés, elles
ne nous les font point voir pour cela cent fois plus
grands, mais presque égaux, au moins si leur distance
ne nous trompe. Et il est manifeste aussi que la figure
se juge par la connaissance, ou opinion, qu'on a de la
situation des diverses parties des objets, et non par la
ressemblance des peintures qui sont dans l'œil : car ces
peintures ne contiennent ordinairement que des ovales
et des losanges, lorsqu'elles nous font voir des cercles **141**
et des carrés.

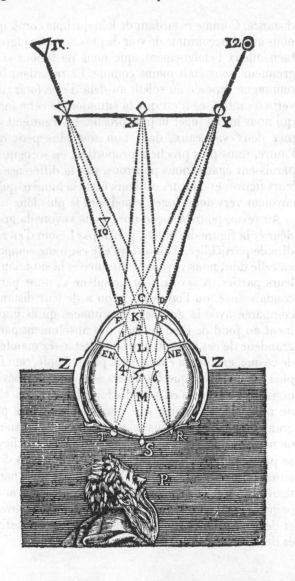

Mais afin que vous ne puissiez aucunement douter que la vision ne se fasse ainsi que je l'ai expliquée, je vous veux faire encore ici considérer les raisons pourquoi il arrive quelquefois qu'elle nous trompe. Premièrement à cause que c'est l'âme qui voit, et non pas l'œil, et qu'elle ne voit immédiatement que par l'entremise du cerveau, de là vient que les frénétiques, et ceux qui dorment, voient souvent, ou pensent voir, divers objets qui ne sont point pour cela devant leurs yeux : à savoir, quand quelques vapeurs, remuant leur cerveau, disposent celles de ses parties qui ont coutume de servir à la vision, en même façon que feraient ces objets, s'ils étaient présents. Puis, à cause que les impressions, qui viennent de dehors, passent vers le sens commun par l'entremise des nerfs, si la situation de ces nerfs est contrainte par quelque cause extraordinaire, elle peut faire voir les objets en d'autres lieux qu'ils ne sont. Comme, si l'œil *rst*, étant disposé de soi à regarder vers X, est contraint par le doigt N à se tourner vers M, les parties du cerveau d'où viennent ses nerfs, ne se disposeront pas tout à fait en même sorte que si c'étaient ses muscles qui le tournassent vers M*; ni, aussi en même sorte que s'il regardait véritablement vers X; mais d'une façon moyenne entre ces deux, à savoir, comme s'il regardait vers Y; et ainsi l'objet M paraîtra au lieu où est Y, par l'entremise de cet œil, et Y au lieu où est X, et X au lieu où est V, et ces objets paraissant aussi en même temps en leurs vrais lieux, par l'entremise de l'autre œil RST, ils sembleront doubles. En même façon que, touchant la petite boule G des deux doigts A et D croisés l'un sur

142

---

*. Voyez la figure en la page 204.

l'autre, on en pense toucher deux ; à cause que,
pendant que ces doigts se retiennent l'un l'autre ainsi
croisés, les muscles de chacun d'eux tendent à les
écarter, A vers C, et D vers F, au moyen de quoi les
parties du cerveau d'où viennent les nerfs qui sont
insérés en ces muscles, se trouvent disposées en la
façon qui est requise pour faire qu'ils semblent être, A
vers B, et D vers E, et par conséquent y toucher deux
diverses boules, H et I. De plus, à cause que nous
sommes accoutumés de juger que les impressions qui
meuvent notre vue, viennent des lieux vers lesquels
nous devons regarder pour les sentir, quand il arrive
qu'elles viennent d'ailleurs, nous y pouvons facilement
être trompés. Comme ceux qui ont les yeux infectés de
la jaunisse, ou bien qui regardent au travers d'un verre
jaune, ou qui sont enfermés dans une chambre où il
n'entre aucune lumière que par de tels verres, attri-
buent cette couleur à tous les corps qu'ils regardent. Et
celui qui est dans la chambre obscure que j'ai tantôt
décrite *, attribue au corps blanc RST les couleurs des
objets V, X, Y, à cause que c'est seulement vers lui
qu'il dresse sa vue. Et les yeux A, B, C, D, E, F, voyant

*. Voyez la figure en la page 208.

les objets T, V, X, Y, Z, etc. au travers des verres N, O,
P, et dans les miroirs Q, R, S, les jugent être aux points
G, H, I, K, L, M; et V, Z être plus petits, et X, etc. plus **143**
grands qu'ils ne sont : ou bien aussi X, etc. plus petits
et avec cela renversés, à savoir, lorsqu'ils sont un peu
loin des yeux C, F, d'autant que ces verres et ces
miroirs détournent les rayons qui viennent de ces
objets, en telle sorte que ces yeux ne les peuvent voir

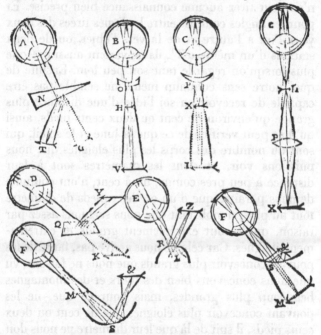

distinctement, qu'en se disposant comme ils doivent
être pour regarder vers les points G, H, I, K, L, M, ainsi
que connaîtront facilement ceux qui prendront la
peine de l'examiner. Et ils verront par même moyen **144**

combien les anciens se sont abusés en leur catoptrique,
lorsqu'ils ont voulu déterminer le lieu des images dans
les miroirs creux et convexes. Il est aussi à remarquer
que tous les moyens qu'on a pour connaître la
distance, sont fort incertains : car quant à la figure de
l'œil, elle ne varie quasi plus sensiblement, lorsque
l'objet est à plus de quatre ou cinq pieds loin de lui, et
même elle varie si peu lorsqu'il est plus proche, qu'on
n'en peut tirer aucune connaissance bien précise. Et
pour les angles compris entre les lignes tirées des deux
yeux l'un à l'autre et de là vers l'objet, ou de deux
stations d'un même œil [1], ils ne varient aussi presque
plus lorsqu'on regarde tant soit peu loin. Ensuite de
quoi notre sens commun même ne semble pas être
capable de recevoir en soi l'idée d'une distance plus
grande qu'environ de cent ou deux cents pieds, ainsi
qu'il se peut vérifier de ce que la lune et le soleil, qui
sont du nombre des corps les plus éloignés que nous
puissions voir, et dont les diamètres sont à leur
distance à peu près comme un à cent, n'ont coutume
de nous paraître que d'un ou deux pieds de diamètre
tout au plus, nonobstant que nous sachions assez par
raison, qu'ils sont extrêmement grands et extrêmement éloignés. Car cela ne nous arrive pas, faute de les
pouvoir concevoir plus grands que nous ne faisons, vu
que nous concevons bien des tours et des montagnes
beaucoup plus grandes, mais pour ce que, ne les
pouvant concevoir plus éloignés que de cent ou deux
cents pieds, il suit de là que leur diamètre ne nous doit
145 paraître que d'un ou de deux pieds. En quoi la
situation aide aussi à nous tromper ; car ordinairement
ces astres semblent plus petits, lorsqu'ils sont fort
hauts vers le midi, que lorsque, se levant ou se

couchant, il se trouve divers objets entre eux et nos yeux, qui nous font mieux remarquer leur distance. Et les astronomes éprouvent assez, en les mesurant avec leurs instruments, que ce qu'ils paraissent ainsi plus grands une fois que l'autre, ne vient point de ce qu'ils se voient sous un plus grand angle, mais de ce qu'ils se jugent plus éloignés; d'où il suit que l'axiome de l'ancienne optique [1], qui dit que la grandeur apparente des objets est proportionnée à celle de l'angle de la vision, n'est pas toujours vrai. On se trompe aussi en ce que les corps blancs ou lumineux, et généralement tous ceux qui ont beaucoup de force pour mouvoir le sens de la vue, paraissent toujours quelque peu plus proches et plus grands qu'ils ne feraient, s'ils en avaient moins. Or la raison qui les fait paraître plus proches, est que le mouvement dont la prunelle s'étrécit pour éviter la force de leur lumière, est tellement joint avec celui qui dispose tout l'œil à voir distinctement les objets proches, et par lequel on juge de leur distance, que l'un ne se peut guère faire, sans qu'il se fasse aussi un peu de l'autre : en même façon qu'on ne peut fermer entièrement les deux premiers doigts de la main, sans que le troisième se courbe aussi quelque peu comme pour se fermer avec eux. Et la raison pourquoi ces corps blancs ou lumineux paraissent plus grands, ne consiste pas seulement en ce que l'estime qu'on fait de leur grandeur dépend de celle de leur distance, mais aussi en ce que leurs images s'impriment plus grandes dans le fond de l'œil. Car il faut remarquer que les bouts des filets du nerf optique qui le couvrent, encore que très petits, ont néanmoins quelque grosseur; en sorte que chacun d'eux peut être touché en l'une de ses parties par un objet, et en

146

d'autres par d'autres ; et que n'étant toutefois capable
d'être mû que d'une seule façon à chaque fois, lorsque
la moindre de ses parties est touchée par quelque objet
fort éclatant, et les autres par d'autres qui le sont
moins, il suit tout entier le mouvement de celui qui est
le plus éclatant, et en représente l'image, sans représenter celle des autres. Comme, si les bouts de ces
petits filets sont 1, 2, 3, et que les rayons qui viennent,
par exemple, tracer l'image d'une étoile sur le fond de
l'œil, s'y étendent sur celui qui est marqué 1, et tant
soit peu au-delà tout autour sur les extrémités des six

autres marqués 2, sur lesquels je suppose qu'il ne vient
point d'autres rayons que fort faibles des parties du
ciel voisines à cette étoile, son image s'étendra en tout
l'espace qu'occupent ces six marqués 2, et même peut-
être encore en tout celui qu'occupent les douze marqués 3, si la force du mouvement est si grande qu'elle
se communique aussi à eux. Et ainsi vous voyez que les
étoiles, quoiqu'elles paraissent assez petites, paraissent
néanmoins beaucoup plus grandes qu'elles ne
devraient à raison de leur extrême distance. Et encore
qu'elles ne seraient pas entièrement rondes, elles ne
laisseraient pas de paraître telles, comme aussi une
tour carrée étant vue de loin paraît ronde [1], et tous les
corps qui ne tracent que de fort petites images dans

l'œil, n'y peuvent tracer les figures de leurs angles.
Enfin, pour ce qui est de juger de la distance par la
grandeur, ou la figure, ou la couleur, ou la lumière, les
tableaux de perspective nous montrent assez combien
il est facile de s'y tromper. Car souvent, parce que les
choses qui y sont peintes sont plus petites que nous ne
nous imaginons qu'elles doivent être, et que leurs
linéaments sont plus confus, et leurs couleurs plus
brunes ou plus faibles, elles nous paraissent plus
éloignées qu'elles ne sont.

DES MOYENS DE PERFECTIONNER
LA VISION

DISCOURS SEPTIÈME

Maintenant que nous avons assez examiné comment
se fait la vision, recueillons en peu de mots et nous
remettons devant les yeux toutes les conditions qui
sont requises à sa perfection ; afin que, considérant en
quelle sorte il a déjà été pourvu à chacune par la
nature, nous puissions faire un dénombrement exact
de tout ce qui reste encore à l'art à y ajouter. On peut
réduire toutes les choses auxquelles il faut avoir ici
égard à trois principales, qui sont les objets, les **148**
organes intérieurs qui reçoivent les actions de ces
objets, et les extérieurs qui disposent ces actions à être
reçues comme elles doivent. Et touchant les objets, il

suffit de savoir que les uns sont proches ou accessibles, et les autres éloignés et inaccessibles, et avec cela les uns plus, les autres moins illuminés ; afin que nous soyons avertis que, pour ce qui est des accessibles, nous les pouvons approcher ou éloigner, et augmenter ou diminuer la lumière qui les éclaire, selon qu'il nous sera le plus commode ; mais que, pour ce qui concerne les autres, nous n'y pouvons changer aucune chose. Puis, touchant les organes intérieurs, qui sont les nerfs et le cerveau, il est certain aussi que nous ne saurions rien ajouter par art à leur fabrique, car nous ne saurions nous faire un nouveau corps ; et si les médecins y peuvent aider en quelque chose, cela n'appartient point à notre sujet. Si bien qu'il ne nous reste à considérer que les organes extérieurs, entre lesquels je comprends toutes les parties transparentes de l'œil aussi bien que tous les autres corps qu'on peut mettre entre lui et l'objet. Et je trouve que toutes les choses auxquelles il est besoin de pourvoir avec ces organes extérieurs peuvent être réduites à quatre points. Dont le premier est que tous les rayons qui se vont rendre vers chacune des extrémités du nerf optique ne viennent, autant qu'il est possible, que d'une même partie de l'objet, et qu'ils ne reçoivent aucun changement en l'espace qui est entre deux ; car, sans cela, les images qu'ils forment ne sauraient être ni **149** bien semblables à leur original ni bien distinctes. Le second, que ces images soient fort grandes, non pas en étendue de lieu, car elles ne sauraient occuper que le peu d'espace qui se trouve au fond de l'œil, mais en l'étendue de leurs linéaments ou de leurs traits, car il est certain qu'ils seront d'autant plus aisés à discerner qu'ils seront plus grands. Le troisième, que les rayons

qui les forment soient assez forts pour mouvoir les
petits filets du nerf optique, et par ce moyen être
sentis, mais qu'ils ne le soient pas tant qu'ils blessent
la vue. Et le quatrième, qu'il y ait le plus d'objets qu'il
sera possible dont les images se forment dans l'œil en
même temps, afin qu'on en puisse voir le plus qu'il
sera possible tout d'une vue.

Or la nature a employé plusieurs moyens à pourvoir
à la première de ces choses. Car premièrement rem-
plissant l'œil de liqueurs fort transparentes et qui ne
sont teintes d'aucune couleur, elle a fait que les actions
qui viennent de dehors peuvent passer jusques au fond
sans se changer ; et par les réfractions que causent les
superficies de ces liqueurs elle a fait qu'entre les
rayons, suivant lesquels ces actions se conduisent, ceux
qui viennent d'un même point se rassemblent en un
même point contre le nerf, et ensuite que ceux qui
viennent des autres points s'y rassemblent aussi en
autant d'autres divers points le plus exactement qu'il
est possible. Car nous devons supposer que la nature a
fait en ceci tout ce qui est possible, d'autant que
l'expérience ne nous y fait rien apercevoir au contraire.
Et même nous voyons que, pour rendre d'autant
moindre le défaut qui ne peut en ceci être totalement 150
évité, elle a fait qu'on puisse rétrécir la prunelle quasi
autant que la force de la lumière le permet ; puis, par
la couleur noire dont elle a teint toutes les parties de
l'œil opposées au nerf, qui ne sont point transparentes,
elle a empêché qu'il n'allât aucuns autres rayons vers
ces mêmes points ; et, enfin, par le changement de la
figure du corps de l'œil, elle a fait qu'encore que les
objets en puissent être plus ou moins éloignés une fois
que l'autre, les rayons qui viennent de chacun de leurs

points ne laissent pas de s'assembler toujours, aussi
exactement qu'il se peut, en autant d'autres points au
fond de l'œil. Toutefois elle n'a pas si entièrement
pourvu à cette dernière partie qu'il ne se trouve encore
quelque chose à y ajouter : car outre que communément à tous, elle ne nous a pas donné le moyen de
courber tant les superficies de nos yeux que nous
puissions voir distinctement les objets qui en sont fort
proches, comme à un doigt ou un demi-doigt de
distance, elle y a encore manqué davantage en quelques-uns à qui elle a fait les yeux de telle figure qu'ils
ne leur peuvent servir qu'à regarder les choses éloignées, ce qui arrive principalement aux vieillards ; et
aussi en quelques autres à qui, au contraire, elle les a
fait tels qu'ils ne leur servent qu'à regarder les choses
proches, ce qui est plus ordinaire aux jeunes gens ; en
sorte qu'il semble que les yeux se forment au commencement un peu plus longs et plus étroits qu'ils ne
doivent être, et que par après, pendant qu'on vieillit,
ils deviennent plus plats et plus larges. Or, afin que
151 nous puissions remédier par art à ces défauts, il sera
premièrement besoin que nous cherchions les figures
que les superficies d'une pièce de verre ou de quelque
autre corps transparent doivent avoir pour courber les
rayons qui tombent sur elle en telle sorte que tous ceux
qui viennent d'un certain point de l'objet se disposent,
en les traversant, tout de même que s'ils étaient venus
d'un autre point qui fût plus proche ou plus éloigné, à
savoir, qui fût plus proche pour servir à ceux qui ont la
vue courte, et qui fût plus éloigné tant pour les
vieillards que généralement pour tous ceux qui veulent
voir des objets plus proches que la figure de leurs yeux
ne le permet [1]. Car par exemple l'œil B ou C, étant

disposé à faire que tous les rayons qui viennent du point H ou I s'assemblent au milieu de son fond ; et ne le pouvant être, à faire aussi que ceux du point V ou X s'y assemblent ; il est évident que, si on met au-devant de lui le verre O ou P, qui fasse que tous les rayons du point V ou X entrent dedans tout de même que s'ils venaient du point H ou I, on suppléera par ce moyen à son défaut. Puis, à cause qu'il peut y avoir des verres de plusieurs diverses figures qui aient en cela exactement le même effet, il sera besoin, pour choisir les plus propres à notre dessein, que nous prenions encore garde principalement à deux conditions. Dont la première est que ces figures soient les plus simples et les plus aisées à décrire et à tailler qu'il sera possible ; et la

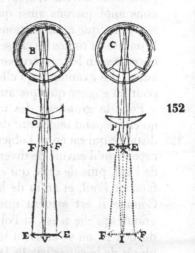

152

seconde, que par leur moyen les rayons qui viennent des autres points de l'objet, comme EE, entrent dans l'œil à peu près de même que s'ils venaient d'autant d'autres points, comme FF : et notez que je dis seulement ici à peu près, non autant qu'il est possible : car, outre qu'il serait peut-être assez malaisé à déterminer par géométrie, entre une infinité de figures qui peuvent servir à ce même effet, celles qui y sont exactement les plus propres, il serait entièrement inutile, à cause que l'œil même ne faisant pas que tous les rayons qui viennent de divers points s'assemblent justement en autant d'autres divers points, elles ne seraient pas sans doute pour cela les plus propres à rendre la vision bien distincte ; et il est impossible en ceci de choisir autrement qu'à peu près, à cause que la figure précise de l'œil ne nous peut être connue. De plus, nous aurons toujours à prendre garde, lorsque nous appliquerons ainsi quelque corps au-devant de nos yeux, que nous imitions autant qu'il sera possible la nature en toutes les choses que nous voyons qu'elle a observées en les construisant, et que nous ne perdions aucun des avantages qu'elle nous a donnés, si ce n'est pour en gagner quelque autre plus important.

Pour la grandeur des images, il est à remarquer qu'elle dépend seulement de trois choses, à savoir de la **153** distance qui est entre l'objet et le lieu où se croisent les rayons qu'il envoie de divers de ses points vers le fond de l'œil, puis de celle qui est entre ce même lieu et le fond de l'œil, et enfin de la réfraction de ces rayons. Comme il est évident que l'image RST serait plus grande qu'elle n'est, si l'objet VXY était plus proche du lieu K, où se croisent les rayons VKR et YKT, ou plutôt de la superficie BCD qui est proprement le lieu où ils commencent à se croiser, ainsi que vous verrez ci-après : ou bien, si on pouvait faire que le corps de l'œil fût plus long, en sorte qu'il y eût plus de distance qu'il n'y a depuis sa superficie BCD, qui fait que ces rayons s'entrecroisent, jusques au fond RST ; ou, enfin, si la réfraction ne les courbait pas tant en dedans vers le milieu S, mais plutôt, s'il était possible, en dehors. Et quoi qu'on imagine outre ces trois choses, il n'y a rien qui puisse rendre cette image plus

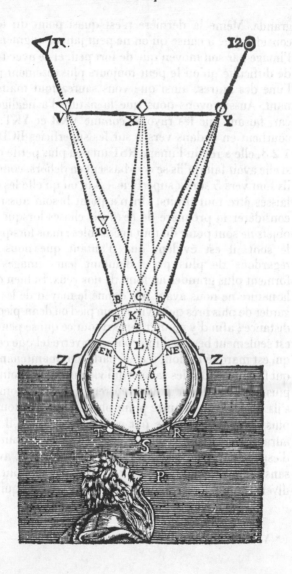

grande. Même la dernière n'est quasi point du tout
considérable, à cause qu'on ne peut jamais augmenter
l'image par son moyen que de fort peu, et ce avec tant
de difficulté qu'on le peut toujours plus aisément par
l'une des autres, ainsi que vous saurez tout maintenant. Aussi voyons-nous que la nature l'a négligée ;
car, faisant que les rayons, comme VKR et YKT, se
courbent en dedans vers S sur les superficies BCD et
1 2 3, elle a rendu l'image RST un peu plus petite que
si elle avait fait qu'ils se courbassent en dehors, comme
ils font vers 5 sur la superficie 4 5 6, ou qu'elle les eût
laissés être tout droits. On n'a point besoin aussi de
154 considérer la première de ces trois choses lorsque les
objets ne sont point du tout accessibles ; mais lorsqu'ils
le sont, il est évident que d'autant que nous les
regardons de plus près, d'autant leurs images se
forment plus grandes au fond de nos yeux. Si bien que
la nature ne nous ayant pas donné le moyen de les regarder de plus près qu'environ à un pied ou demi-pied de
distance ; afin d'y ajouter par art tout ce qui se peut, il
est seulement besoin d'interposer un verre tel que celui
qui est marqué P, dont il a été parlé tout maintenant *,
qui fasse que tous les rayons qui viennent d'un point le
plus proche qu'il se pourra entrent dans l'œil comme
s'ils venaient d'un autre point plus éloigné : or tout le
plus qu'on puisse faire par ce moyen, c'est qu'il n'y
aura que la douze ou quinzième partie d'autant
d'espace entre l'œil et l'objet qu'il y en devrait avoir
sans cela, et ainsi que les rayons qui viendront de
divers points de cet objet, se croisant douze ou quinze

---

* Voyez en la page 219.

fois plus près de lui, ou même quelque peu davantage, à cause que ce ne sera plus sur la superficie de l'œil qu'ils commenceront à se croiser, mais plutôt sur celle du verre dont l'objet sera un peu plus proche, ils formeront une image dont le diamètre sera ou douze ou quinze fois plus grand qu'il ne pourrait être si on ne se servoit point de ce verre : et par conséquent sa superficie sera environ deux cents fois plus grande, ce qui fera que l'objet paraîtra environ deux cents fois plus distinctement. Au moyen de quoi il paraîtra aussi beaucoup plus grand, non pas deux cents fois justement, mais plus ou moins à proportion de ce qu'on le jugera être éloigné. Car par exemple *, si en regardant l'objet X au travers du verre P, on dispose son œil C en même sorte qu'il devrait être pour voir un autre objet qui serait à vingt ou trente pas de lui, et que, n'ayant d'ailleurs aucune connaissance du lieu où est cet objet X, on le juge être véritablement à trente pas, il semblera plus d'un million de fois plus grand qu'il n'est, en sorte qu'il pourra devenir d'une puce un éléphant ; car il est certain que l'image que forme une puce au fond de l'œil, lorsqu'elle en est si proche, n'est pas moins grande que celle qu'y forme un éléphant lorsqu'il en est à trente pas. Et c'est sur ceci seul qu'est fondée toute l'invention de ces petites lunettes à puce, composées d'un seul verre dont l'usage est partout assez commun, bien qu'on n'ait pas encore connu la vraie figure qu'elles doivent avoir : et pour ce qu'on sait ordinairement que l'objet est fort proche lorsqu'on

155

* Voyez en la page 219.

les emploie à le regarder, il ne peut paraître si grand qu'il ferait, si on l'imaginait plus éloigné.

Il ne reste plus qu'un autre moyen pour augmenter la grandeur des images, qui est de faire que les rayons qui viennent de divers points de l'objet se croisent le plus loin qu'il se pourra du fond de l'œil ; mais il est bien sans comparaison le plus important et le plus considérable de tous. Car c'est l'unique qui puisse servir pour les objets inaccessibles aussi bien que pour les accessibles et dont l'effet n'a point de bornes : en sorte qu'on peut, en s'en servant, augmenter les images de plus en plus jusques à une grandeur indéfinie : comme par exemple d'autant que la première des trois liqueurs dont l'œil est rempli cause à peu près même réfraction que l'eau commune, si on applique tout contre un tuyau plein d'eau, comme EF, au bout duquel il y ait un verre GHI, dont la figure soit toute semblable à celle de la peau BCD qui couvre cette liqueur, et ait même rapport à la distance du fond de l'œil, il ne se fera plus aucune réfraction à l'entrée de cet œil ; mais celle qui s'y faisait auparavant, et

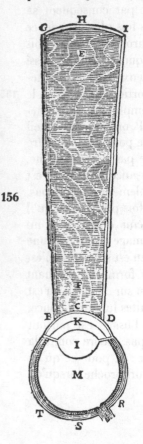

156

qui était cause que tous les rayons qui venaient d'un même point de l'objet commençaient à se courber dès cet endroit-là pour s'aller assembler en un même point sur les extrémités du nerf optique, et qu'ensuite tous ceux qui venaient de divers points s'y croisaient pour s'aller rendre sur divers points de ce nerf, se fera dès l'entrée du tuyau GI ; si bien que ces rayons se croisant dès là, formeront l'image RST beaucoup plus grande que s'ils ne se croisaient que sur la superficie BCD, et ils la formeront de plus en plus grande, selon que ce tuyau sera plus long. Et ainsi l'eau EF faisant l'office de l'humeur K, le verre GHI celui de la peau BCD, et l'entrée du tuyau GI celui de la prunelle, la vision se fera en même façon que si la nature avait fait l'œil plus **157** long qu'il n'est de toute la longueur de ce tuyau. Sans qu'il y ait autre chose à remarquer, sinon que la vraie prunelle sera pour lors non seulement inutile, mais même nuisible, en ce qu'elle exclura par sa petitesse les rayons qui pourraient aller vers les côtés du fond de l'œil, et ainsi empêchera que les images ne s'y étendent en autant d'espace qu'elles feraient, si elle n'était point si étroite. Il ne faut pas aussi que je m'oublie de vous avertir que les réfractions particulières, qui se font un peu autrement dans le verre GHI que dans l'eau EF, ne sont point ici considérables, à cause que ce verre étant partout également épais, si la première de ses superficies fait courber les rayons un peu plus que ne ferait celle de l'eau, la seconde les redresse d'autant à même temps ; et c'est pour cette même raison que ci-dessus je n'ai point parlé des réfractions que peuvent causer les peaux qui enveloppent les humeurs de l'œil, mais seulement de celles de ses humeurs.

Or, d'autant qu'il y aurait beaucoup d'incommodité à joindre de l'eau contre notre œil en la façon que je viens d'expliquer, et même que, ne pouvant savoir précisément quelle est la figure de la peau BCD qui le couvre, on ne saurait déterminer exactement celle du verre GHI pour le substituer en sa place ; il sera mieux de se servir d'une autre invention. Et de faire, par le moyen d'un ou de plusieurs verres, ou autres corps transparents enfermés aussi en un tuyau, mais non pas joints à l'œil si exactement qu'il ne demeure un peu d'air entre deux, que, dès l'entrée de ce tuyau, les rayons qui viennent d'un **158** même point de l'objet se plient ou se courbent en la façon qui est requise, pour faire qu'ils aillent se rassembler en un autre point vers l'endroit où se trouvera le milieu du fond de l'œil quand ce tuyau sera mis au-devant. Puis derechef que ces mêmes rayons en sortant de ce tuyau se plient et se redressent en telle sorte qu'ils puissent entrer dans l'œil tout de même que s'ils n'avaient point du tout été pliés, mais seulement qu'ils vinssent de quelque lieu qui fût plus proche ; et ensuite que ceux qui viendront de divers points, s'étant croisés dès l'entrée de ce tuyau, ne se décroisent point à la sortie, mais qu'ils aillent vers l'œil en même façon que s'ils venaient d'un objet qui fût plus grand ou plus proche. Comme si le tuyau HF est rempli d'un verre tout solide dont la superficie GHI soit de telle figure qu'elle fasse que tous les rayons qui viennent du point X, étant dans le verre, tendent vers S ; et que son autre superficie KM les plie derechef en telle sorte qu'ils tendent de là vers l'œil en même façon que s'ils venaient du point x, que je suppose en tel lieu que les lignes *x*C et CS ont entre elles même proportion que XH et HS ; ceux qui viendront du point V les croiseront nécessairement en la superficie GHI, de façon que, se trouvant déjà éloignés d'eux, lorsqu'ils seront à l'autre bout du tuyau, la superficie KM ne les en pourra pas rapprocher, principalement si elle est concave, ainsi que je la suppose, mais elle les renversera vers l'œil à peu près en même sorte que s'ils venaient du point *y*, au moyen de quoi ils formeront l'image RST d'autant plus grande que le tuyau sera plus long. Et il ne sera point besoin, pour déterminer les figures des corps transparents dont on voudra se servir à cet effet, de savoir exactement quelle est celle de la superficie BCD.

Mais pour ce qu'il y aurait derechef de l'incommodité à trouver des verres ou autres tels corps qui fussent assez épais pour remplir tout le tuyau HF, et assez clairs et transparents pour n'empêcher point pour cela le passage de

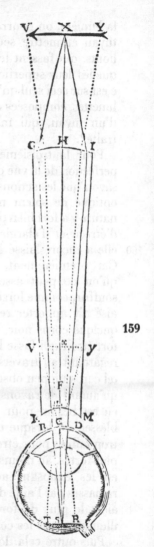

159

la lumière, on pourra laisser vide tout le dedans de ce
tuyau et mettre seulement deux verres à ses deux
bouts, qui fassent le même effet que je viens de dire
que les deux superficies GHI et KLM devaient faire. Et
c'est sur ceci seul qu'est fondée toute l'invention de ces
lunettes, composées de deux verres mis aux deux bouts
d'un tuyau, qui m'ont donné occasion d'écrire ce
traité[1].

Pour la troisième condition qui est requise à la
perfection de la vue de la part des organes extérieurs, à
savoir que les actions qui meuvent chaque filet du nerf
optique ne soient ni trop fortes ni trop faibles, la
nature y a fort bien pourvu en nous donnant le pouvoir
d'étrécir et d'élargir les prunelles de nos yeux ; mais
160 elle a encore laissé à l'art quelque chose à y ajouter.
Car, premièrement, lorsque ces actions sont si fortes
qu'on ne peut assez étrécir les prunelles pour les
souffrir, comme lorsqu'on veut regarder le soleil, il est
aisé d'y apporter remède en se mettant contre l'œil
quelque corps noir, dans lequel il n'y ait qu'un trou
fort étroit qui fasse l'office de la prunelle ; ou bien en
regardant au travers d'un crêpe ou de quelque autre
tel corps un peu obscur, et qui ne laisse entrer en l'œil
qu'autant de rayons de chaque partie de l'objet qu'il
en est besoin pour mouvoir le nerf optique sans le
blesser. Et lorsque tout au contraire ses actions sont
trop faibles pour être senties, nous pouvons les rendre
plus fortes, au moins quand les objets sont accessibles,
en les exposant aux rayons du soleil, tellement
ramassés par l'aide d'un miroir ou verre brûlant, qu'ils
aient le plus de force qu'ils puissent avoir pour les
illuminer sans les corrompre.

Puis outre cela, lorsqu'on se sert des lunettes dont

nous venons de parler, d'autant qu'elles rendent la prunelle inutile, et que c'est l'ouverture par où elles reçoivent la lumière de dehors qui fait son office, c'est elle aussi qu'on doit élargir ou étrécir, selon qu'on veut rendre la vision plus forte ou plus faible. Et il est à remarquer que, si on ne faisait point cette ouverture plus large qu'est la prunelle, les rayons agiraient moins fort contre chaque partie du fond de l'œil que si on ne se servait point de lunettes : et ce en même proportion que les images qui s'y formeraient seraient plus grandes, sans compter ce que les superficies des verres interposés ôtent de leur force. Mais

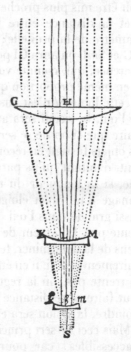

161

on peut la rendre beaucoup plus large, et ce d'autant plus que le verre qui redresse les rayons est situé plus proche du point vers lequel celui qui les a pliés les faisait tendre. Comme si le verre G*g*H*i* fait que tous les rayons qui viennent du point qu'on veut regarder tendent vers S. et qu'ils soient redressés par le verre KLM, en sorte que de là ils tendent parallèles vers l'œil : pour trouver la plus grande largeur que puisse avoir l'ouverture du tuyau, il faut faire la distance qui est entre les points K et M égale au diamètre de la prunelle ; puis, tirant du point S deux lignes droites qui passent par K et M, à savoir SK, qu'il faut prolonger jusques à *g*, et SM jusques à *i*, on aura *gi* pour le diamètre qu'on cherchait : car il est manifeste que si on la faisait plus grande, il n'entrerait point pour cela dans l'œil plus de rayons du point vers lequel on dresse sa vue, et que pour ceux qui y viendraient de plus des autres lieux, ne pouvant aider à la vision, ils ne feraient que la rendre plus confuse. Mais si, au lieu du verre KLM, on se sert de *klm*, qui, à cause de sa figure, doit être mis plus proche du point S, on prendra derechef la distance entre les points *k* et *m* égale au diamètre de la prunelle ; puis, tirant les lignes droites S*l*G et S*m*I, on aura GI pour le diamètre de l'ouverture cherchée, qui, comme vous voyez, est plus grand que *gi* en même proportion que la ligne SL surpasse S*l*. Et si cette ligne S*l* n'est pas plus grande que le diamètre de l'œil, la vision sera aussi forte à peu près et aussi claire que si on ne se servait point de lunettes, et que les objets fussent en récompense plus proches qu'ils ne sont, d'autant qu'ils paraissent plus grands. En sorte que, si la longueur du tuyau fait, par exemple, que l'image d'un objet éloigné de trente lieues se forme aussi grande dans l'œil que s'il n'était éloigné que de trente pas, la largeur de son entrée, étant telle que je viens de la déterminer, fera que cet objet se verra aussi clairement que si, n'en étant véritablement éloigné que de trente pas, on la regardait sans lunettes. Et si on peut faire cette distance entre les points S et *l* encore moindre, la vision sera encore plus claire.

Mais ceci ne sert principalement que pour les objets inaccessibles ; car pour ceux qui sont accessibles l'ouverture du tuyau peut être d'autant plus étroite qu'on les en approche davantage, sans pour cela que la vision en soit moins claire. Comme vous voyez qu'il n'entre pas moins de rayons du point X dans le petit verre *gi* que dans le grand GI ; et enfin elle ne peut être plus large que les verres qu'on y applique, lesquels, à cause de leurs figures, ne doivent point excéder certaine grandeur, que je déterminerai ci-après.

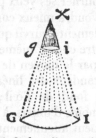

Que si quelquefois la lumière qui vient des objets est trop forte, il sera bien aisé de l'affaiblir en couvrant tout autour les extrémités du verre qui est à l'entrée du tuyau, ce qui vaudra mieux que de mettre au-devant **163** quelques autres verres plus troubles ou colorés, ainsi que plusieurs ont coutume de faire pour regarder le soleil : car, plus cette entrée sera étroite, plus la vision sera distincte, ainsi qu'il a été dit ci-dessus de la prunelle. Et même il faut observer qu'il sera mieux de couvrir le verre par le dehors que par le dedans, afin que les réflexions qui se pourraient faire sur les bords de sa superficie n'envoient vers l'œil aucuns rayons ; car ces rayons, ne servant point à la vision, y pourraient nuire.

Il n'y a plus qu'une condition qui soit désirée de la part des organes extérieurs, qui est de faire qu'on aperçoive le plus d'objets qu'il est possible en même temps ; et il est à remarquer qu'elle n'est aucunement requise pour la perfection de voir mieux, mais seulement pour la commodité de voir plus, et même qu'il est impossible de voir plus d'un seul objet à la fois distinctement : en sorte que cette commodité, d'en voir cependant confusément plusieurs autres, n'est principalement utile qu'afin de savoir vers quel côté il faudra par après tourner ses yeux pour regarder celui d'entre eux qu'on voudra mieux considérer. Et c'est à quoi la nature a tellement pourvu qu'il est impossible à l'art d'y ajouter autre chose ; même tout au contraire, d'autant plus que par le moyen de quelques lunettes, on augmente la grandeur des linéaments de l'image qui s'imprime au fond de l'œil ; d'autant fait-on qu'elle représente moins d'objets, à cause que l'espace qu'elle occupe ne peut aucunement être augmenté, si ce n'est peut-être de fort peu en la renversant, ce que je juge être à rejeter pour d'autres raisons. Mais il est aisé, si les objets sont accessibles, de mettre celui qu'on veut regarder en l'endroit où il peut être vu le plus distinctement au travers de la lunette ; et, s'ils sont inaccessibles, de mettre la lunette sur une machine qui serve à la tourner facilement vers tel endroit déterminé qu'on voudra. Et ainsi il ne nous manquera rien de ce qui rend le plus cette quatrième condition considérable.

Au reste, afin que je n'omette ici aucune chose, j'ai encore à vous avertir que les défauts de l'œil, qui consistent en ce qu'on ne peut assez changer la figure de l'humeur cristalline ou bien la grandeur de la prunelle, se peuvent peu à peu diminuer et corriger par l'usage, à cause que cette humeur cristalline et la peau qui contient cette prunelle étant de vrais muscles, leurs fonctions se facilitent et s'augmentent lorsqu'on les exerce, ainsi que celles de tous les autres muscles de notre corps. Et c'est ainsi que les chasseurs et les matelots, en s'exerçant à regarder des objets fort éloignés, et les graveurs ou autres artisans qui font des ouvrages fort subtils, à en regarder de fort proches, acquièrent ordinairement la puissance de les voir plus distinctement que les autres hommes. Et c'est ainsi aussi que ces Indiens, qu'on dit avoir pu fixement regarder le soleil sans que leur vue en fût offusquée, avaient dû sans doute auparavant, en regardant souvent des objets fort éclatants, accoutumer peu à peu leurs prunelles à s'étrécir plus que les nôtres. Mais ces choses appartiennent plutôt à la médecine, dont la fin est de remédier aux défauts de la vue par la **165** correction des organes naturels, que non pas à la dioptrique, dont la fin n'est que de remédier aux mêmes défauts par l'application de quelques autres organes artificiels.

DES FIGURES QUE DOIVENT AVOIR LES CORPS TRANSPARENTS POUR DÉTOURNER LES RAYONS PAR RÉFRACTION EN TOUTES LES FAÇONS QUI SERVENT A LA VUE

DISCOURS HUITIÈME

Or afin que je vous puisse tantôt dire plus exactement en quelle sorte on doit faire ces organes artificiels pour les rendre les plus parfaits qui puissent être, il est

besoin que j'explique auparavant les figures que doivent
avoir les superficies des corps transparents pour plier et
détourner les rayons de la lumière en toutes les façons
qui peuvent servir à mon dessein. En quoi si je ne me
puis rendre assez clair et intelligible pour tout le
monde, à cause que c'est une matière de géométrie un
peu difficile ; je tâcherai au moins de l'être assez pour
166 ceux qui auront seulement appris les premiers éléments
de cette science. Et d'abord afin de ne les tenir point en
suspens, je leur dirai que toutes les figures dont j'ai ici
à leur parler ne seront composées que d'ellipses ou
d'hyperboles, et de cercles ou de lignes droites.

L'ellipse ou l'ovale est une ligne courbe que les
mathématiciens ont accoutumé de nous exposer en
coupant de travers un cône ou un cylindre, et que j'ai
vu aussi quelquefois employer par des jardiniers dans
les compartiments de leurs parterres, où ils la décrivent d'une façon qui est véritablement fort grossière et
peu exacte, mais qui fait, ce me semble, mieux
comprendre sa nature que la section du cylindre ni du
cône [1]. Ils plantent en terre deux piquets, comme par
exemple, l'un au point H, l'autre au point I, et ayant
noué ensemble les deux bouts d'une corde ils la passent
autour d'eux, en la façon que vous voyez ici BHI. Puis

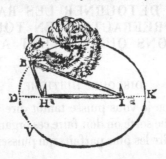

mettant le bout du doigt en cette corde, ils le conduisent tout autour de ces deux piquets, en la tirant
toujours à eux d'égale force, afin de la tenir tendue
également, et ainsi décrivent sur la terre la ligne
courbe DBK, qui est une ellipse. Et si sans changer la
longueur de cette corde BHI, ils plantent seulement
leurs piquets H et I un peu plus proches l'un de l'autre,
ils décriront derechef une ellipse, mais qui sera d'autre
espèce que la précédente : et s'ils les plantent encore
un peu plus proches, ils en décriront encore une autre : **167**
et enfin s'ils les joignent ensemble tout à fait, ce sera
un cercle qu'ils décriront. Au lieu que s'ils diminuent
la longueur de la corde en même proportion que la
distance de ces piquets, ils décriront bien des ellipses,
qui seront diverses en grandeur, mais qui seront toutes
de même espèce. Et ainsi vous voyez qu'il y en peut
avoir d'une infinité d'espèces toutes diverses, en sorte
qu'elles ne diffèrent pas moins l'une de l'autre, que la
dernière fait du cercle ; et que de chaque espèce, il y en
peut avoir de toutes grandeurs. Et que si d'un point,
comme B, pris à discrétion dans quelqu'une de ces
ellipses, on tire deux lignes droites, vers les deux points
H et I, où les deux piquets doivent être plantés pour la
décrire : ces deux lignes BH, et BI, jointes ensemble,
seront égales à son plus grand diamètre DK, ainsi qu'il
se prouve facilement par la construction. Car la
portion de la corde qui s'étend d'I vers B et de là se
replie jusques à H, est la même qui s'étend d'I vers K
ou vers D et de là se replie aussi jusques à H : en sorte
que DH est égale à IK ; et HD plus DI, qui valent
autant que HB plus BI, sont égales à la toute DK. Et
enfin les ellipses qu'on décrit en mettant toujours
même proportion entre leur plus grand diamètre DK et

la distance des points H et I, sont toutes d'une même espèce. Et à cause de certaine propriété de ces points H et I, que vous entendrez ci-après, nous les nommerons les points brûlants [1], l'un intérieur, l'autre extérieur ; à savoir, si on les rapporte à la moitié de l'ellipse qui est vers D, I sera l'extérieur ; et si on les rapporte à l'autre moitié qui est vers K, il sera l'intérieur. Et quand nous parlerons sans distinction du point brûlant, nous entendrons toujours parler de l'extérieur [2]. Puis outre cela il est besoin que vous sachiez que si par ce point B on tire les deux lignes droites LBG et CBE, qui se coupent l'une l'autre à angles droits, et dont l'une LG, divise l'angle HBI en deux parties égales, l'autre CE touchera cette ellipse en ce point B sans la couper. De quoi je ne mets pas la démonstration pour ce que les géomètres la savent assez, et que les autres ne feraient que s'ennuyer de l'entendre. Mais ce que j'ai ici

168

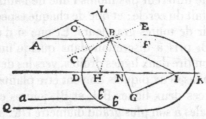

particulièrement dessein de vous expliquer, c'est que si on tire encore de ce point B, hors de l'ellipse, la ligne droite BA, parallèle au plus grand diamètre DK, et que l'ayant prise égale à BI, des points A et I on tire sur LG les deux perpendiculaires AL et IG, ces deux dernières AL et IG auront entre elles même proportion que les deux DK et HI. En sorte que si la ligne AB est un rayon de lumière, et que cette ellipse DBK soit en la

superficie d'un corps transparent tout solide, par
lequel, suivant ce qui a été dit ci-dessus, les rayons
passent plus aisément que par l'air. en même proportion que la ligne DK est plus grande que HI : ce rayon
AB sera tellement détourné au point B, par la superficie de ce corps transparent qu'il ira de là vers I. Et
pource que ce point B est pris à discrétion dans **169**
l'ellipse, tout ce qui se dit ici du rayon AB se doit
entendre généralement de tous les rayons parallèles à
l'essieu DK, qui tombent sur quelque point de cette
ellipse, à savoir qu'ils y seront tous tellement
détournés qu'ils iront se rendre de là vers le point I.

Or ceci se démontre en cette sorte. Premièrement[1] à **170**
cause que tant les lignes AB et NI, que AL et GI, sont
parallèles, les triangles ALB et IGN sont semblables ;
d'où il suit que AL est à IG comme AB est à NI ; ou
bien, pource que AB et BI sont égales, comme BI est à
NI. Puis si on tire HO parallèle à NB, et qu'on prolonge
IB jusques à O, on verra que BI est à NI, comme OI est
à HI, à cause que les triangles BNI et OHI sont
semblables. Enfin les deux angles HBG et GBI étant
égaux par la construction, HOB qui est égal à GBI est
aussi égal à OHB, à cause que celui-ci est égal à HGB.
Et par conséquent le triangle HBO est isocèle, et la
ligne OB étant égale à HB, la toute OI est égale à DK,

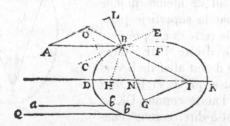

d'autant que les deux ensembles HB et IB lui sont
égales. Et ainsi pour reprendre du premier au dernier,
AL est à IG comme BF est à NM, et BF à NM comme BI
à NI, et BI à NI comme OI à HI, et OI est égale à DK ;
donc AL est à IG comme DK est à HI.

Si bien que si pour tracer l'ellipse DBK, on donne
aux lignes DK et HI, la proportion qu'on aura connue
171 par expérience être celle qui sert à mesurer la réfraction de tous les rayons qui passent obliquement de l'air
dans quelque verre, ou autre matière transparente
qu'on veut employer : et qu'on fasse un corps de ce
verre qui ait la figure que décrirait cette ellipse si elle
se mouvait circulairement autour de l'essieu DK ; les
rayons qui seront dans l'air

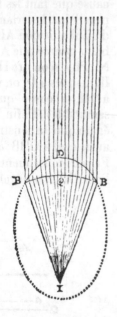

parallèles à cet essieu comme
AB, *ab*, entrant dans ce verre,
s'y détourneront en telle sorte
qu'ils iront tous s'assembler
au point brûlant I, qui des
deux H et I est le plus éloigné
du lieu d'où ils viennent. Car
vous savez que le rayon AB
doit être détourné au point B
par la superficie courbe du
verre, que représente l'ellipse
DBK, tout de même qu'il le
serait par la superficie plate
du même verre que représente
la ligne droite CBE, dans
laquelle il doit aller de B vers
I, à cause qu'AL et IG sont
l'une à l'autre comme DK et
HI, c'est-à-dire, comme elles

doivent être pour mesurer la réfraction. Et le point B, ayant été pris à discrétion dans l'ellipse. tout ce que nous avons démontré de ce rayon AB se doit entendre en même façon de tous les autres parallèles à DK, qui tombent sur les autres points de cette ellipse ; en sorte qu'ils doivent tous aller vers I[1].

De plus à cause que tous les rayons, qui tendent vers le centre d'un cercle ou d'un globe, tombant perpendiculairement sur sa superficie, n'y doivent souffrir aucune réfraction : si du centre I on fait un cercle à telle distance qu'on voudra, pourvu qu'il passe entre D et I, comme DQB. les lignes DB et QB. tournant autour de l'essieu DQ. décriront la figure d'un verre, qui assemblera dans l'air au point I tous les rayons, qui **172**

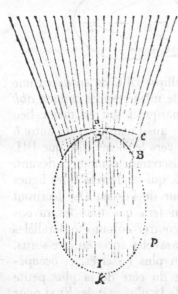

auront été de l'autre côté aussi dans l'air parallèles à cet essieu : et réciproquement qui fera que tous ceux qui seront venus du point I se rendront parallèles de l'autre côté.

Et si du même centre I on décrit le cercle RO. à telle distance qu'on voudra au-delà du point D ; et qu'ayant pris le point B dans l'ellipse à discrétion. pourvu toutefois qu'il ne soit pas plus éloigné de D que de K, on tire la ligne

droite BO, qui tende vers I; les lignes RO, OB, et BD,
mues circulairement autour de l'essieu DR, décriront
la figure d'un verre, qui fera que les rayons parallèles à
cet essieu du côté de l'ellipse, s'écarteront çà et là de
173 l'autre côté, comme s'ils venaient tous du point I. Car
il est manifeste, que par exemple le rayon PB doit être
autant détourné par la superficie creuse du verre DBA,
comme AB par la convexe ou bossue du verre DBK, et
par conséquent que BO doit être en même ligne droite
que BI, puisque PB est en même ligne droite que BA.
Et ainsi des autres.

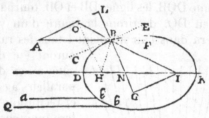

Et si derechef dans l'ellipse DBK on en décrit une
autre plus petite, mais de même espèce comme *dbk*
dont le point brûlant marqué I soit en même lieu
que celui de la précédente aussi marqué I, et l'autre *h*
en même ligne droite et vers le même côté que DH,
et qu'ayant pris B à discrétion, comme ci-devant,
on tire la ligne droite B*b*, qui tende vers I, les lignes
DB, B*d*, *bd*, mues autour de l'essieu D*d* décriront
la figure d'un verre qui fera que tous les rayons
qui avant que de le rencontrer auront été parallèles
se trouveront derechef parallèles après en être sortis,
et qu'avec cela ils seront plus resserrés, et occupe-
ront un moindre espace du côté de la plus petite
ellipse *db* que de celui de la plus grande. Et si pour

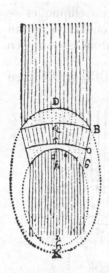

éviter l'épaisseur de ce verre DB *bd*, on décrit du centre I les cercles QB et *ro*, les superficies DBQ et *robd* représenteront les **174** figures et la situation de deux verres moins épais, qui auront en cela son même effet.

Et si on dispose les deux verres semblables DBQ et *dbq* inégaux en grandeur, en telle sorte que leurs essieux soient en une même ligne droite, et leurs deux points brûlants extérieurs, marqués I, en un même lieu; et que leurs superficies circulaires BQ, *bq* se regardent l'une l'autre, ils auront aussi en cela le même effet.

Et si on joint ces deux verres semblables inégaux en grandeur DBQ et *dbq*, ou qu'on les mette à telle distance qu'on voudra l'un de l'autre, pourvu seulement que leurs essieux soient en même ligne droite, et que leurs superficies elliptiques se regardent, ils feront que tous les rayons qui viendront du point brûlant de l'un marqué I, s'iront assembler en l'autre aussi marqué I.

Et si on joint les deux différents DBQ et DBOR en

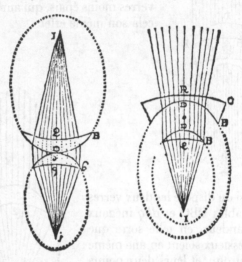

sorte aussi que leurs superficies DB et BD se regardent, ils feront que les rayons qui viendront du point *i*, que l'ellipse du verre DBQ a pour son point brûlant, s'écarteront comme s'ils venaient du point I, qui est le point brûlant du verre DBOR : ou réciproquement, que ceux qui tendent vers ce point I, s'iront assembler en l'autre marqué *i*.

175   Et enfin si on joint les deux DBOR et DBOR toujours en sorte que leurs superficies DB, BD se regardent, on fera que les rayons qui en traversant l'un de ces verres tendent au-delà vers I, s'écarteront derechef en sortant

de l'autre comme s'ils venaient de l'autre point I. Et on peut faire la distance de chacun de ces points marqués I plus ou moins grande autant qu'on veut, en changeant la grandeur de l'ellipse dont il dépend. En sorte

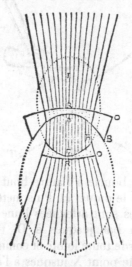

que avec l'ellipse seule et la ligne circulaire on peut décrire des verres qui fassent que les rayons qui viennent d'un point, ou tendent vers un point, ou sont parallèles, changent de l'une en l'autre de ces trois **176** sortes de dispositions en toutes les façons qui puissent être imaginées.

L'hyperbole est aussi une ligne courbe que les mathématiciens expliquent par la section d'un cône, comme l'ellipse. Mais afin de vous la faire mieux concevoir, j'introduirai encore ici un jardinier qui s'en sert à compasser la broderie de quelque parterre. Il plante derechef ses deux piquets aux points H et I ; et

ayant attaché au bout d'une longue règle le bout d'une
corde un peu plus courte, il fait un trou rond à l'autre
bout de cette règle, dans lequel il fait entrer le

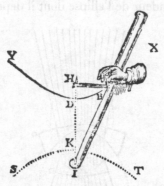

piquet I, et une boucle à l'autre bout de cette corde
qu'il passe dans le piquet H. Puis mettant le doigt au
point X, où elles sont attachées l'une à l'autre, il le
coule de là en bas jusques à D, tenant toujours
cependant la corde toute jointe et comme collée contre
la règle depuis le point X jusques à l'endroit où il la
touche, et avec cela toute tendue : au moyen de quoi,
contraignant cette règle de tourner du piquet I à
mesure qu'il abaisse son doigt, il décrit sur la terre une
ligne courbe XBD, qui est une partie d'une hyperbole.
Et après cela tournant sa règle de l'autre côté vers Y, il
en décrit en même façon une autre partie YD. Et de
plus s'il passe la boucle de sa corde dans le piquet I, et
le bout de sa règle dans le piquet H, il décrira une
177 autre hyperbole SKT toute semblable et opposée à la
précédente. Mais si sans changer ses piquets ni sa
règle, il fait seulement sa corde un peu plus longue, il
décrira une hyperbole d'une autre espèce ; et s'il la fait

encore un peu plus longue, il en décrira encore une d'autre espèce, jusqu'à ce que la faisant tout à fait égale à la règle, il décrira au lieu d'une hyperbole une ligne droite. Puis s'il change la distance de ses piquets en même proportion que la différence qui est entre les longueurs de la règle et de la corde, il décrira des hyperboles qui seront toutes de même espèce, mais dont les parties semblables seront différentes en grandeur. Et enfin, s'il augmente également les longueurs de la corde et de la règle sans changer ni leur différence ni la distance des deux piquets, il ne décrira toujours qu'une même hyberbole, mais il en décrira une plus grande partie. Car cette ligne est de telle nature, que bien qu'elle se courbe toujours de plus en plus vers un même côté, elle se peut toutefois étendre à l'infini, sans que jamais ses extrémités se recontrent. Et ainsi vous voyez qu'elle a en plusieurs façons même rapport à la ligne droite, que l'ellipse à la circulaire. Et vous voyez aussi qu'il y en a d'une infinité de diverses espèces, et qu'en chaque espèce il y en a une infinité dont les parties semblables sont différentes en gran-

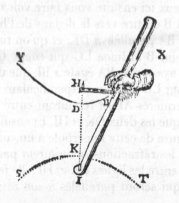

deur. Et de plus que si d'un point, comme B, pris à
discrétion dans l'une d'elles, on tire deux lignes droites
vers les deux points comme H et I où les deux piquets
doivent être plantés pour la décrire, et que nous
nommerons encore les points brûlants; la différence
178 de ces deux lignes HB et IB, sera toujours égale à la
ligne DK, qui marque la distance qui est entre les
hyperboles opposées. Ce qui paraît de ce que BI est
plus longue que BH, d'autant justement que la règle a
été prise plus longue que la corde; et que DI est aussi
d'autant plus longue que DH. Car si on accourcit celle-
ci DI de KI, qui est égale à DH, on aura DK pour leur
différence. Et enfin vous voyez que les hyperboles
qu'on décrit en mettant toujours même proportion
entre DK et HI, sont toutes d'une même espèce. Puis
outre cela il est besoin que vous sachiez, que si par le
point B pris à discrétion dans une hyperbole, on tire la
ligne droite CE, qui divise l'angle HBI en deux parties
égales, la même CE touchera cette hyperbole en ce
point B, sans la couper. De quoi les géomètres savent
assez la démonstration.

179   Mais je veux ici ensuite vous faire voir que si de ce
même point B on tire vers le dedans de l'hyperbole la
ligne droite BA parallèle à DK, et qu'on tire aussi par
le même point B la ligne LG qui coupe CE à angles
droits, puis ayant pris BA égale à BI, que des points A
et I on tire sur LG les deux perpendiculaires AL et IG :
ces deux dernières AL et IG auront entre elles même
proportion que les deux DK et HI. Et ensuite que si on
donne la figure de cette hyperbole à un corps de verre
dans lequel les réfractions se mesurent par la proportion qui est entre les lignes DK et HI, elle fera que tous
les rayons qui seront parallèles à son essieu dans ce

verre, s'iront assembler au-dehors au point I, au moins si ce verre est convexe ; et s'il est concave, qu'ils s'écarteront çà et là, comme s'ils venaient de ce point I.

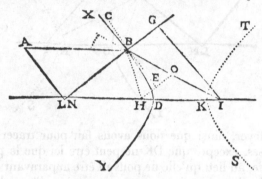

Ce qui peut être ainsi démontré. Premièrement[1] à cause que tant les lignes AB et NI, que AL et GI, sont **180** parallèles, les triangles ALB et IGN sont semblables ; d'où il suit que AL est à IG comme AB est à NI ; ou bien, pour ce que AB et BI sont égales, comme BI est à NI. Puis si on tire HO parallèle à LG on verra que BI est à NI comme OI est à HI, à cause que les deux triangles BNI et OHI sont semblables. Enfin les deux angles EBH et EBI étant égaux par la construction, et HO, qui est parallèle à LG, coupant comme elle CE à angles droits, les deux triangles BEH et BEO sont entièrement égaux. Et ainsi BH la base de l'un étant **181** égale à BO la base de l'autre, il reste OI pour la différence qui est entre BH et BI, laquelle nous avons dit être égale à DK. Si bien que AL est à IG, comme DK est à HI. D'où il suit que mettant toujours entre les lignes DK et HI la proportion qui peut servir à mesurer les réfractions du verre ou autre matière qu'on veut

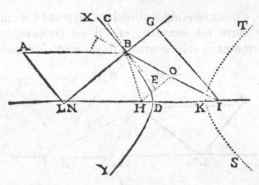

employer, ainsi que nous avons fait pour tracer les
ellipses, excepté que DK ne peut être ici que la plus
courte, au lieu qu'elle ne pouvait être auparavant que
la plus longue : si on trace une portion d'hyperbole
tant grande qu'on voudra comme DB, et que de B on

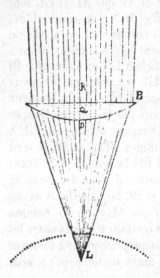

fasse descendre à angles
droits sur KD la ligne
droite BQ, les deux lignes
DB et QB tournant autour
de l'essieu DQ, décriront la
figure d'un verre, qui fera
que tous les rayons qui le
traverseront et seront dans
l'air parallèles à cet essieu
du côté de la superficie
plate BD[1], en laquelle.
comme vous savez, ils ne
souffriront aucune réfraction, s'assembleront de
l'autre côté au point I.

Et si ayant tracé l'hyperbole *db* semblable à la pré-

cédente, on tire la ligne droite *ro* en tel lieu qu'on 182
voudra, pourvu que sans couper cette hyperbole elle
tombe perpendiculairement sur son essieu *dk*; et
qu'on joigne les deux points *b* et *o* par une autre
ligne droite parallèle à *dk*, les trois lignes *ro*, *ob*, et *bd*,
mues autour de l'essieu *dk*, décriront la figure d'un
verre, qui fera que tous les rayons qui seront parallèles à son essieu du côté de sa superficie plate, s'écarteront çà et là de l'autre côté, comme s'ils venaient du
point I.

Et si ayant pris la ligne HI plus courte pour tracer
l'hyperbole du verre *robd*, que pour celle du verre
DBQ, on dispose ces deux verres en telle sorte que leurs
essieux DQ, *rd* soient en même ligne droite, et leurs
deux points brûlants marqués I en même lieu, et que
leurs deux superficies hyperboliques se regardent; ils

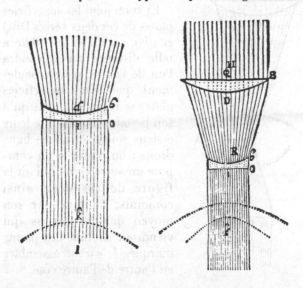

feront que tous les rayons, qui avant que de les rencontrer, auront été parallèles à leurs essieux, le seront encore après les avoir tous deux traversés ; et avec cela seront resserrés en un moindre espace du côté du verre *robd* que de l'autre.

Et si on dispose les deux verres semblables DBQ et *dbq* inégaux en grandeur, en telle sorte que leurs essieux DQ, *dq*, soient aussi en même ligne droite, et leurs deux points brûlants marqués I en même lieu, et que leurs deux superficies hyperboliques se regardent ; ils feront comme les précédents que les rayons parallèles d'un côté de leur essieu le seront aussi de l'autre, et avec cela seront resserrés en moindre espace du côté du moindre verre.

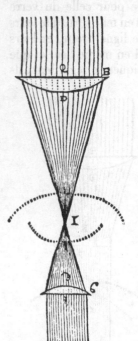

Et si on joint les superficies plates de ces deux verres DBQ et *dbq*, ou qu'on les mette à telle distance qu'on voudra l'un de l'autre, pourvu seulement que leurs superficies plates se regardent, sans qu'il soit besoin avec cela que leurs essieux soient en même ligne droite : ou plutôt si on compose un autre verre, qui ait la figure de ces deux ainsi conjoints, on fera par son moyen que les rayons qui viendront de l'un des points marqués I, s'iront assembler en l'autre de l'autre côté.

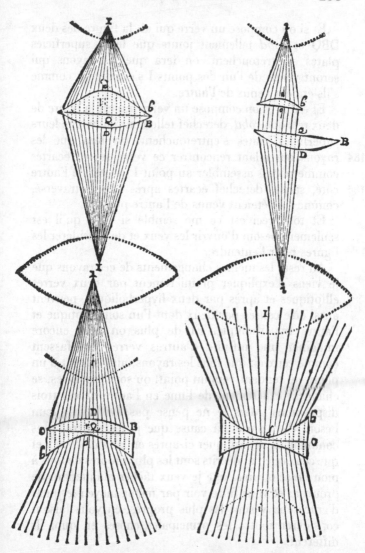

Et si on compose un verre qui ait la figure des deux
DBQ et *robd* tellement joints que leurs superficies
plates s'entretouchent, on fera que les rayons qui
seront venus de l'un des points I s'écarteront comme
s'ils étaient venus de l'autre.

Et enfin, si on compose un verre qui ait la figure de
deux tels que *robd*, derechef tellement joints que leurs
superficies plates s'entretouchent, on fera que les
184 rayons qui allant rencontrer ce verre seront écartés
comme pour s'assembler au point I qui est de l'autre
185 côté, seront derechef écartés après l'avoir traversé,
comme s'ils étaient venus de l'autre point I.

Et tout ceci est ce me semble si clair qu'il est
seulement besoin d'ouvrir les yeux et de considérer les
figures pour l'entendre.

Au reste les mêmes changements de ces rayons que
je viens d'expliquer premièrement par deux verres
elliptiques et après par deux hyperboliques, peuvent
aussi être causés par deux dont l'un soit elliptique et
l'autre hyperbolique. Et de plus on peut encore
imaginer une infinité d'autres verres qui fassent
comme ceux-ci, que tous les rayons qui viennent d'un
point, ou tendent vers un point, ou sont parallèles, se
changent exactement de l'une en l'autre de ces trois
dispositions. Mais je ne pense pas avoir ici aucun
besoin d'en parler, à cause que je les pourrai plus
commodément expliquer ci-après en la *Géométrie*[1], et
que ceux que j'ai décrits sont les plus propres de tous à
mon dessein, ainsi que je veux tâcher maintenant de
prouver ; et vous faire voir par même moyen lesquels
d'entre eux y sont les plus propres, en vous faisant
considérer toutes les principales choses en quoi ils
diffèrent.

La première est que les figures des uns sont beaucoup plus aisées à tracer que celles des autres : et il est certain qu'après la ligne droite, la circulaire, et la parabole, qui seules ne peuvent suffire pour tracer aucun de ces verres, ainsi que chacun pourra facilement voir, s'il l'examine, il n'y en a point de plus simple que l'ellipse, et l'hyperbole. En sorte que la ligne droite étant plus aisée à tracer que la circulaire ; et l'hyperbole ne l'étant pas moins que l'ellipse, ceux dont les figures sont composées d'hyperboles et de lignes droites, sont les plus aisées à tailler qui puissent être. Puis ensuite ceux dont les figures sont composées **186** d'ellipses et de cercles ; en sorte que toutes les autres que je n'ai point expliquées le sont moins.

La seconde est qu'entre plusieurs qui changent tous en même façon la disposition des rayons qui se rapportent à un seul point, ou viennent parallèles d'un seul côté, ceux dont les superficies sont le moins courbées, ou bien le moins inégalement, en sorte qu'elles causent les moins inégales réfractions, changent toujours un peu plus exactement que les autres la disposition des rayons qui se rapportent aux autres points ou qui viennent des autres côtés. Mais pour entendre ceci parfaitement il faut considérer que c'est la seule inégalité de la courbure [1] des lignes dont sont composées les figures de ces verres qui empêche qu'ils ne changent aussi exactement la disposition des rayons qui se rapportent à plusieurs divers points, ou viennent parallèles de plusieurs divers côtés, qu'ils font celle de ceux qui se rapportent à un seul point ou viennent parallèles d'un seul côté. Car par exemple, si pour faire que tous les rayons qui viennent du point A s'assemblent au point B, il fallait que le verre GHIK, qu'on

mettrait entre deux, eût ses superficies toutes plates,
en sorte que la ligne droite GH, qui en représente
l'une, eût la propriété de faire que tous ces rayons
187 venant du point A, se rendissent parallèles dans le

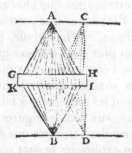

verre, et par même moyen que l'autre ligne droite KI
fît que de là ils s'allassent assembler au point B, ces
mêmes lignes GH et KI feraient aussi que tous les
rayons venant du point C s'iraient assembler au point
D ; et généralement, que tous ceux qui viendraient de
quelqu'un des points de la ligne droite AC, que je
suppose parallèle à GH, s'iraient assembler en quelqu'un des points de BD, que je suppose aussi parallèle
à KI, et autant éloignée d'elle, qu'AC est de GH :
d'autant que ces lignes GH et KI, n'étant aucunement
courbées, tous les points de ces autres AC et BD se
rapportent à elles en même façon les uns que les
autres. Tout de même si c'était le verre LMNO, dont je
suppose les superficies LMN et LON être deux égales
portions de sphère, qui eût la propriété de faire que
tous les rayons venant du point A s'allassent assembler
au point B, il l'aurait aussi de faire que ceux du point C
s'assemblassent au point D, et généralement que tous
ceux de quelqu'un des points de la superficie CA, que

je suppose être une portion de sphère, qui a même centre que LMN, s'assembleraient en quelqu'un de ceux de BD, que je suppose aussi une portion de

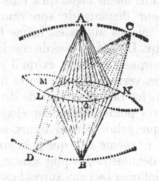

sphère, qui a même centre que LON et en est aussi éloignée qu'AC est d'LMN, d'autant que toutes les parties de ces superficies LMN et LON sont également courbées au respect de tous les points qui sont dans les **188** superficies CA et BD. Mais à cause qu'il n'y a point d'autres lignes en la nature, que la droite et la circulaire, dont toutes les parties se rapportent en même façon à plusieurs divers points, et que ni l'une ni l'autre ne peuvent suffire, pour composer la figure d'un verre qui fasse que tous les rayons qui viennent d'un point s'assemblent en un autre point exactement, il est évident qu'aucune de celles qui y sont requises, ne fera que tous les rayons qui viendront de quelques autres points s'assemblent exactement en d'autres points. Et que pour choisir celles d'entre elles qui peuvent faire que ces rayons s'écartent le moins des lieux où on les voudrait assembler, il faut prendre les moins courbées, et les moins inégalement courbées, afin qu'elles approchent le plus de la droite ou de la circulaire ; et encore plutôt de la droite que de la circulaire, à cause que les parties de celles-ci ne se rapportent d'une même façon qu'à tous les points qui sont également distants de son centre, et ne se rapportent à aucuns autres en même façon qu'elles font à ce centre. D'où il est aisé de conclure qu'en ceci l'hyperbole surpasse l'ellipse, et qu'il est impossible d'imaginer des verres d'aucune autre figure qui rassemblent tous les rayons venant de divers points en autant d'autres points également éloignés d'eux, si exactement que celui dont la figure sera composée d'hyperboles. Et même sans que je m'arrête à vous en faire ici une démonstration plus exacte, vous pouvez facilement appliquer ceci aux autres façons de changer la disposition des rayons qui se rapportent à divers

189 points ou viennent parallèles de divers côtés, et connaître que pour toutes, ou les verres hyperboliques y sont plus propres qu'aucuns autres, ou du moins, qu'ils n'y sont pas notablement moins propres, en sorte que cela ne peut être mis en contrepoids avec la facilité d'être taillés, en quoi ils surpassent tous les autres

La troisième différence de ces verres est que les uns font que les rayons qui se croisent en les traversant, se trouvent un peu plus écartés de l'un de leurs côtés que de l'autre, et que les autres font tout le contraire. Comme si les rayons GG sont ceux qui viennent du centre du soleil, et que II soient ceux qui viennent du côté gauche de sa circonférence, et KK ceux qui viennent du droit, ces rayons s'écartent un peu plus les uns des autres après avoir traversé le verre hyperbolique DEF qu'ils ne faisaient auparavant ; et au contraire ils s'écartent moins après avoir traversé l'elliptique ABC, en sorte que cet elliptique rend les points LHM plus proches les uns des autres, que ne fait **190** l'hyperbolique, et même il les rend d'autant plus

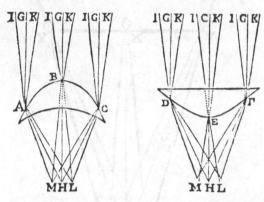

proches qu'il est plus épais. Mais néanmoins, tant épais qu'on le puisse faire, il ne les peut rendre qu'environ d'un quart ou d'un tiers plus proches que l'hyperbolique. Ce qui se mesure par la quantité des réfractions que cause le verre, en sorte que le cristal de montagne, dans lequel elles se font un peu plus grandes, doit rendre cette inégalité un peu plus grande. Mais il n'y a point de verre d'aucune autre figure qu'on puisse imaginer qui fasse que les points LHM soient notablement plus éloignés que fait cet hyperbolique ni moins que fait cet elliptique.

Or vous pouvez ici remarquer par occasion en quel sens il faut entendre ce que j'ai dit ci-dessus, que les rayons venant de divers points, ou parallèles de divers côtés, se croisent tous dès la première superficie qui a la puissance de faire qu'ils se rassemblent à peu près

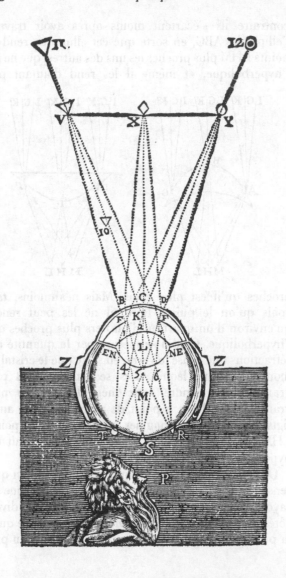

en autant d'autres divers points. Comme lorsque j'ai dit que ceux de l'objet VXY, qui forment l'image RST sur le fond de l'œil, se croisent dès la première de ses superficies BCD. Ce qui dépend de ce que par exemple les trois rayons VCR, XCS et YCT, se croisent véritablement sur cette superficie BCD au point C. D'où vient qu'encore que VDR se croise avec YBT beaucoup plus haut, et VBR avec YDT beaucoup plus bas : toutefois pour ce qu'ils tendent vers les mêmes points que font VCR et YCT, on les peut considérer tout de même que s'ils se croisaient aussi au même lieu. Et pource que c'est cette superficie BCD qui les fait ainsi tendre vers les mêmes points, on doit plutôt penser que c'est au lieu où elle est qu'ils se croisent **191** tous, que non pas plus haut ni plus bas. Sans même que ce que les autres superficies, comme 1 2 3 et 4 5 6, **192** les peuvent détourner, en empêche. Non plus qu'encore que les deux bâtons ACD et BCE qui sont courbés,

s'écartent beaucoup des points F et G, vers lesquels ils s'iraient rendre, si se croisant autant qu'ils font au point C avec cela ils étaient droits ; ce ne laisse pas d'être véritablement en ce point C qu'ils se croisent. Mais ils pourraient bien être si courbés que cela les ferait croiser derechef en un autre lieu. Et en même façon les rayons qui traversent les deux verres convexes DBQ et *dbq,* se croisent sur la superficie du premier, puis se recroisent derechef sur celle de l'autre * ; au moins ceux qui viennent de divers côtés : car pour ceux qui viennent d'un même côté, il

---

* Voyez la figure en la page 250.

est manifeste que ce n'est qu'au point brûlant marqué I qu'ils se croisent.

Vous pouvez remarquer aussi par occasion que les rayons du soleil ramassés par le verre elliptique ABC, doivent brûler avec plus de force qu'étant ramassés par l'hyperbolique DEF*. Car il ne faut pas seulement prendre garde aux rayons qui viennent du centre du soleil comme GG, mais aussi à tous les autres qui venant des autres points de sa superficie, n'ont pas sensiblement moins de force que ceux du centre ; en sorte que la violence de la chaleur qu'ils peuvent causer se doit mesurer par la grandeur du corps qui les assemble, comparée avec celle de l'espace où il les assemble. Comme si le diamètre du verre ABC est quatre fois plus grand que la distance qui est entre les points M et L, les rayons ramassés par ce verre doivent avoir seize fois plus de force que s'ils ne passaient que par un verre plat qui ne les détournât aucunement. Et pource que la distance qui est entre ces points M et L, est plus ou moins grande, à raison de celle qui est entre eux et le verre ABC, ou autre tel corps qui fait que les rayons s'y assemblent, sans que la grandeur du diamètre de ce corps y puisse rien ajouter, ni sa figure particulière, qu'environ un quart ou un tiers tout au plus ; il est certain que cette ligne brûlante à l'infini que quelques-uns ont imaginée n'est qu'une rêverie. Et qu'ayant deux verres ou miroirs ardents, dont l'un soit beaucoup plus grand que l'autre, de quelle façon qu'ils puissent être, pourvu que leurs figures soient toutes pareilles, le plus grand doit bien ramasser les rayons du soleil en un plus grand espace, et plus loin de soi,

193

---

* La figure est en la page 257.

que le plus petit ; mais que ces rayons ne doivent point
avoir plus de force en chaque partie de cet espace
qu'en celui où le plus petit les ramasse. En sorte qu'on
peut faire des verres ou miroirs extrêmement petits qui
brûleront avec autant de violence que les plus grands.
Et un miroir ardent dont le diamètre n'est pas plus
grand qu'environ la centième partie de la distance qui
est entre lui et le lieu où il doit rassembler les rayons
du soleil ; c'est-à-dire, qui a même proportion avec
cette distance qu'a le diamètre du soleil avec celle qui
est entre lui et nous, fût-il poli par un Ange, ne peut
faire que les rayons qu'il assemble échauffent plus en
l'endroit où il les assemble que ceux qui viennent
directement du soleil. Ce qui se doit aussi entendre des **194**
verres brûlants à proportion. D'où vous pouvez voir
que ceux qui ne sont qu'à demi savants en l'optique se
laissent persuader beaucoup de choses qui sont impos-
sibles, et que ces miroirs dont on a dit qu'Archimède
brûlait des navires de fort loin, devaient être extrêmement grands, ou plutôt qu'ils sont fabuleux [1].

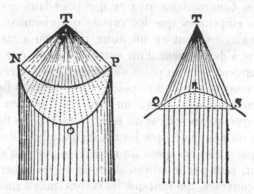

La quatrième différence qui doit être remarquée entre les verres dont il est ici question appartient particulièrement à ceux qui changent la disposition des rayons qui viennent de quelque point assez proche d'eux, et qui consiste en ce que les uns, à savoir ceux dont la superficie qui regarde vers ce point est la plus creuse à raison de leur grandeur, peuvent recevoir plus grande quantité de ces rayons, que les autres, encore que leur diamètre ne soit point plus grand. Et en ceci le verre elliptique NOP, que je suppose si grand que ses extrémités N et P sont les points où se termine le plus petit diamètre de l'ellipse, surpasse l'hyperbolique **195** QRS, quoi qu'on le suppose aussi tant grand qu'on voudra ; et il ne peut être surpassé par ceux d'aucune autre figure. Enfin ces verres diffèrent encore en ce que pour produire les mêmes effets eu égard aux rayons qui se rapportent à un seul point ou à un seul côté, les uns doivent être plus en nombre que les autres, ou doivent faire que les rayons qui se rapportent à divers points, ou à divers côtés, se croisent plus de fois. Comme vous avez vu que pour faire avec les verres elliptiques que les rayons qui viennent d'un point s'assemblent en un autre point, ou s'écartent comme s'ils venaient d'un autre point ; ou que ceux qui tendent vers un point s'écartent derechef comme s'ils venaient d'un autre point ; il est toujours besoin d'y en employer deux ; au lieu qu'il n'y en faut employer qu'un seul, si on se sert des hyperboliques. Et qu'on peut faire que les rayons parallèles demeurant parallèles occupent un moindre espace qu'auparavant, tant par le moyen de deux verres hyperboliques convexes, qui font que les rayons qui viennent de divers côtés se croisent deux fois ; que par le moyen d'un convexe et d'un concave qui font qu'ils ne se croisent qu'une fois. Mais il est évident que jamais on ne doit employer plusieurs verres à ce qui peut être aussi bien fait par l'aide d'un seul, ni faire que les rayons se croisent plusieurs fois lorsqu'une suffit.

Et généralement, il faut conclure de tout ceci que les verres hyperboliques et les elliptiques sont préférables à tous les autres qui puissent être imaginés, et même que les hyperboliques sont quasi en tout préférables aux elliptiques. En suite de quoi je dirai maintenant de **196** quelle façon il me semble qu'on doit composer chaque espèce de lunettes pour les rendre les plus parfaites qu'il est possible.

LA DESCRIPTION DES LUNETTES

DISCOURS NEUVIÈME

Il est besoin premièrement de choisir une matière transparente, qui étant assez aisée à tailler, et néanmoins assez dure pour retenir la forme qu'on lui donnera, soit en outre la moins colorée, et qui cause le moins de réflexion qu'il est possible. Et on n'en a point encore trouvé qui ait ces qualités en plus grande perfection que le verre, lorsqu'il est fort clair et fort pur, et composé de cendres fort subtiles. Car encore que le cristal de montagne semble plus net et plus transparent, toutefois pource que ses superficies causent la réflexion de plus de rayons que celle du verre, ainsi que l'expérience semble nous apprendre, il ne

sera peut-être pas si propre à notre dessein[1]. Or afin
que vous sachiez la cause de cette réflexion, et
pourquoi elle se fait plutôt sur les superficies tant du
verre que du cristal, que non pas en l'épaisseur de
leurs corps, et pourquoi elle s'y fait plus grande dans le
cristal que dans le verre, il faut que vous vous
souveniez de la façon dont je vous ai ci-dessus fait
concevoir la nature de la lumière, lorsque j'ai dit
197 qu'elle n'était autre chose dans les corps transparents
que l'action ou l'inclination à se mouvoir d'une
certaine matière très subtile qui remplit leurs pores : et
que vous pensiez que les pores de chacun de ces corps
transparents sont si unis et si droits que la matière
subtile qui peut y entrer coule facilement tout du long,
sans y rien trouver qui l'arrête. Mais que ceux de deux
corps transparents de diverse nature, comme ceux de
l'air et ceux du verre ou du cristal, ne se rapportent
jamais si justement les uns aux autres, qu'il n'y ait
toujours plusieurs des parties de la matière subtile,
qui, par exemple, venant de l'air vers le verre, s'y
réfléchissent, à cause qu'elles rencontrent les parties
solides de sa superficie : et tout de même, venant du
verre vers l'air, se réfléchissent et retournent au
dedans de ce verre, à cause qu'elles rencontrent les
parties solides de la superficie de cet air ; car il y en a
aussi beaucoup en l'air qui peuvent être nommées
solides à comparaison de cette matière subtile. Puis en
considérant que les parties solides du cristal sont
encore plus grosses que celles du verre, et ses pores
plus serrés, ainsi qu'il est aisé à juger de ce qu'il est
plus dur et plus pesant, on peut bien penser qu il doit
causer ses réflexions encore plus fortes, et par conséquent donner passage à moins de rayons que ne fait ni

l'air ni le verre ; bien que cependant il le donne plus libre à ceux auxquels il le donne, suivant ce qui a été dit ci-dessus.

Ayant donc ainsi choisi le verre le plus pur, le moins coloré, et celui qui cause le moins de réflexion qu'il est **198** possible, si on veut par son moyen corriger le défaut de ceux qui ne voient pas si bien les objets un peu éloignés que les proches ; ou les proches, que les éloignés ; les figures les plus propres à cet effet sont celles qui se tracent par des hyperboles. Comme par exemple l'œil B, ou C, étant disposé à faire que tous les rayons, qui viennent du point H, ou I, s'assemblent exactement au milieu de son fond, et non pas ceux du point V, ou X, il faut, pour lui faire voir distinctement l'objet qui est vers V, ou X, mettre entre deux le verre O, ou P, dont les superficies, l'une convexe et l'autre concave, ayant les figures tracées par deux hyperboles qui soient telles qu'H, ou I, soit le point brûlant de la concave, qui doit être tournée vers l'œil, et V, ou Y, celui de la convexe.

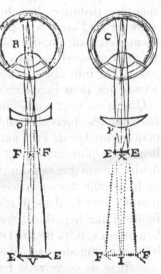

Et si on suppose le point I, ou V, assez éloigné, comme seulement à quinze ou vingt pieds de distance, il suffira, au lieu de l'hyperbole dont il devrait être le point brûlant, de se servir d'une ligne droite, et ainsi de faire l'une des superficies du verre toute plate ; à savoir l'intérieure qui regarde vers l'œil, si c'est I qui soit assez éloigné ; ou l'extérieure, si c'est V. Car lors une partie de l'objet de la grandeur de la prunelle pourra tenir lieu d'un seul point, à cause que son image n'occupera guère plus d'espace au fond de l'œil que l'extrémité de l'un des petits filets du nerf optique. Et même il n'est pas besoin de se servir de verres différents à chaque fois qu'on veut regarder des objets un peu plus ou moins éloignés l'un que l'autre ; mais c'est assez pour l'usage d'en avoir deux, dont l'un soit proportionné à la moindre distance des choses qu'on a coutume de regarder, et l'autre à la plus grande ; ou même seulement d'en avoir un, qui soit moyen entre ces deux. Car les yeux auxquels on les veut approprier, n'étant point tout à fait inflexibles, peuvent aisément assez changer leur figure, pour l'accommoder à celle d'un tel verre.

Que si on veut par le moyen aussi d'un seul verre faire que les objets accessibles, c'est-à-dire ceux qu'on peut approcher de l'œil autant qu'on veut, paraissent beaucoup plus grands, et se voient beaucoup plus distinctement que sans lunettes : le plus commode sera de faire celle des superficies de ce verre qui doit être tournée vers l'œil toute plate, et donner à l'autre la figure d'une hyperbole, dont le point brûlant soit au lieu où on voudra mettre l'objet. Mais notez que je dis le plus commode, car j'avoue bien que donnant à la superficie de ce verre la figure d'une ellipse, dont le point brûlant soit aussi au lieu où on voudra mettre l'objet, et à l'autre celle d'une partie de sphère, dont le centre soit au même lieu que ce point brûlant, l'effet en

pourra être un peu plus grand : mais en revanche un
tel verre ne pourra pas si commodément être taillé. Or
ce point brûlant, soit de l'hyperbole, soit de l'ellipse,
doit être si proche que l'objet, qu'il faut supposer fort **200**
petit, y étant mis, il ne reste entre lui et le verre, que
justement autant d'espace qu'il en faut, pour donner
passage à la lumière qui doit l'éclairer. Et il faut
enchâsser ce verre en telle sorte qu'il n'en reste rien de
découvert que le milieu, qui soit environ de pareille
grandeur que la prunelle, ou même un peu plus petit.
Et que la matière en quoi il sera enchâssé soit toute
noire du côté qui doit être tourné vers l'œil, ou même
aussi il ne sera pas inutile qu'elle soit garnie tout
autour d'un bord de panne ou velours noir, afin qu'on
la puisse commodément appuyer tout contre l'œil, et
ainsi empêcher qu'il n'aille vers lui aucune lumière,
que par l'ouverture du verre. Mais en dehors il sera
bon qu'elle soit toute blanche, ou plutôt toute polie, et
qu'elle ait la figure d'un miroir creux, en sorte qu'elle
renvoie sur l'objet tous les rayons de la lumière qui
viennent vers elle. Et pour soutenir cet objet en
l'endroit où il doit être posé pour être vu, je ne
désapprouve pas ces petites fioles de verre ou de cristal
fort transparent, dont l'usage est déjà en France assez
commun. Mais pour rendre la chose plus exacte, il
vaudra encore mieux qu'il y soit tenu ferme par un ou
deux petits ressorts en forme de bras, qui sortent du
châssis de la lunette. Enfin pour ne manquer point de
lumière il faudra en regardant cet objet le tourner tout
droit vers le soleil. Comme si A est le verre, C la partie
intérieure de la matière en laquelle il est enchâssé, D **201**
l'extérieure, E l'objet, G le petit bras qui le soutient, H
l'œil et I le soleil, dont les rayons ne vont point en l'œil

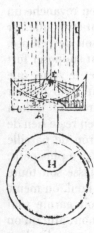

directement, à cause de l'interposition tant de la lunette que de l'objet, mais donnant contre le corps blanc, ou le miroir D, ils se réfléchissent premièrement de là vers E, puis d'E ils se réfléchissent vers l'œil.

Que si on veut faire une lunette la plus parfaite qui puisse être pour servir à voir les astres ou autres objets fort éloignés et inaccessibles ; on la doit composer de deux verres hyperboliques, l'un convexe et l'autre concave, mis dans les deux bouts d'un tuyau en la façon que vous voyez ici représentée. Et premièrement *abc* la superficie du verre concave *abcdef*, doit avoir la figure d'une hyperbole, qui ait son point brûlant à la distance à laquelle l'œil, pour lequel on prépare cette lunette, peut voir le plus distinctement ses objets. Comme ici l'œil G étant disposé à voir plus distinctement les objets qui sont vers H qu'aucuns autres, H doit être le point brûlant de l'hyperbole *abc* : et pour les vieillards, qui voient mieux les objets fort éloignés, que les proches, cette superficie *abc* doit être toute plate ; au lieu que pour ceux qui ont la vue fort courte, elle doit être assez concave. Puis l'autre superficie *def* doit avoir la figure d'une autre hyperbole, dont le point brûlant I soit éloigné d'elle de la largeur d'un pouce, ou environ, en sorte qu'il se rencontre vers le fonds de l'œil, lorsque ce verre est appliqué tout contre sa superficie. Notez toutefois que ces proportions ne sont pas si absolument nécessaires, qu'elles ne puissent **202** beaucoup être changées, en sorte que sans tailler

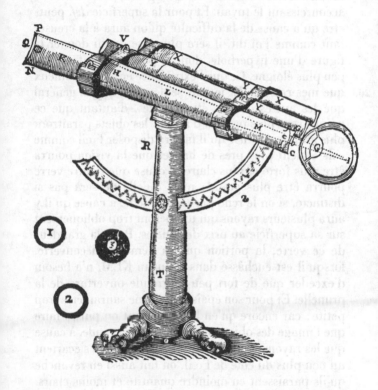

autrement la superficie *abc* pour ceux qui ont la vue
courte, ou longue, que pour les autres, on peut assez
commodément se servir d'une même lunette pour
toutes sortes d'yeux, en allongeant seulement ou
accourcissant le tuyau. Et pour la superficie *def*, peut-
être qu'à cause de la difficulté qu'on aura à la creuser
tant comme j'ai dit, il sera plus aisé de lui donner la
figure d'une hyperbole, dont le point brûlant soit un
peu plus éloigné. Ce que l'expérience enseignera mieux
203 que mes raisons. Et je puis seulement dire en général
que les autres choses, étant égales, d'autant que ce
point I sera plus proche, d'autant les objets paraîtront
plus grands, à cause qu'il faudra disposer l'œil comme
s'ils étaient plus près de lui ; et que la vision pourra
être plus forte et plus claire, à cause que l'autre verre
pourra être plus grand ; mais qu'elle ne sera pas si
distincte, si on le rend par trop proche, à cause qu'il y
aura plusieurs rayons qui tomberont trop obliquement
sur sa superficie au prix des autres. Pour la grandeur
de ce verre, la portion qui en demeure découverte,
lorsqu'il est enchâssé dans le tuyau KLM, n'a besoin
d'excéder que de fort peu la grande ouverture de la
prunelle. Et pour son épaisseur elle ne saurait être trop
petite ; car encore qu'en l'augmentant on puisse faire
que l'image des objets soit un peu plus grande, à cause
que les rayons qui viennent de divers points s'écartent
un peu plus du côté de l'œil, on fait aussi en revanche
qu'ils paraissent en moindre quantité et moins clairs.
Et l'avantage de faire que leurs images deviennent
plus grandes se peut mieux gagner par autre moyen.
Quant au verre convexe NOPQ, sa superficie NQP qui
est tournée vers les objets doit être toute plate ; et
l'autre NOP doit avoir la figure d'une hyperbole, dont

le point brûlant I tombe exactement au même lieu que
celui de l'hyperbole *def* de l'autre verre, et soit
d'autant plus éloignée du point O qu'on veut avoir une
lunette plus parfaite. En suite de quoi la grandeur de
son diamètre NP se détermine par les deux lignes
droites I*d*N, et I*f*P, tirées du point brûlant I, par *d* et *f*,
les extrémités du diamètre du verre hyperbolique *def*,   **204**
que je suppose égaler celui de la prunelle. Où toutefois
il faut remarquer qu'encore que le diamètre de ce verre
NOPQ soit plus petit, les objets n'en paraîtront que
d'autant plus distincts : et n'en paraîtront pas moindres pour cela, ni en moindre quantité, mais seulement
moins éclairés. C'est pourquoi lorsqu'ils le sont trop,
on doit avoir divers cercles de carton noir, ou autre telle
matière, comme 1 2 3, pour couvrir ses bords, et le
rendre par ce moyen le plus petit que la force de la
lumière qui vient des objets pourra permettre. Pour ce
qui est de l'épaisseur de ce verre, elle ne peut de rien
profiter, ni aussi de rien nuire, sinon en tant que le verre
n'est jamais si pur, et si net, qu'il n'empêche toujours
le passage de quelque peu plus de rayons que ne fait
l'air. Pour le tuyau KLM, il doit être de quelque
matière assez ferme et solide, afin que les deux verres
enchâssés en ses deux bouts y retiennent toujours
exactement leur même situation. Et il doit être tout
noir par le dedans, et même avoir un bord de panne ou
velours noir vers M, afin qu'on puisse en l'appliquant
tout contre l'œil, empêcher qu'il n'y entre aucune
lumière que par le verre NOPQ. Et pour sa longueur et
sa largeur, elles sont assez déterminées par la distance
et la grandeur des deux verres. Au reste il est besoin
que ce tuyau soit attaché sur quelque machine, comme
RST, par le moyen de laquelle il puisse être commodé-

ment tourné de tous côtés, et arrêté vis-à-vis des objets qu'on veut regarder. Et à cet effet il doit y avoir aussi une mire ou deux pinnules, comme VV, sur cette machine. Et même outre cela, pour ce que d'autant 205 que ces lunettes font que les objets paraissent plus grands, d'autant en peuvent-elles moins faire voir à chaque fois, il est besoin d'en joindre avec les plus parfaites quelques autres de moindre force, par l'aide desquelles on puisse, comme par degrés, venir à la connaissance du lieu, où est l'objet que ces plus parfaites font apercevoir. Comme font ici XX et YY que je suppose tellement ajustées avec la plus parfaite QLM, que si on tourne la machine en telle sorte que par exemple la planète du Jupiter paraisse au travers de deux pinnules VV, elle paraîtra aussi au travers de la lunette XX, par laquelle outre Jupiter, on pourra aussi distinguer ces autres moindres planètes qui l'accompagnent ; et si on fait que quelqu'une de ces moindres planètes se rencontre justement au milieu de cette lunette XX, elle se verra aussi par l'autre YY, où paraissant seule et beaucoup plus grande que par la précédente, on y pourra distinguer diverses régions et derechef entre ces diverses régions celle du milieu se verra par la lunette KLM, et on y pourra distinguer plusieurs choses particulières par son moyen ; mais on ne pourrait savoir, que ces choses fussent en tel endroit de la telle des planètes qui accompagnent Jupiter, sans l'aide des deux autres, ni aussi la disposer à montrer ce qui est en tout autre endroit déterminé vers lequel on veut regarder.

On pourra encore ajouter une ou plusieurs autres lunettes plus parfaites avec ces trois, au moins, si l'artifice des hommes peut passer si avant. Et il n'y a

point de différence entre la façon de ces plus parfaites,
et de celles qui le sont moins, sinon que leur verre 206
convexe doit être plus grand, et leur point brûlant plus
éloigné. En sorte que si la main des ouvriers ne nous
manque, nous pourrons par cette invention voir des
objets aussi particuliers, et aussi petits, dans les astres,
que ceux que nous voyons communément sur la terre.

Enfin si on veut avoir une lunette qui fasse voir les
objets proches et accessibles le plus distinctement qu'il
se peut, et beaucoup plus que celles que j'ai tantôt
décrite pour le même effet, on la doit aussi composer
de deux verres hyperboliques, l'un concave et l'autre
convexe, enchâssés dans les deux bouts d'un tuyau, et
dont le concave *abcdef* soit tout semblable à celui de la
précédente. Comme aussi NOP la superficie intérieure
du convexe. Mais pour l'extérieure NRP, au lieu qu'elle
était toute plate, elle doit ici être fort convexe, et avoir
la figure d'une hyperbole, dont le point brûlant
extérieur Z soit si proche, que l'objet y étant mis, il ne
reste entre lui et le verre qu'autant d'espace qu'il en
faut pour donner passage à la lumière qui doit
l'éclairer. Puis le diamètre de ce verre n'a pas besoin
d'être si grand que pour la lunette précédente, ni ne
doit pas aussi être si petit que celui du verre A de
l'autre d'auparavant*. Mais il doit à peu près être tel
que la ligne droite NP passe par le point brûlant
intérieur de l'hyperbole NRP : car étant moindre, il
recevrait moins de rayons de l'objet Z ; et étant plus
grand, il n'en recevrait que fort peu davantage ; en
sorte que son épaisseur devant être à proportion
beaucoup plus augmentée qu'auparavant, elle leur 207

* Voyez en la page 268.

ôterait bien autant de leur force que sa grandeur leur en donnerait, et outre cela l'objet ne pourrait pas être tant éclairé. Il sera bon aussi de poser cette lunette sur quelque machine comme ST, qui la tienne directement tournée vers le soleil. Et il faut enchâsser le verre NOPR dans le milieu d'un miroir creux parabolique, comme CC, qui rassemble tous les rayons du soleil au point Z, sur l'objet, qui doit y être soutenu par le petit bras G, qui sorte de quelque endroit de ce miroir. Et ce bras doit aussi soutenir, autour de cet objet, quelque corps noir et obscur, comme HH, justement de la grandeur du verre NOPR, afin qu'il empêche qu'aucuns des rayons du soleil ne tombent directement **208** sur ce verre ; car de là entrant dans le tuyau, quelques-uns d'eux se pourraient réfléchir vers l'œil et affaiblir

d'autant la vision, pource qu'encore que ce tuyau
doive être tout noir par le dedans, il ne le peut être
toutefois si parfaitement que sa matière ne cause
toujours quelque peu de réflexion, lorsque la lumière
est fort vive, ainsi qu'est celle du soleil. Outre cela ce
corps noir HH doit avoir un trou au milieu marqué Z,
qui soit de la grandeur de l'objet, afin que si cet objet
est en quelque façon transparent, il puisse aussi être
éclairé par les rayons qui viennent directement du
soleil ; ou même encore si besoin est, par ces rayons
ramassés au point Z par un verre brûlant, comme I I,
de la grandeur du verre NOPR, en sorte qu'il vienne de
tous côtés autant de lumière sur l'objet, qu'il en peut
souffrir sans en être consumé. Et il sera aisé de couvrir
une partie de ce miroir CC, ou de ce verre I I, pour
empêcher qu'il n'y en puisse venir trop. Vous voyez
bien pourquoi j'ai ici tant de soin de faire que l'objet
soit fort éclairé, et qu'il vienne beaucoup de ses rayons
vers l'œil, car le verre NOPR qui en cette lunette fait
l'office de la prunelle, et dans lequel se croisent ceux
de ces rayons qui viennent de divers points, étant
beaucoup plus proche de l'objet que de l'œil, est cause
qu'ils s'étendent sur les extrémités du nerf optique, en
un espace beaucoup plus grand que n'est la superficie
de l'objet d'où ils viennent ; et vous savez qu'ils y
doivent avoir autant moins de force, qu'ils y sont plus
étendus, comme on voit au contraire qu'étant rassem-
blés en un plus petit espace par un miroir ou verre
brûlant, ils en ont plus. Et c'est de là que dépend la
longueur de cette lunette, c'est-à-dire, la distance qui **209**
doit être entre l'hyperbole NOP et son point brûlant
Car d'autant qu'elle est plus longue, d'autant l'image
de l'objet est plus étendue dans le fond de l'œil, ce qui

fait que toutes ses petites parties y sont plus distinctes. Mais cela même affaiblit aussi tellement leur action, qu'enfin elle ne pourrait plus être sentie si cette lunette était par trop longue. En sorte que sa plus grande longueur ne peut être déterminée que par l'expérience, et même elle varie, selon que les objets peuvent plus ou moins avoir de lumière, sans en être consumés. Je sais bien qu'on pourrait encore ajouter quelques autres moyens pour rendre cette lumière plus forte, mais outre qu'ils seraient plus malaisés à mettre en pratique, à peine trouverait-on des objets qui en pussent souffrir davantage. On pourrait bien aussi au lieu du verre hyperbolique NOPR en trouver d'autres qui recevraient quelque peu plus grande quantité de rayons ; mais où ils ne feraient pas que ces rayons venant de divers points de l'objet s'assemblassent si exactement vers l'œil en autant d'autres divers points ; ou il faudrait y employer deux verres au lieu d'un, en sorte que la force de ces rayons ne serait pas moins diminuée par la multitude des superficies de ces verres, qu'elle serait augmentée par leurs figures, et enfin l'exécution en serait de beaucoup plus difficile. Seulement vous veux-je encore avertir que ces lunettes ne pouvant être appliquées qu'à un seul œil, il sera mieux de bander l'autre, ou le couvrir de quelque voile fort obscur, afin que sa prunelle demeure la plus ouverte qu'il se pourra, que de le laisser exposé à la lumière, ou de le fermer par l'aide des muscles qui meuvent ces paupières ; car il y a ordinairement telle connexion entre les deux yeux, que l'un ne saurait guère se mouvoir en aucune façon, que l'autre ne se dispose à l'imiter. De plus il ne sera pas inutile non seulement d'appuyer cette lunette tout contre l'œil, en

sorte qu'il ne puisse venir vers lui aucune lumière que
par elle, mais aussi d'avoir auparavant attendri sa vue
en se tenant en un lieu obscur, et d'avoir l'imagination
disposée comme pour regarder des choses fort éloignées et fort obscures, afin que la prunelle s'ouvre
d'autant plus, et qu'ainsi on en puisse voir un objet
d'autant plus grand. Car vous savez que cette action
de la prunelle ne suit pas immédiatement de la volonté
qu'on a de l'ouvrir, mais plutôt de l'idée ou du
sentiment qu'on a de l'obscurité et de la distance des
choses qu'on regarde.

Au reste si vous faites un peu de réflexion sur ce qui
a été dit ci-dessus, et particulièrement sur tout ce que
nous avons requis de la part des organes extérieurs
pour rendre la vision la plus parfaite qu'elle puisse
être, il ne vous sera pas malaisé à entendre que par ces
diverses façons de lunettes on y ajoute tout ce que l'art
y peut ajouter, sans qu'il soit besoin que je m'arrête à
vous en déduire la preuve tout au long. Il ne vous sera
pas malaisé non plus à connaître que toutes celles
qu'on a eues jusques ici n'ont pu aucunement être
parfaites, vu qu'il y a très grande différence entre la
ligne circulaire et l'hyperbole, et qu'on a seulement
tâché en les faisant à se servir de celle-là, pour les
effets auxquels j'ai démontré que celle-ci était requise. **211**
En sorte qu'on n'a jamais su rencontrer que lorsqu'on
a failli si heureusement, que pensant rendre sphéri-
ques les superficies des verres qu'on a taillés, on les a
rendues hyperboliques, ou de quelqu'autre figure
équivalente. Et ceci a principalement empêché qu'on
n'ait pu bien faire les lunettes qui servent à voir les
objets inaccessibles, car leur verre convexe doit être
plus grand que celui des autres : et outre qu'il est

moins aisé de rencontrer en beaucoup qu'en peu, la différence qui est entre la figure hyperbolique et la sphérique est bien plus sensible vers les extrémités du verre que vers son centre. Mais à cause que les artisans jugeront peut-être qu'il y a beaucoup de difficulté à tailler les verres exactement suivant cette figure hyperbolique, je tâcherai encore ici de leur donner une invention, par le moyen de laquelle je me persuade qu'ils en pourront assez commodément venir à bout.

DE LA FAÇON
DE TAILLER LES VERRES

DISCOURS DIXIÈME

Après avoir choisi le verre ou le cristal dont on a dessein de se servir, il est premièrement besoin de chercher la proportion qui, suivant ce qui a été dit ci-dessus, sert de mesure à ces réfractions; et on la pourra commodément trouver par l'aide d'un tel instrument. EFI est une planche ou une règle toute plate et toute droite et faite de telle manière qu'on voudra, pourvu qu'elle ne soit ni trop luisante, ni

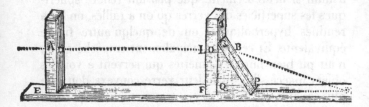

transparente, afin que la lumière donnant dessus
puisse facilement y être discernée de l'ombre. EA et FL
sont deux pinnules, c'est-à-dire deux petites lames, de
telle matière aussi qu'on voudra, pourvu qu'elles ne
soient pas transparentes, élevées à plomb sur EFI, et
dans lesquelles il y a deux petites trous ronds, A et L,
posés justement vis-à-vis l'un de l'autre, en sorte que
le rayon AL passant au travers soit parallèle à la ligne
EF. Puis RPQ est une pièce du verre que vous voulez
éprouver, taillée en forme de triangle, dont l'angle
RQP est droit, et PRQ plus aigu que RPQ. Les trois
côtés RQ, QP, et RP, sont trois faces toutes plates et
polies, en sorte que la face QP étant appuyée contre la
planche EFI, et l'autre face QR contre la pinnule FL, le
rayon du soleil qui passe par les deux trous A et L
pénètre jusques à B au travers du verre PQR sans y
souffrir aucune réfraction, à cause qu'il rencontre
perpendiculairement sa superficie RQ. Mais étant
parvenu au point B où il rencontre obliquement son
autre superficie RP, il n'en peut sortir sans se courber **213**
vers quelque point de la planche EF, comme par
exemple vers I. Et tout l'usage de cet instrument ne
consiste qu'à faire ainsi passer le rayon du soleil par
ces trous A et L, afin de connaître par ce moyen le
rapport qu'a le point I, c'est-à-dire le centre de la
petite ovale de lumière que ce rayon décrit sur la
planche EFI, avec les deux autres points B et P, qui
sont : B, celui où la ligne droite qui passe par les
centres des deux trous A et L se termine sur la
superficie RP ; et P celui où cette superficie RP et celle
de la planche EFI sont coupées par le plan qu'on
imagine passer par les points B et I, et ensemble par les
centres des deux trous A et L

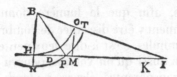

mapparente, afin que la lumière abonde dans
⟨...⟩ se de données fut ⟨...⟩ lumière BA ou PI
⟨...⟩ deux parallèles est ⟨...⟩ comme Jupiter de
⟨...⟩ nière qu'⟨...⟩qu⟨...⟩ point qu'elle se
soient pas transparentes, élevés à plomb sur LH, et
⟨...⟩ également ⟨...⟩ à deux petites lignes ⟨...⟩ A et I.

Or, connaissant ainsi exactement ces trois points
BPI et par conséquent aussi le triangle qu'ils détermi-
nent, on doit transférer ce triangle avec un compas sur
du papier ou quelqu'autre plan fort uni. Puis du centre
B décrire par le point P le cercle NPT, et ayant pris
l'arc NP égal à PT, tirer la ligne droite BN qui coupe IP
prolongée au point H. Puis derechef du centre B par H
décrire le cercle HO qui coupe BI au point O. Et on
aura la proportion qui est entre les lignes HI et OI pour
la mesure commune de toutes les réfractions qui
peuvent être causées par la différence qui est entre l'air
et le verre qu'on examine. De quoi si on n'est pas
encore certain, on pourra faire tailler du même verre
d'autres petits triangles rectangles différents de celui-
ci, et se servant d'eux en même sorte pour chercher
214 cette proportion, on la trouvera toujours semblable, et
ainsi on n'aura aucune occasion de douter que ce ne
soit véritablement celle qu'on cherchait. Que si après
cela dans la ligne droite HI, on prend MI égale à OI, et
HD égale à DM, on aura D pour le sommet, et H et I

⟨...⟩plan ⟨...⟩ba ⟨...⟩I ⟨...⟩avec les deux autres points H et I qui
sont HI celle ⟨...⟩ la ligne droite qui passe par les
centres des deux verres A et I avec ⟨...⟩ par la
⟨...⟩portion RPI et I relui ou ⟨...⟩ toute entre
la parabole. ⟨...⟩ ainsi de proche par ⟨...⟩ qu'on
mesure ⟨...⟩ les points HPI et ⟨...⟩ par les
centres ⟨...⟩

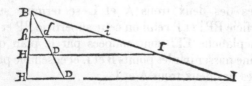

pour les points brûlants de l'hyperbole dont ce verre
doit avoir la figure pour servir aux lunettes que j'ai
décrites.

Et on pourra rendre ces trois points HDI plus ou
moins éloignés qu'ils ne sont de tant qu'on voudra, en
tirant seulement une autre ligne droite parallèle à HI
plus loin ou plus près qu'elle du point B, et tirant de ce
point B trois lignes droites BH, BD. BI qui la coupent.
Comme vous voyez ici qu'il y a même rapport entre les
trois points HDI, et *hdi*, qu'entre les trois HDI.

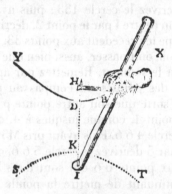

Puis il est aisé ayant ces trois points de tracer
l'hyperbole en la façon qui a été ci-dessus expliquée, à
savoir en plantant deux piquets aux points H et I, et
faisant que la corde mise autour du piquet H soit
tellement attachée à la règle qu'elle ne se puisse replier
vers I, plus avant que jusques à D.

Mais si vous aimez mieux la tracer avec le compas
ordinaire en cherchant plusieurs points par où elle
passe ; mettez l'une des pointes de ce compas au point **215**
H ; et l'ayant tant ouvert, que son autre pointe passe

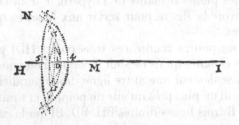

un peu au-delà du point D, comme jusques à I, du centre H décrivez le cercle 133 ; puis ayant fait M2 égale à H1, du centre I par le point 2, décrivez le cercle 233, qui coupe le précédent aux points 33, par lesquels cette hyperbole doit passer, aussi bien que par le point D, qui en est le sommet. Remettez par après tout de même l'une des pointes du compas au point H, et l'ouvrant en sorte que son autre pointe passe un peu au-delà du point 1, comme jusques à 4, du centre H décrivez le cercle 4 6 6. Puis ayant pris M5 égale à H4, du centre I par 5 décrivez le cercle 5 6 6, qui coupe le précédent aux points 6 6 qui sont dans l'hyperbole. Et ainsi continuant de mettre la pointe du compas au point H, et le reste comme devant, vous pouvez trouver tant de points qu'il vous plaira de cette hyperbole.

Ce qui ne sera peut-être pas mauvais pour faire grossièrement quelque modèle qui représente à peu près la figure des verres qu'on veut tailler. Mais pour leur donner exactement cette figure, il est besoin d'avoir quelque autre invention par le moyen de laquelle on puisse décrire des hyperboles tout d'un trait, comme on décrit des cercles avec un compas. Et je n'en sache point de meilleure que la suivante.

Premièrement du centre T, qui est le milieu de la ligne **216**
HI, il faut décrire le cercle HVI, puis du point D élever
une perpendiculaire sur HI, qui coupe ce cercle au
point V. Et de T tirant une ligne droite par ce point V,
on aura l'angle HTV, qui est tel que si on l'imagine
tourner en rond autour de l'essieu HT, la ligne TV
décrira la superficie d'un cône, dans lequel la section
faite par le plan VX parallèle à cet essieu HT, et sur
lequel DV tombe à angles droits, sera une hyperbole
toute semblable et égale à la précédente. Et tous les
autres plans parallèles à celui-ci couperont aussi dans
ce cône des hyperboles toutes semblables, mais inégales, et qui auront leurs points brûlants plus ou moins
éloignés selon que ces plans le seront de cet essieu.

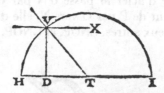

En suite de quoi on peut faire une telle machine. AB
est un tour ou rouleau de bois ou de métal, qui
tournant sur les pôles 1, 2, représente l'essieu HI de
l'autre figure. CG, EF sont deux lames ou planches
toutes plates et unies principalement du côté qu'elles
s'entretouchent, en sorte que la superficie qu'on peut
imaginer entre elles deux, étant parallèles au rouleau
AB, et coupée à angles droits par le plan qu'on imagine
passer par les points 1, 2, et C, O, G, représente le
plan VX qui coupe le cône. Et NP la largeur de la
supérieure CG est égale au diamètre du verre qu'on
veut tailler, ou tant soit peu plus grande. Enfin KLM

est une règle qui tournant avec le rouleau AB sur les
pôles 1, 2, en sorte que l'angle ALM demeure toujours
217 égal à HTV, représente la ligne TV qui décrit le cône.
Et il faut penser que cette règle est tellement passée au
travers de ce rouleau qu'elle peut se hausser et se
baisser en coulant dans le trou L, qui est justement de
sa grosseur; et même qu'il y a quelque part, comme
vers K, un poids ou ressort, qui la presse toujours
contre la lame CG, par qui elle est soutenue et
empêchée de passer outre. Et de plus que son extrémité M est une pointe d'acier bien trempée, qui a la
force de couper cette lame CG, mais non pas l'autre EF
qui est dessous. D'où il est manifeste, que si on fait
mouvoir cette règle KLM sur les pôles 1, 2, en sorte
que la pointe d'acier M passe d'N par O vers P, et
réciproquement de P par O vers N, elle divisera cette
lame CG en deux autres, CNOP, et GNOP, dont le côté

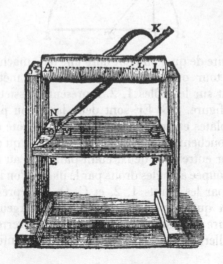

NOP sera terminé d'une ligne tranchante, convexe en CNOP, et concave en GNOP, qui aura exactement la figure d'une hyperbole. Et ces deux lames, CNOP, GNOP, étant d'acier ou autre matière fort dure, pourront servir non seulement de modèles, mais peut-être aussi d'outils ou instruments pour tailler certaines roues, dont je dirai tantôt que les verres doivent tirer leurs figures. Toutefois il y a encore ici quelque défaut en ce que la pointe d'acier M, étant un peu autrement **218** tournée lorsqu'elle est vers N, ou vers P, que lorsqu'elle est vers O, le fil ou le tranchant qu'elle donne à ces outils ne peut être partout égal. Ce qui me fait croire qu'il vaudra mieux se servir de la machine suivante, nonobstant qu'elle soit un peu plus composée.

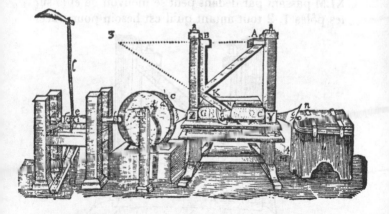

ABKLM n'est qu'une seule pièce qui se meut toute entière sur les pôles 1, 2, et dont la partie ABK peut avoir telle figure qu'on voudra, mais KLM doit avoir celle d'une règle ou autre tel corps, dont les lignes qui

terminent ses superficies soient paralleles : et elle doit
être tellement inclinée, que la ligne droite 4 3 qu'on
imagine passer par le centre de son épaisseur étant
prolongée jusques à celle qu'on imagine passer par les
pôles 1, 2 y fasse un angle 2 3 4 égal à celui qui a
tantôt été marqué des lettres HTV *. CG, EF sont deux
planches paralleles à l'essieu 1 2, et dont les superficies
219 qui se regardent sont fort plates et unies, et coupées à
angles droits par le plan 1 2 GOC. Mais au lieu de
s'entretoucher comme devant elles sont ici justement
autant éloignées l'une de l'autre qu'il est besoin pour
donner passage entre elles deux à un cylindre ou
rouleau, QR, qui est exactement rond, et partout
d'égale grosseur. Et de plus elles ont chacune une
fente, NOP, qui est si longue et si large, que la règle
KLM passant par dedans peut se mouvoir çà et là sur
les pôles 1, 2 tout autant qu'il est besoin pour tracer

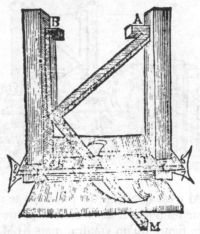

ıvez en la figure de la page 283.

entre ces deux planches une partie d'une hyperbole de
la grandeur du diamètre des verres qu'on veut tailler.
Et cette règle est aussi passée au travers du rouleau
QR, en telle façon que le faisant mouvoir avec soi, sur
les pôles 1, 2, il demeure néanmoins toujours enfermé
entre les deux planches CG, EF, et parallèle à l'essieu
1 2. Enfin Y 6 7, et Z 8 9, sont les outils qui doivent
servir à tailler en hyperbole tel corps qu'on voudra, et
leurs manches YZ sont de telle épaisseur que leurs
superficies qui sont toutes plates touchent exactement
de part et d'autre celles des deux planches CG, EF,
sans qu'ils laissent pour cela de glisser entre deux, à
cause qu'elles sont fort polies. Et ils ont chacun un
trou rond, 5, 5, dans lequel l'un des bouts du rouleau   **220**
QR est tellement enfermé que ce rouleau peut bien se
tourner autour de la ligne droite 5 5, qui est comme
son essieu, sans les faire tourner avec soi, à cause que
leurs superficies plates étant engagées entre les
planches les en empêchent ; mais qu'en quelque autre
façon qu'il se meuve il les contraint de se mouvoir
aussi avec lui. Et de tout ceci il est manifeste que
pendant que la règle KLM est poussée d'N vers O et
d'O vers P, ou de P vers O et d'O vers N, faisant
mouvoir avec soi le rouleau QR, elle fait mouvoir par
même moyen ces outils Y 6 7, et Z 8 9, en telle façon
que le mouvement particulier de chacune de leurs
parties décrit exactement la même hyperbole que fait
l'intersection des deux lignes 3 4, et 5 5, dont l'une, à
savoir 3 4, par son mouvement décrit le cône, et
l'autre, 5 5, décrit le plan qui le coupe. Pour les pointes
ou tranchants de ces outils, on les peut faire de
diverses façons, selon les divers usages auxquels on les
veut employer. Et pour donner la figure aux verres

convexes, il me semble qu'il sera bon de se servir
premièrement de l'outil Y 6 7 et d'en tailler plusieurs
lames d'acier presque semblables à CNOP qui tantôt a
été décrite. Puis tant par le moyen de ces lames que de
l'outil Z 8 9, de creuser une roue comme *d*, tout autour
son épaisseur *abc*, en sorte que toutes les sections
qu'on peut imaginer y être faites par des plans dans
lesquels se trouve *ee* l'essieu de cette roue, aient la
figure de l'hyperbole que trace cette machine. Et enfin
d'attacher le verre qu'on veut tailler sur un tour
comme *hik*, et l'appliquer contre cette roue *d*, en telle
221 sorte que faisant mouvoir ce tour sur son essieu *hk*, en
tirant la corde *ll*, et cette roue aussi sur le sien, en la
tournant, le verre mis entre deux prenne exactement la
figure qu'on lui doit donner.

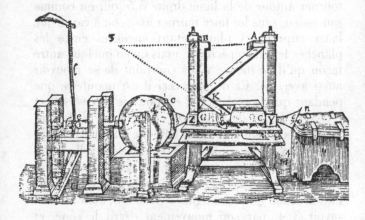

Or touchant la façon de se servir de l'outil Y 6 7, il
est à remarquer qu'on ne doit tailler que la moitié des
lames *cnop* à une fois, par exemple que celle qui est
entre les points *n* et *o*. Et à cet effet il faut mettre une

barre en la machine vers P qui empêche que la règle
KLM étant mue d'N vers O ne se puisse avancer vers P
qu'autant qu'il faut, pour faire que la ligne 3 4 qui
marque le milieu de son épaisseur parvienne jusques
au plan 1 2 GOC qu'on imagine couper les planches à
angles droits. Et le fer de cet outil Y 6 7 doit être de
telle figure, que toutes les parties de son tranchant
soient en ce même plan, lorsque la ligne 3 4 s'y trouve ;
et qu'il n'en ait point d'autres ailleurs qui s'avancent
au-delà vers le côté marqué P, mais que tout le talus [1]   **222**
de son épaisseur se jette vers N. Au reste on le peut
faire si mousse ou si aigu, et tant ou si peu incliné, et
de telle longueur qu'on voudra, selon qu'on le jugera
plus à propos. Puis ayant forgé les lames *cnop*, et leur
ayant donné avec la lime la figure la plus approchante
qu'on aura pu de celle qu'elles doivent avoir, il les faut
appliquer et presser contre cet outil K 6 7, et faisant
mouvoir la règle KLM, d'N vers O, et réciproquement
d'O vers N, on taillera l'une de leurs moitiés. Puis afin
de pouvoir rendre l'autre toute semblable, il doit y
avoir une barre ou autre telle chose qui empêche
qu'elles ne puissent être avancées vers cet outil, au-
delà du lieu où elles se trouvent lorsque leur moitié NO
est achevée de tailler : et lors les en ayant un peu
reculées, il faut changer le fer de cet outil Y 6 7 et en
mettre un autre en sa place dont le tranchant soit
exactement dans le même plan, et de même forme, et
autant avancé que le précédent, mais qui ait tout le
talus de son épaisseur jeté vers P, en sorte que si on
appliquait ces deux fers de plat l'un contre l'autre,
leurs deux tranchants semblassent n'en faire qu'un.
Puis ayant transféré vers N la barre qu'on avait mise
auparavan⁺ vers P pour empêcher le mouvement de la

règle KLM, il faut faire mouvoir cette règle d'O vers P
et de P vers O, jusques à ce que les lames *cnop* soient
autant avancées vers l'outil Y 6 7 qu'auparavant, et
cela étant elles seront achevées de tailler.

Pour la roue *d*, qui doit être de quelque matière fort
dure, après lui avoir donné avec la lime la figure la
223 plus approchante de celles qu'elle doit avoir qu'on
aura pu, il sera fort aisé de l'achever, premièrement
avec les lames *cnop*, pourvu qu'elles aient été au
commencement si bien forgées que la trempe ne leur
leur ait rien ôté depuis de leur figure, et qu'on les
applique sur cette roue en telle sorte que leur tranchant *nop* et son essieu *ee* soient en un même plan ; et
enfin qu'il y ait un ressort ou contrepoids qui les presse
contre elle, pendant qu'on la fait tourner sur son
essieu. Puis aussi avec l'outil Z 8 9, dont le fer doit être
également talué des deux côtés, et avec cela il peut
avoir telle figure quasi qu'on voudra, pourvu que
toutes les parties de son tranchant 8 9 soient dans un
plan qui coupe les superficies des planches CGEF à
angles droits. Et pour s'en servir on doit faire mouvoir
la règle KLM sur les pôles 1, 2, en sorte qu'elle passe
tout de suite de P jusques à N, puis réciproquement
d'N jusques à P, pendant qu'on fait tourner la roue sur
son essieu. Au moyen de quoi le tranchant de cet outil
ôtera toutes les inégalités, qui se trouveront d'un côté à
l'autre en l'épaisseur de cette roue, et sa pointe toutes
celles qui se trouveront de haut en bas. Car il doit avoir
un tranchant et une pointe.

Après que cette roue aura ainsi acquis toute la
perfection qu'elle peut avoir, le verre pourra facilement être taillé par les deux divers mouvements d'elle
et du tour, sur lequel il doit être attaché, pourvu

seulement qu'il y ait quelque ressort, ou autre invention, qui sans empêcher le mouvement que le tour lui donne, le presse toujours contre la roue, et que le bas de cette roue soit toujours plongé dans un vase qui contienne le grès, ou l'émeri, ou le tripoli, ou la potée **224** ou autre telle matière dont il est besoin de se servir pour tailler et polir le verre.

Et à l'exemple de ceci vous pouvez assez entendre en quelle sorte on doit donner la figure aux verres concaves, à savoir en faisant premièrement des lames comme *cnop* avec l'outil Z 8 9, puis taillant une roue tant avec ces lames qu'avec l'outil Y 6 7, et tout le reste en la façon qui vient d'être expliquée. Seulement faut-il observer que la roue dont on se sert pour les convexes peut être aussi grande qu'on la voudra faire, mais que celle dont on se sert pour les concaves doit être si petite que lorsque son centre est vis-à-vis de la ligne 5 5 de la machine qu'on emploie à la tailler, sa circonférence ne passe point au-dessus de la ligne 1 2 de la même machine. Et on doit faire mouvoir cette roue beaucoup plus vite que le tour, pour polir ces verres concaves ; au lieu qu'il est mieux pour les convexes de faire mouvoir le tour plus promptement ; dont la raison est que le mouvement du tour use beaucoup plus les extrémités du verre que le milieu, et qu'au contraire celui de la roue les use moins. Pour l'utilité de ces divers mouvements elle est fort manifeste, car polissant les verres avec une main dans une forme, en la façon qui seule a été en usage jusques à présent, il serait impossible de rien faire de bien que par hasard, encore que les formes fussent toutes parfaites ; et les polissant avec le seul mouvement du tour sur un modèle, tous les petits défauts de ce modèle marqueraient des cercles entiers sur le verre.

Je n'ajoute pas ici les démonstrations de plusieurs
225 choses qui appartiennent à la géométrie, car ceux qui
sont un peu versés en cette science les pourront assez
entendre d'eux-mêmes, et je me persuade que les
autres seront plus aises de m'en croire que d'avoir la
peine de les lire. Au reste, afin que tout se fasse par
ordre, je voudrais premièrement qu'on s'exerçât à
polir des verres, plats d'un côté et convexes de l'autre,
qui eussent la figure d'une hyperbole dont les points
brûlants fussent à deux ou trois pieds l'un de l'autre :
car cette longueur est suffisante pour une lunette qui
serve à voir assez parfaitement les objets inaccessibles.
Puis je voudrais qu'on fît des verres concaves de
diverses figures en les creusant toujours de plus en plus
jusques à ce qu'on eût trouvé par expérience la juste
figure de celui qui rendrait cette lunette la plus
parfaite qu'il soit possible et la mieux proportionnée à
l'œil qui aurait à s'en servir. Car vous savez que ces
verres doivent être un peu plus concaves pour ceux qui
ont la vue courte que pour les autres. Or, ayant ainsi
trouvé ce verre concave, d'autant que le même peut
servir au même œil pour toute autre sorte de lunettes,
il n'est plus besoin pour les lunettes qui servent à voir
les objets inaccessibles, que de s'exercer à faire d'autres verres convexes qui doivent être posés plus loin du
concave que le premier, et à en faire aussi par degrés
qui doivent être posés de plus en plus loin jusques à la
plus grande distance qu'il se pourra, et qui soient aussi
plus grands à proportion. Mais notez que, d'autant que
ces verres convexes doivent être posés plus loin des
concaves et par conséquent aussi de l'œil, d'autant
226 doivent-ils être taillés plus exactement, à cause que les

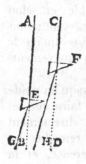

mêmes défauts y détournent les rayons d'autant plus loin de l'endroit où ils doivent aller. Comme si le verre F détourne le rayon CF autant que le verre E détourne AE, en sorte que les angles AEG et CFH soient égaux, il est manifeste que CF, allant vers H, s'éloigne bien plus du point D où il irait sans cela qu'AE ne fait du point B, allant vers G. Enfin, la dernière et principale chose à quoi je voudrais qu'on s'exerçât, c'est à polir les verres convexes des deux côtés pour les lunettes qui servent à voir les objets accessibles, et que, s'étant premièrement exercé à en faire de ceux qui rendent ces lunettes fort courtes, à cause que ce seront les plus aisés, on tâchât après, par degrés, à en faire de ceux qui les rendent plus longues, jusques à ce qu'on soit parvenu aux plus longues dont on se puisse servir. Et afin que la difficulté que vous pourrez trouver en la construction de ces dernières lunettes ne vous dégoûte, je vous veux avertir qu'encore que d'abord leur usage n'attire pas tant que celui de ces autres qui semblent promettre de nous élever dans les cieux, et de nous y montrer sur les astres des corps aussi particuliers et peut-être aussi divers que ceux qu'on voit sur la terre, je les juge toutefois beaucoup plus utiles, à cause qu'on pourra voir par leur moyen les divers mélanges et arrangements des petites parties dont les animaux et les plantes, et peut-être aussi les autres corps qui nous environnent, sont composés, et de là tirer beaucoup d'avantage pour venir à la connaissance de leur nature : car déjà, selon l'opinion de plusieurs **227**

philosophes, tous ces corps ne sont faits que des parties
des éléments diversement mêlées ensemble ; et, selon
la mienne. toute leur nature et leur essence. au moins
de ceux qui sont inanimés. ne consiste qu'en la
grosseur. la figure. l'arrangement et les mouvements
de leurs parties [1].

Pour la difficulté qui se rencontre, lorsqu'on voûte
ou creuse ces verres des deux côtés, à faire que les
sommets des deux hyperboles soient directement
opposés l'un à l'autre, on y pourra remédier en
arrondissant sur le tour leur circonférence, et la
rendant exactement égale à celle des manches auxquels on les doit attacher pour les polir ; puis, lorsqu'on les y attache, et que le plâtre ou la poix et le
ciment dont on les y joint est encore frais et flexible, en
les faisant passer avec ces manches par un anneau
dans lequel ils n'entrent qu'à peine. Je ne vous parle
point de plusieurs autres particularités qu'on doit
observer en les taillant, ni aussi de plusieurs autres
choses que j'ai tantôt dit être requises en la construction des lunettes, car il n'y en a aucune que je juge si
difficile qu'elle puisse arrêter les bons esprits. Et je ne
me règle pas sur la portée ordinaire des artisans ; mais
je veux espérer que les inventions que j'ai mises en ce
traité seront estimées assez belles et assez importantes
pour obliger quelques uns des plus curieux et des plus
industrieux de notre siècle à en entreprendre l'exécution.

FIN

Avertissement

Ceux qui ne visitent les tables des livres qu'afin d'y choisir les matières qu'ils veulent voir, et de s'exempter de la peine de lire le reste, ne tireront aucune satisfaction de celle-ci ; car l'explication des questions qui y sont marquées dépend quasi toujours si expressément de ce qui les précède, et souvent aussi de ce qui les suit, qu'on ne la saurait entendre parfaitement si on ne lit avec attention tout le livre. Mais pour ceux qui l'auront déjà lu, et qui sauront assez bien les choses les plus générales qu'il contient, cette *Table* leur pourra servir, tant à les faire souvenir des endroits où il est parlé des plus particulières qui seront échappées de leur mémoire, que souvent aussi à leur faire prendre garde à celles qu'ils auront peut-être passées sans les remarquer.

De la lumière

De la réfraction

De l'œil

Des sens en général

Des images qui se forment sur le fond de l'œil

Qu'on doit rendre la figure de cet œil un peu plus longue, lorsque les objets sont fort proches, que lorsqu'ils sont plus éloignés. p. 185

Qu'il entre en cet œil plusieurs rayons de chaque point de l'objet. p. 185

Que tous ceux qui viennent d'un même point se doivent assembler au fond de cet œil environ en le même point; et qu'il faut disposer sa figure à cet effet. p. 185

Que ceux de divers points s'y doivent assembler en divers points. p. 185

Comment les couleurs se voient au travers d'un papier blanc qui est sur le fond de cet œil. p. 185-186

Que les images qui s'y forment ont la ressemblance des objets. p. 186

Comment la grandeur de la prunelle sert à la perfection de ces images. p. 188

Comment y sert la réfraction qui se fait dans l'œil; et comment elle y nuirait étant plus grande ou plus petite qu'elle n'est. p. 189

Comment la noirceur des parties intérieures de cet œil, et l'obscurité de la chambre où se voient les images, y sert aussi. p. 189

Pourquoi elles ne sont jamais si parfaites en leurs extrémités qu'au milieu. p. 189

Comment on doit entendre ce qui se dit, que *visio fit per arem* p. 191

Que la grandeur de la prunelle, rendant les couleurs plus vives, rend les figures moins distinctes, et ainsi ne doit être que médiocre. p. 191

Que les objets qui sont à côté de celui à la distance duquel l'œil est disposé, en étant beaucoup plus éloignés ou plus proches, s'y représentent moins distinctement que s'ils en étaient presque à pareille distance. p. 191

Que ces images sont renversées. p. 191

Que leurs figures sont changées et raccourcies à raison de la distance ou situation des objets. p. 191

De la vision

Des moyens de perfectionner la vision

Des figures que doivent avoir
les corps transparents
pour détourner les rayons
par réfraction en toutes les façons
qui servent à la vue

toutes les mêmes façons que ceux qui sont composés d'ellipses et de cercles.   p. 249. 250

Que. bien qu'il y ait plusieurs autres figures qui puissent causer les mêmes effets. il n'y en a point de plus propres. pour les lunettes. que les précédentes.   p. 252

Que celles qui ne sont composées que d'hyperboles et de lignes droites sont les plus aisées à tracer.   p. 252

Que, quelque figure qu'ait le verre. il ne peut faire exactement que les rayons venant de divers points s'assemblent en autant d'autres divers points.   p. 253

Que ceux qui sont composés d'hyperboles sont les meilleurs de tous à cet effet.   p. 256

Que les rayons qui viennent de divers points s'écartent plus. après avoir traversé un verre hyperbolique. qu'après en avoir traversé un elliptique.   p. 256

Que, d'autant que l'elliptique est plus épais. d'autant ils s'écartent moins en le traversant.   p. 257

Que, tant épais qu'il puisse être. il ne peut rendre l'image que peignent ces rayons que d'un quart ou d'un tiers plus petite que ne fait l'hyperbolique.   p. 257

Que cette inégalité est d'autant plus grande que la réfraction de verre est plus grande.   p. 257

Qu'on ne peut donner au verre aucune figure qui rende cette image plus grande que celle de l'hyperbole. ni qui la rende plus petite que celle de l'ellipse.   p. 257

Comment il faut entendre que les rayons venant de divers points se croisent sur la première superficie. qui a la force de faire qu'ils se rassemblent en autant d'autres divers points.   p. 257

Que les verres elliptiques ont plus de force pour brûler que les hyperboliques.   p. 259

Comment il faut mesurer la force des miroirs ou verres brûlants.   p. 260

Qu'on n'en peut faire aucun qui brûle en ligne droite à l'infini.   p. 260

Que les plus petits verres ou miroirs assemblent autant de

rayons pour brûler. en l'espace où ils les assemblent. que font les plus grands qui ont des figures semblables à ces plus petits. en un espace pareil. p. 261

Que ces plus grands n'ont autre avantage que de les assembler en un espace plus grand et plus éloigné ; et ainsi qu'on peut faire des miroirs ou verres très petits qui ne laissent pas de brûler avec beaucoup de force. p. 261

Qu'un miroir ardent. dont le diamètre n'excède point la 100ᵉ partie de la distance à laquelle il assemble les rayons. ne peut faire qu'ils brûlent ou échauffent davantage que ceux qui viennent directement du soleil. p. 261

Que les verres elliptiques peuvent recevoir plus de rayons d'un même point. pour les rendre après parallèles. que ceux d'aucune autre figure. p. 262

Que souvent les verres hyperboliques sont préférables aux elliptiques. à cause qu'on peut faire avec un seul ce à quoi il en faudrait employer deux. p. 263

De la description des lunettes

Quelles qualités sont considérables pour choisir la matière des lunettes. p. 263

Pourquoi il se fait quasi toujours quelque réflexion en la superficie des corps transparents. p. 263

Pourquoi cette réflexion est plus forte sur le cristal que sur le verre. p. 264

Explication des lunettes qui servent à ceux qui ont la vue courte. p. 265

Explication de celles qui servent à ceux qui ne peuvent voir que de loin. p. 265

Pourquoi on peut supposer les rayons qui viennent d'un point assez éloigné. comme parallèles. p. 265

Pourquoi la figure des lunettes des vieillards n'a pas besoin d'être fort exacte. p. 266

Comment il faut faire les lunettes à puce avec un seul verre. p. 266

De la façon de tailler les verres

NOTES

DISCOURS DE LA MÉTHODE

Première partie

Page 75 note 1 bon sens. Equivalent français de *bona mens,* venant en particulier du stoïcisme, rendu plus bas par raison. Descartes commente ainsi la phrase, en répondant à une objection de Burman : « Nombreux, je l'avoue, ceux qui se reconnaissent inférieurs à d'autres pour l'esprit, la mémoire. etc. ; mais pour l'aptitude à prendre parti en portant un jugement. chacun pense en être assez excellemment pourvu pour être sur ce point l'égal de tous les autres. Car chacun se plaît au parti qu'il prend, et *autant de têtes, autant d'avis.* Or c'est là justement ce que l'auteur entend ici par bon sens. » *Entretien avec Burman,* trad. J.-M. Beyssade, Paris, PUF, 1981, p. 134 ; AT, V, p. 175. On remarque toutefois qu'à cette corroboration empirique, où l'on peut à bon droit noter une nuance d'ironie, succède, dans l'alinéa suivant, une démonstration fondée sur la nature de l'homme anticipant sur son étude systématique. Enfin, l'égalité de la raison chez les hommes oblige à concevoir que l'erreur ne doit rien à un défaut de raison, mais provient de sa mauvaise application. Ce qui justifie la nécessité de la méthode pour atteindre le vrai.

Page 76 note 1 espèce. Accident, forme, individu et *espèce* appartiennent au vocabulaire de la scolastique (ici, les philosophes). Nous ne pouvons être plus ou moins hommes ; comme c'est la raison « qui nous rend hommes », elle détermine la différence spécifique de l'homme, constituant ainsi une *espèce* à l'intérieur d'un genre qui recouvrirait les animaux. Cette espèce est définie par une *forme*, et numériquement est composée d'*individus*. Les *accidents* sont des qualités capables d'affecter ou non un individu ; on peut être plus ou moins grand, plus ou moins musicien, etc. Le passage paraît identifier l'âme (forme de l'espèce) à la seule raison. Cf. *Méditation seconde*, AT, VII, p. 27, et IX-1, p. 21.

Page 76 note 2. Rappel du titre projeté en mars 1636.

Page 77 note 1. Il s'agit en général des livres et de tout savoir livresque, qu'il soit scientifique ou littéraire, au sens actuel de l'adjectif.

Page 78 note 1 la terre. Le collège de La Flèche (mais Descartes évoque plus loin les études de droit entreprises à Poitiers).

Page 78 note 2 curieuses. Les sciences dites *curieuses* au XVIIe siècle sont relatives aux secrets particuliers (comme la magie, l'astrologie, l'alchimie, etc.).

Page 79 note 1 hommes. Descartes évoque les mathématiques appliquées (ou mathématiques *mixtes*), notamment la mécanique, ou théorie des machines. *Art* est à entendre au sens général de technique.

Page 79 note 2 philosophie. On étudiait la philosophie dans les trois dernières années du cours des études réglées par la *ratio studiorum* des jésuites. L'enseignement consistait pendant la première année en un cours de logique (selon Aristote, expliqué à l'aide de Tolet et de Fonseca) ; la deuxième année contenait pour l'essentiel la lecture des huit livres de la *Physique* d'Aristote et des extraits d'autres textes (*Météorologiques, Traité du Ciel,* etc.) ; la troisième année était occupée par la métaphysique, avec l'étude de la

Métaphysique d'Aristote, mais aussi son *Traité de l'âme*. L'organisation régulière de disputes, très précisément réglées, entre philosophes de différents niveaux associant également les élèves de la classe de théologie faisait partie des programmes.

Page 79 note 3 jurisprudence. Descartes a été reçu à la licence de droit par l'université de Poitiers le 21 décembre 1616. Voir la dédicace des thèses, retrouvées récemment, dans le *Bulletin cartésien* XV, *Archives de philosophie*, 50, 1987, p. 1-4. Au demeurant ce texte ébauche l'autobiographie intellectuelle de la première partie du *Discours*.

Page 80 note 1 digèrent. Ici, disposer en ordre.

Page 81 note 1 parricide. Il s'agit, entre autres philosophes moraux possibles des Stoïciens, ordinairement critiqués pour les mêmes motifs dans les textes d'inspiration chrétienne : le sage stoïcien est impassible, jugeant par exemple que la mort ou la douleur ne doit pas l'effrayer ; sa félicité l'identifie aux Dieux (orgueil) ; le désespoir est à associer au thème du suicide et le parricide évoque l'assassinat de César par Brutus.

Page 81 note 2 rencontrer. Signifie ici *réussir*.

Page 82 note 1 profit. Descartes évoque en particulier son séjour à Bréda en 1618, en qualité de volontaire dans l'armée de Maurice de Nassau, et sa rencontre avec Isaac Beeckman, qui a été l'occasion des premiers travaux connus de physique et de mathématiques. Beeckman, dans son *Journal*, compte Descartes dans le petit nombre des physico-mathématiciens. Pour l'essentiel, les travaux de cette période sont l'*Abrégé de musique (Compendium Musicae)*, publié en 1650 peu après la mort de Descartes, un problème d'hydrostatique et une solution de la question de la chute des corps.

Page 83 note 1 peuples. Cf. Montaigne, *Essais*, notamment I. XXIII, *De la coutume*, et I. XXXI, *Des cannibales*

Seconde partie

Page 84 note 1 Empereur. Ferdinand II de Habsbourg (1578-1637). Les conditions de son élection sont à l'origine de la guerre de Trente Ans, qui s'achève par la paix de Westphalie conclue en 1648.

Page 84 note 2 poêle. Par métonymie, pièce chauffée par un poêle.

Page 84 note 3 plaine. Descartes fait allusion aux villes (places, places fortes) nouvelles construites au XVIᵉ et au début du XVIIᵉ siècle, dont les rues larges et droites sont dessinées par les architectes avec la règle et le compas (d'où *compassées*). Les réalisations françaises sont notamment Vitry-le-François, Henrichemont, Charleville-Mézières et Richelieu, qui en est le plus parfait exemple. Voir Philippe Boudon, *Richelieu, ville nouvelle*, Paris, Dunod, 1978, pour l'histoire de la création de cette cité et son rapport aux préoccupations esthétiques et philosophiques.

Page 85 note 1 fin. D'après Hérodote (I, 65), Lycurgue changea en une fois toutes les lois de Sparte.

Page 85 note 2 probables. Le terme est à peu près synonyme de vraisemblable, et ne se relie pas au moindre calcul de probabilités. Dans l'Ecole, l'argument *probable* provoque la croyance, sans qu'il ait connexion nécessaire avec les termes de la question proposée : l'argument démonstratif pour sa part se caractérise par une telle connexion (d'après Eustache de Saint-Paul, cité par Gilson, *Commentaire*, p. 138). L'usage d'arguments probables constitue la dialectique. Dans la théologie et notamment la casuistique, l'opinion probable peut avoir été seulement soutenue par un seul docteur « fort grave » ; voir la saisissante critique de cette doctrine et de ses conséquences chez Pascal, *Lettres provinciales*, cinquième Lettre.

Page 85 note 3 hommes. L'argument revient souvent chez Descartes : *Méditations métaphysiques*, début de la Première

méditation ; *Principes de la philosophie*, Partie I, 1 ;
Recherche de la Vérité, AT. X. p. 496 et 507.

Page 87 note 1 précipices. Le conservatisme politique
affiché ici rappelle naturellement les opinions de Montaigne
(ainsi *Essais*, III. ix. « ... l'excellente et meilleure police est à
chacune nation celle sous laquelle elle s'est maintenue. Sa
forme et commodité essentielle dépend de l'usage. ») et de
Pierre Charron (*De la sagesse*, II, viii. 7. « il faut laisser le
monde tel où il est. ces brouillons remueurs de ménage, sous
prétexte de réformer, gâtent tout. » La morale par provision
de la troisième partie du *Discours* reprend les mêmes
éléments (première et troisième maxime).

Page 88 note 1 pensées. La précipitation est abordée plus
bas ; la façon dont les pensées peuvent être mises en ordre
constitue l'idée même de méthode. Voir les *Regulae*, et
surtout la *Regula V : « Toute la méthode réside dans la mise
en ordre et la disposition des objets vers lesquels il faut tourner
le regard de l'esprit, pour découvrir quelque vérité »* (trad.
J. Brunschwig, *in* Alquié, *O.P.*, 1, p. 100 ; AT, X, p. 379).

Page 88 note 2 philosophes. Cette phrase démarque un
passage souvent cité de Cicéron (*De la divination*, 2, 58).

Page 88 note 3 Cannibales. Cf. Montaigne. *Essais*. I, xxxi,
Des cannibales.

Page 89 note 1 apprendre. Le projet cartésien est celui
d'une méthode d'invention, et non, contre la syllogistique
classique, de simple exposition d'une vérité connue autrement. Descartes évoque par ailleurs Raymond Lulle et son
Ars brevis (daté de 1308, publié en 1481) dans deux lettres à
Beeckman : dans la lettre programmatique du 26 mars 1619
(AT. X. p. 156-158. trad. *O.P.*, 1. p. 37). où il dévoile son
projet d'une mise en ordre de l'algèbre et de la géométrie, et
refuse son assimilation à la méthode lulliste, puis dans la
lettre du 29 avril suivant. Dans cette dernière lettre,
Descartes évoque la rencontre d'un personnage se vantant
d'user de l'art de Lulle pour discourir sur n'importe quel
sujet. On notera que Cornelius Agrippa, cité par Descartes

dans la même lettre, associe Lulle au sophiste Gorgias de Léontium (*De incertudine et vanitate omnium scientiarum,* 1527, ch IX). Il n'est pas certain que Descartes ait étudié directement les textes de Lulle, et il en fait ici un sophiste pur et simple. En revanche, Beeckman avait une opinion un peu plus favorable d'un art qui consistait à diviser les questions en parties irréductibles et à en envisager les combinaisons au moyen d'un symbolisme littéral (*Journal* de Beeckman. Folio 117, cité dans AT, X, p. 64-65).

Page 90 note 1 chiffres. Au sens de caractères symboliques, devant être déchiffrés (les *caractères cossiques* de l'Algèbre ancienne). Descartes use d'un tel symbolisme dans les lettres à Beeckman évoquées dans la note précédente.

Page 90 note 2 doute. Les moyens de cette évidence intellectuelle sont fournis, selon la *Regula* III, par l'*intuitus* (intuition, regard) et la déduction. La nécessité de cette évidence exclut toute notion de science probable. Les critères de clarté et de distinction ne sont pas définis ici par Descartes : il faut attendre les *Principia philosophiae* (1644), I, 45. La définition des *Principes* est étayée par une comparaison optique rappelant la définition 48 de la *Dioptrice* de Kepler (1611) : « La vision distincte est celle en laquelle les parties les plus subtiles de la chose se manifestent et se présentent à la vue. Est confuse celle en laquelle, les grandes parties apparaissant, les petites restent cachées, et sont comme abolies ou effacées, les limites étant confondues. La vision forte ou claire se produit lorsque la chose est vue dans une grande lumière ; elle est faible ou obscure quand la chose est vue quasiment dans une lumière ténue, telle qu'elle est dans l'éclipse du soleil ou lorsque la lune éclaire. »

Page 91 note 1 autres. Ce précepte et le précédent reprennent notamment les résultats des *Regulae* V, VI et VII. On remarquera que l'ordre, étant toujours construit par l'esprit, peut reproduire un ordre naturel, mais peut aussi s'en distinguer.

Page 91 note 2 omettre. Voir *Regula* VII (AT, X, p 387, *O.P.*, vol. 1, p. 108).

Page 92 note 1 mathématiques. Il s'agit des mathématiques pures, mais aussi des mathématiques appliquées (astronomie, musique, mécanique, etc.)

Page 92 note 2 lignes. Supposer renvoie au procédé qui consiste à attribuer une qualité à un être concret ou abstrait. Descartes associe les lignes représentatives des quantités aux opérations de l'arithmétique ordinaire dans la fin des *Regulae* (à partir de la *Regula* XIV) et dans le début de la *Géométrie*.

Page 92 note 3 chiffres. Voir la note 1 de la page 90.

Page 93 note 1 résoudre. Sur cette intense production mathématique des années 1619-1620, voir P. Costabel, « La mathématique de Descartes antérieure à la *Géométrie* », *Démarches originales de Descartes savant*, Paris, Vrin, p. 27-37. Le chef-d'œuvre de cette période est le théorème d'Euler (qu'il conviendrait de nommer théorème d'Euler-Descartes) relatif aux polyèdres, où l'on a, sous certaines conditions, S, R, F désignant respectivement les nombres des sommets, arêtes et faces d'un polyèdre, la relation $S - R + F = 2$. Ce théorème est démontré dans les *Exercices pour les éléments des solides*, édités par P. Costabel, Paris, PUF, 1987.

Page 93 note 2 arithmétique. C'est ainsi la méthode qui fonde les mathématiques, et non l'inverse.

Troisième partie

Page 94 note 1 faire part. Voir la lettre à Picot qui tient lieu de préface à la traduction française des *Principes de la philosophie* (AT, IX-2, p. 15). Descartes note que les règles de la troisième partie du *Discours* constituent une « Morale imparfaite, qu'on peut suivre par provision pendant qu'on n'en sait point encore de meilleure. » Cela n'implique par ailleurs nullement l'existence d'une morale cartésienne définitive, lisible dans la correspondance avec Elisabeth ou bien dans les *Passions de l'âme*. Mais ces derniers textes se fondent sur la métaphysique cartésienne et notamment sur la théorie des substances, tandis qu'ici Descartes décrit les conditions de la liberté d'esprit nécessaire pour aborder le problème métaphysique lui-même. Voir en outre dans la Présentation page 21, note 25, le commentaire par Descartes de ce passage.

Page 95 note 1 vivre. La formule cartésienne rappelle P. Charron, *De la sagesse*, II, VIII, 7 : « En premier lieu, selon tous les sages, la règle des règles, et la générale loi des lois, est de suivre et observer les lois et coutumes de son pays » ; cf. Montaigne, *Essais*, I, XXXIII, *De la coutume*, p. 117. Selon Montaigne et Charron, le fondement mystique de l'autorité des lois n'est pas leur conformité à la justice, mais le fait qu'elles sont les lois (*Essais*, III, XIII, p. 1049 ; *De la sagesse*, II, VIII, 2, 7).

Page 95 note 2 liberté. Cf. Epictète, *Manuel,* 33 (5).

Page 96 note 1 résolu. Cf. Montaigne, *Essais*, II, I, *De l'inconstance de nos actions* : « L'irrésolution me semble être le plus commun et apparent vice de notre nature. »

Page 97 note 1 content. Rappel de positions stoïciennes (Epictète, *Manuel*, début). Ultérieurement, Descartes, dans les articles 145 et 146 des *Passions de l'âme* (1649), rejette l'idée de Fortune, apparemment assimilable au hasard et considérée comme chimérique, « qui fait que les choses arrivent ou n'arrivent pas, selon son plaisir », et y oppose la Providence dont les décrets sont infaillibles, mais inconnus de nous.

Page 98 note 1 pensées. Cf. Epictète, *Entretiens*, I, I, 7, *Manuel,* I, etc.

Page 98 note 2 morale. Cette conclusion constitue la quatrième maxime, qui fonde toutes les autres sur un dessein particulier. Elle peut ainsi être comptée parmi les trois autres maximes, ou en dehors d'elles : cela explique l'apparente hésitation initiale entre trois ou quatre maximes. Voir J.-M.

Beyssade, « Sur les " trois ou quatre maximes " de la morale par provision », *in* G. Belgioioso *et al.* (éd.), *Descartes : Il metodo e i Saggi*, Rome, 1990, p. 139-153.

Page 100 note 1 suivantes. De 1619 à 1628.

Page 100 note 2 sceptiques. Le XVIᵉ siècle connaît un regain d'intérêt pour le scepticisme antique ; de très nombreux auteurs, comme Montaigne (par exemple, *Essais*, II, XII, *Apologie de Raymond Sebond*), en exposent les thèses. Plus radical est sans doute l'ouvrage de F. Sanchez, *Quod nihil scitur (Il n'est science de rien)*, publié à Lyon en 1581 (édité et traduit par A. Comparot, Paris, Klincksieck, 1984). On note que Descartes se démarque ici du dessein qu'il attribue aux sceptiques (douter pour douter) tout en leur reprenant des procédés et des arguments (détaillés dans les *Méditations* première et sixième). De plus la définition de la science proposée par Sanchez n'est pas éloignée de celle de Descartes : pour Sanchez, la « science est la connaissance parfaite d'une chose » (édition Comparot, p. 54-55), et se mesure par la certitude, dans le rejet de l'opinion probable. Descartes cesse de suivre les sceptiques en reconnaissant qu'il existe des connaissances qui répondent à cette définition de la science. Voir sur l'ensemble du problème Richard H. Popkin, *The History of Scepticism from Erasmus to Spinoza*, 2ᵉ édition, Berkeley-Los Angeles-Londres, University of California Press, 1979.

Page 101 note 1 expériences. Certaines de ces observations et expériences ont été recueillies par fragments (*Journal* de Beeckman, manuscrits de Leibniz).

Page 101 note 2 vulgaire. Le terme n'est pas péjoratif et désigne la philosophie scolastique enseignée ordinairement.

Page 102 note 1 ici. En Hollande.

Quatrième partie

Page 102 note 2 métaphysiques. La quatrième partie est métaphysique dans sa portée et le mot est ici à prendre en son sens propre. Cela est confirmé par les objets étudiés (Dieu, l'âme humaine), qui appartiennent à ce que l'on enseigne sous le nom de métaphysique ou philosophie première et par le fait que la métaphysique fournit les premiers principes de la philosophie et donc de toutes les sciences particulières.

Page 103 note 1 paralogismes Un paralogisme est un raisonnement faux.

Page 103 note 2 je cherchais. La traduction latine d'Etienne de Courcelles lève l'ambiguïté de la syntaxe; l'antécédent de « que » est « la philosophie ».

Page 104 note 1 substance. Au sens technique de la métaphysique aristotélicienne et scolastique (être subsistant par soi, défini par une essence ou nature, ou encore forme, et connu par un ou plusieurs attributs). C'est l'indépendance de cette substance par rapport à une autre substance (créée) qui autorise les conclusions de cet alinéa. Toutefois, la démonstration métaphysique de l'existence et de la substantialité des corps n'est qu'esquissée ici, en conclusion de la première preuve de l'existence de Dieu. Descartes définit en outre son propre concept de substance, essentiellement équivoque, dans les *Principia philosophiae*, I, art. 51-53.

Page 104 note 2 lui. On reconnaît ici une partie du titre de la *Méditation seconde.*

Page 105 note 1 idée. La traduction latine indique en marge la signification du terme idée : « Remarquer qu'ici et dans toute la suite, le mot *idée* est pris généralement pour toute chose pensée, en tant qu'elle a seulement un être objectif dans l'entendement. » La note sert ici à lever une difficulté que Descartes signale dans la préface de l'édition latine des *Méditations.* « La seconde [objection] est qu'il ne s'ensuit pas, de ce que j'ai en moi l'idée d'une chose plus parfaite que je ne suis, que cette idée soit plus parfaite que moi, et beaucoup moins que ce qui est représenté par cette idée existe. Mais je réponds que dans ce mot d'*idée* il y a ici de l'équivoque : car, ou il peut être pris matériellement pour une opération de mon entendement, et en ce sens on ne peut pas dire qu'elle soit plus parfaite que moi ; ou il peut être pris objectivement pour la chose qui est représentée par cette opération, laquelle, quoiqu'on ne suppose point qu'elle existe hors de mon entendement, peut néanmoins être plus parfaite que moi, à raison de son essence ». Objectif et objectivement renvoient ici à ce de quoi l'idée est idée ; voir la *Méditation troisième*.

Page 105 note 2 répugnance. Ici et plus bas, signifie l'impossibilité logique.

Page 106 note 1 défaut. La traduction latine remanie la phrase à partir de *Considérant* jusqu'à *défaut* : le texte de remplacement est, en traduction, *considérant que dans toute composition une partie dépend de l'autre, que le tout dépend des parties, et que ce qui dépend d'autre chose ne peut être parfait, je jugeais...* Cette explication ne lève cependant pas toutes les difficultés des notions de dépendance et d'indépendance dans l'ensemble de la quatrième partie. En effet, Descartes vient de montrer que l'âme ne dépend d'aucune chose matérielle, et montrera à la fin de la cinquième partie que l'homme est composé, tout en réaffirmant l'indépendance de l'âme par rapport au corps. Descartes paraît donc associer dépendance et caractère composé d'un côté et les dissocier de l'autre. Mais il y a deux concepts de dépendance que les expressions employées ici paraissent confondre.

La dépendance de l'âme ou du corps par rapport à Dieu (dans son essence et dans son existence) est toute différente de la dépendance réciproque de l'âme et du corps dans le composé créé, car elle n'affecte ni l'essence ni l'existence de chacun des termes, mais seulement l'état de leur union.

Page 107 note 1 être. Cf. *Méditations, Epitre aux doyen et docteurs...* (latin : AT, VII, p. 4 ; français : AT, IX-1, p. 6). La preuve, reprise dans la *Méditation* V, est à associer, dans son fonctionnement logique plus que dans ses concepts, à l'argument du *Proslogion* de saint Anselme, tel en tout cas qu'il est présenté et réfuté par saint Thomas d'Aquin

(*Somme théologique*, p. I, qu. II, art. 1, 2). Cet argument, souvent repris dans la tradition de la théologie rationnelle (Spinoza, Leibniz, Wolff, Baumgarten, etc.) est nommé preuve ontologique par Kant (*L'Unique Fondement possible d'une preuve de l'existence de Dieu*, 1763, partie III, ch. IV).

Page 108 note 1 sens. Traduction de la formule scolastique *Nihil est in intellectu quod prius non fuerit in sensu*.

Page 108 note 2 morale. Assurance morale s'oppose ici à *assurance*, ou *certitude métaphysique*. La scolastique divisait la certitude en certitudes métaphysique, physique et morale. Descartes réduit à deux ces qualificatifs, dans les *Principes de la philosophie*, IV, art. 205 et 206. La certitude morale d'une proposition laisse une place, même extrêmement petite, à la possibilité logique du contraire, alors que la certitude « plus que morale », fondée sur une démonstration en forme, exclut absolument toute autre possibilité. L'exemple donné par Descartes pour la certitude morale est celui du déchiffrement d'un message secret, sans connaissance préalable du code. En effet, si le message décodé a un sens — et s'il est suffisamment long —, nous avons la certitude morale de l'avoir exactement compris, même s'il y a logiquement la possibilité qu'il soit tout autre. De même que l'on peut difficilement croire, comme le remarque Leibniz, se trouver dans « le pays possible où les livres s'écrivent par hasard » (*Dialogue entre un habile politique...*, *Œuvres*, éd. Foucher de Careil, t. 7, p. 530). La « certitude plus que morale » s'étend à tout ce qui est susceptible de démonstration, en mathématiques, métaphysique et physique.

Page 109 note 1 tout. Descartes écrit *tous*, mais le sens est visiblement adverbial.

Page 110 note 1 cela. On notera que toutes les idées, en ce qu'elles « viennent de Dieu », sont ici décrites comme innées.

Cinquième partie

Page 112 note 1 monde. Descartes évoque ici des éléments présents dans les textes métaphysiques de 1630 et dans le chapitre VII du *Monde.* Les trois lois de la nature décrivent les invariants réglant le mouvement des corps (vitesse, direction et communication du mouvement dans le choc). Voir aussi *Principes de la philosophie*, II, art. 37 à 53. Ces lois sont fondées sur l'immutabilité divine. Par le même acte, Dieu établit les lois et les rend connaissables à l'homme : « Je ne laisserai pas de toucher en ma physique plusieurs questions métaphysiques, et particulièrement celle-ci : Que les vérités mathématiques, lesquelles vous nommez éternelles, ont été établies de Dieu et en dépendent entièrement, aussi bien que tout le reste des créatures. C'est, en effet, parler de Dieu comme d'un Jupiter ou Saturne, et l'assujettir au Styx et aux Destinées que de dire que ces vérités sont indépendantes de lui. Ne craignez point, je vous prie, d'assurer et de publier partout que c'est Dieu qui a établi ces lois en la nature, ainsi qu'un roi établit des lois en son royaume.

Or il n'y en a aucune en particulier que nous ne puissions comprendre, si notre esprit se porte à la considérer, et elles sont toutes *mentibus nostris ingenitae* [innées dans nos esprits], ainsi qu'un roi imprimerait ses lois dans le cœur de tous ses sujets, s'il en avait bien le pouvoir » (à Mersenne, 15 avril 1630, AT, I, p. 145). La suite de la cinquième partie est un résumé du *Monde.*

Page 112 note 2 traité. Le Monde ou Traité de la lumière. Voir notre Présentation.

Page 113 note 1 ordinaire. Se dit dans la théologie scolastique de l'action de conservation du monde par Dieu sous ses lois — dans son cours ordinaire —, sans miracle (qui serait dû à un concours extraordinaire). Cf. *Monde*, A^T, XI.

p. 48 ; *Principes de la philosophie*, II, art. 36. Cette notion est une véritable condition de possibilité des lois de la nature telles qu'elles sont décrites par Descartes.

Page 114 note 1 pesanteur. Descartes considère la pesanteur comme une qualité occulte, imaginée sur le modèle de l'union de l'âme et du corps. Cf. *Méditations métaphysiques*, réponses aux sixièmes objections, 6, AT, VII, p. 441 (trad. franç., AT, IX-1, p. 240), et lettre à Elisabeth, 21 mai 1643, AT, III, p. 667.

Page 114 note 2 tendre. Cf. *Monde*, AT, XI, p. 84 : « Lorsque je dis qu'un corps tend vers quelque côté, je ne veux pas pour cela qu'on s'imagine qu'il ait en soi une pensée ou une volonté qui le porte, mais seulement qu'il est disposé à se mouvoir vers là : soit que véritablement il se meuve, soit plutôt que quelqu'autre corps l'en empêche ; et c'est principalement en ce dernier sens que je me sers du mot tendre, à cause qu'il semble signifier quelque effort, et que tout effort présuppose de la résistance. »

Page 115 note 1 faites. On voit ici à quel point l'ordre des connaissances peut être un artifice : si le monde est créé miraculeusement, sa formation ne peut s'expliquer par des règles consistant à ne supposer que le cours ordinaire de la nature. La supposition du temps d'exercice des lois de la nature rend possible une intelligibilité intégrale de la nature sans annuler pour autant le dogme de la création.

Page 115 note 2 hommes. Descartes à partir d'ici reprend les éléments du *Traité de l'Homme*, seconde partie du *Monde*.

Page 116 note 1 sensitive. Aristote distingue dans le livre II du *Traité de l'âme* les fonctions biologiques associées à tout animal, fonction végétative (croissance et nutrition) et fonction sensitive. Ces fonctions sont reprises dans la scolastique. L'homme est pourvu de surcroît d'un pouvoir d'intellection, ici l'âme raisonnable. Pour Descartes, l'âme, dont « toute l'essence ou la nature n'est que de penser (partie 4) », n'a aucune fonction physiologique.

Page 117 note 1 concavités. Les ventricules.

Page 117 note 2 artérieuse. L'artère pulmonaire.

Page 117 note 3 veineuse. La veine pulmonaire.

Page 117 note 4 sifflet. La trachée-artère.

Page 117 note 5 artère. L'aorte.

Page 117 note 6 peaux. Les valvules.

Page 117 note 7 cave. La valvule auriculo-ventriculaire droite, dite tricuspide.

Page 118 note 1 artérieuse. Les valvules sigmoïdes.

Page 118 note 2 veineuse. La valvule mitrale ou auriculo-ventriculaire, dite bicuspide.

Page 118 note 3 cœur. Les oreillettes.

Page 118 note 4 corps. Pour E. Gilson (*Commentaire*, p. 400), il s'agit d'une survivance scolastique désastreuse pour le reste de l'explication, car elle en conditionne toute la mécanique. Voir en particulier Aristote, *Les Parties des Animaux*, III, 7, 670 a 23, où le cœur apparaît comme le principe de la chaleur et la citadelle du corps. Cependant, Descartes, plus bas dans le texte, affirme avoir appris cela par expérience. Dans la correspondance (à Plempius, 15 février 1638, AT, I, p. 523, trad. partielle *O.P.*, 1, p. 21), il dit se fonder sur l'étude des poissons. Des travaux récents sembleraient montrer qu'il ait eu raison sur ce dernier point (cf. F. Alquié, « Descartes et la chaleur cardiaque », *Bulletin cartésien* 13, *Archives de philosophie*, 1984/3, p. 1-2).

Page 120 note 1 cordis. W. Harvey (1578-1657) expose la théorie de la circulation du sang dans l'*Exercitatio anatomica de motu cordis et sanguinis* [*Etude anatomique du mouvement du cœur et du sang*] Francfort, 1628 auquel Descartes renvoie dans la note marginale. Voir E. Gilson, « Descartes, Harvey et la scolastique », in *Etudes sur le rôle de la pensée médiévale...*, Paris, Vrin, 1984 (5e édition), p. 51-101

Page 123 note 1 cocton. La digestion.

Page 123 note 2 viandes. Il s'agit de toutes les nourritures. en général

Page 124 note 1 esprits animaux. Pour Descartes, comme pour les scolastiques, les esprits, vitaux et animaux, sont des fluides dérivés du sang, et donc purement matériels. Voir l'*Homme* et la lettre du 19 juin 1643 à Vorstius (AT, III, p. 686-689, trad. franç. *O.P.*, III, p. 27). Cf. *Dioptrique*, Discours IV.

Page 124 note 2 mécaniques. La mécanique (le mot est souvent au pluriel au XVIIᵉ siècle) désigne la théorie des engins de levage (levier, plan incliné, poulie, etc.) et plus généralement une partie réellement mathématisée de la physique dès l'Antiquité, car elle considère les seuls figures, grandeurs et mouvements des corps. Galilée, Descartes et beaucoup d'autres sont auteurs de traités de mécanique au premier sens. Le rapprochement de la physique et de la mécanique est particulièrement explicite dans une lettre de Descartes à Plempius du 3 octobre 1637 : « S'il [Plempius] méprise ma façon de philosopher à cause qu'elle est semblable à la mécanique, il me semble qu'il fait la même chose que s'il la condamnait à cause qu'elle est vraie » (AT, I, p. 421 ; *O.P.*, I, p. 792). On a décrit la révolution scientifique du XVIIᵉ siècle comme étant définie par la mécanisation de l'image du monde (Dijksterhuis). L'assimilation du corps animal à l'automate, machine mouvante faite de multiples machines simples, en est naturellement un bon exemple, poursuivi dans l'anatomie de l'époque classique (Boerhaave, Borelli).

Page 125 note 1 sens commun. Dans la psychologie aristotélicienne (*Traité de l'âme*, III, 1), le sens commun est une fonction essentielle de l'âme : il unifie les sens, permet le jugement sur les objets sensibles et rend consciente la sensation. Ce sens interne est situé dans le cerveau chez les commentateurs scolastiques d'Aristote (cf. Gilson, *Index*, p. 267-268). Descartes élabore sa théorie propre du sens commun dans la *Regula* XII, où le sens commun apparaît comme une véritable « partie du corps » (AT, X, p. 414) Dans les textes ultérieurs, le sens commun est à nouveau plutôt une fonction qu'une localisation cérébrale. Il est situé selon l'*Homme* dans la glande pinéale ou épiphyse (AT, XI, p. 176-177). La fonction de la petite glande est évoquée dans les dernières lignes du Discours V de la *Dioptrique*. Voir la *Dioptrique* IV et les notes, l'*Homme*, ainsi que les *Passions de l'âme*.

Page 125 note 2 fantaisie. L'imagination.

Page 126 note 1 bêtes. Dans la correspondance ultérieure (lettre à Newcastle du 23 novembre 1646, AT, IV, p. 569), Descartes attribue la conception d'une indifférenciation spécifique entre l'homme et l'animal à Montaigne et à P. Charron ; voir notamment *Essais*, I, XLII (« De l'inégalité qui est entre nous »), pour le premier, et *De la sagesse*, I, XXXIV, pour le second. Descartes revient à nouveau sur la question dans la correspondance avec H. More (lettre du 5 février 1649, AT, V, p. 267).

Page 128 note 1 raisonnable. Cette partie du *Traité de l'Homme* n'a pas été conservée.

Page 128 note 2 navire. Voir la même comparaison dans *Méditations métaphysiques*, VI, AT, VII, p. 81 ; trad. IX-1, 64.

Page 129 note 1 immortelle. La première édition des *Meditationes* (1641) mentionne dans son titre la démonstration de l'immortalité de l'âme ; sur les instances d'Arnauld, Descartes a modifié ce titre. Cf. Chronologie.

Sixième partie

Page 129 note 2 autre. Galilée. Voir notre Présentation.

Page 132 note 1 expériences. On a parfois estimé que Descartes négligeait toute expérience et construisait *a priori* un roman scientifique. Ce passage prouve tout le contraire, et donne dans les pages qui suivent la fonction essentielle de l'expérience, qui est de permettre le choix entre les productions possibles que permettraient les lois de la nature. Voir H. Wickes et A. C. Crombie, « L'expérience dans la philosophie naturelle de Descartes ». *in* H. Mechoulan (éd.). *Problé matique et réception du Discours de la méthode et des Essais*, Paris, Vrin, 1988. p. 65-79.

Page 132 note 2 vérités. L'expression « semences de vérités » provient des traditions stoïcienne et théologique. Descartes les évoque dès 1619, puis dans les *Regulae* (notamment dans la *Regula* IV).

Page 138 note 1 anciens philosophes. On associe générale ment cette allusion au nom de Démocrite. Descartes avait écrit des *Democritica* mentionnés dans l'inventaire des papiers laissés à sa mort ; voir une lettre à Huygens de mars ou avril 1638 (AT, II, p. 51).

Page 140 note 1 difficiles. Dans la *Regula* VII (*Regulae*, AT, X, p. 388 ; *O. C.*, vol. 1, p. 209), Descartes décrit cette augmentation de la capacité de l'esprit produit par l'usage fréquent de la méthode.

Page 145 note 1 invention. Il s'agit de la machine à tailler les verres hyperboliques du Discours X de la *Dioptrique*.

Page 145 note 2 tablature. Genre de notation musicale très utilisée pour le luth qui consiste à indiquer les gestes de l'artiste, et non la valeur des notes.

Page 145 note 3 français. Descartes n'est pas le premier auteur de philosophie ou de sciences en langue française du XVIIe siècle. Scipion du Pleix avait notamment fait paraître à partir de 1604 un cours complet de philosophie (comportant une logique, une physique, une métaphysique et une morale).

LA DIOPTRIQUE

Discours premier

Page 150 note 1 Metius. Jacques Metius (*id est* de Metz), fils d'Adrien Athonisz et frère d'Adrien Metius, tous deux mathématiciens.

Page 151 note 1 décrirai. Ce plan est voisin de celui de la *Dioptrice* de Kepler.

Page 151 note 2 assurées. Sur les suppositions (le latin traduit par *hypotheses*), voir plus haut, *Discours de la méthode,* partie VI, et la *Regula* XII (AT, X, p. 412). La référence à l'astronomie et à ses suppositions est notamment expliquée par les *Méditations métaphysiques,* réponses aux cinquièmes objections (latin : AT, VII, p. 349-350 ; français *in* Descartes, *Méditations métaphysiques.* présenté par J.-M Beyssade et M. Beyssade, Paris, GF, 1979, p. 345).

Page 152 note 1 cieux. Sur la théorie cartésienne de la vitesse de la lumière et ses difficultés, voir P. Costabel, « La propagation de la lumière sans transport de matière de Descartes à Huygens », *Démarches originales de Descartes savant,* Paris, Vrin, 1982, p. 77-85.

Page 153 note 1 intentionnelles. Les espèces intention
nelles sont définies par Eustache de Saint-Paul en 1609 (cité
par Gilson, *Index*, texte 169, p. 98) : « On appelle espèce
intentionnelle un signe formel de la chose opposée (*objectae*)
au sens, ou une qualité qui, envoyée par l'objet et reçue dans
le sens, a la puissance de représenter l'objet lui-même, même
si elle est elle-même très peu perceptible par le sens. Elle est
aussi appelée intentionnelle, parce que le sens tend au
travers d'elle vers l'objet. »

Page 153 note 2 chats. Ce lieu commun est notamment
rapporté par Kepler, *Paralipomènes à Vitellion*, V, 1, trad.
franç., Paris, Vrin, p. 313.

Page 154 note 1 avouent. Descartes exclut la tradition
atomiste, représentée à l'époque par I. Beeckman et P. Gas-
sendi. Le chapitre IV du *Monde* renonce à démontrer
l'inexistence du vide (AT, XI, p. 20), établie plus tard par les
articles 5 à 18 de la seconde partie des *Principes de la
Philosophie.*

Page 155 note 1 mouvoir. L'inclination à se mouvoir est
distincte du mouvement, et pourtant est pensée en analogie
avec lui. Cette distinction, comme cette assimilation, com-
mandent toute l'analyse cartésienne. Voir notre Présentation, p. 40.

Page 156 note 1 autres. Voir plus haut la note 2 de la page
114, citant la définition cartésienne du verbe *tendre.*

Page 156 note 2 mouvement. Sont évoquées ici les trois
lois exposées dans le *Monde*; voir la note 1 de la page 112.

Page 158 note 1 couper ou friser. Comme au tennis, il
s'agit de l'effet que l'on peut imprimer à la balle (mouvement autour d'un axe), qui s'ajoute à la translation, et
modifie les trajectoires aériennes et les rebonds. Mersenne,
en 1634 (*Questions inouïes*, question 6, Paris, Fayard,
« Corpus des Œuvres de philosophie de langue française »,
1985, p. 22), utilise également le verbe *friser.*

Page 159 note 1 sujet. Descartes étudie systématiquement
les couleurs dans le Discours VIII des *Météores.*

Discours second

Page 162 note 1 philosophes. Allusion à la doctrine de la *media quies,* repos intermédiaire observé par le corps en mouvement au contact de la surface réfléchissante, dans la tradition de l'Ecole. Pour Descartes, le rejaillissement du mobile étant dû « à la continuation du mouvement » (A Mersenne, janvier 1630, AT, I, p. 107, et 25 février 1630, AT, I, p. 117), il ne saurait y avoir de repos intermédiaire. La question 6 des *Questions inouïes* de Mersenne, citée plus haut, montre à quel point les idées relatives à la réflexion des corps ne sont pas encore fixées : Mersenne note qu' « on ne sait pas encore ce qui contraint les corps à se réfléchir ».

Page 163 note 1 AB. La décomposition du mouvement en deux composantes est rendue conceptuellement possible par la théorie de la dimension proposée dans la *Regula* XIV (*Regulae,* AT, X, p. 447, *O.P.,* vol. 1, p. 178). Plusieurs dimensions peuvent en effet être conçues dans un objet, sans rien lui ajouter de réel, pour permettre l'intelligibilité d'un phénomène.

Page 164 note 1 ABC. La loi de la réflexion est connue depuis l'*Optique* d'Euclide. L'analogie avec le mouvement d'une balle est exploitée par Beeckman avant sa rencontre avec Descartes.

Page 169 note 1 BE. CB est égal à AH, sinus de l'angle d'incidence, et BE est égal à IG, sinus de l'angle de réfraction.

Page 169 note 2 corps. La proportion constante entre AH et IG constitue la loi des sinus, elle-même exprimée comme un rapport de segments. Descartes n'utilise pas le terme de sinus en français, alors qu'il le fait en latin dans une lettre à Mersenne de juin 1632 (AT, I, p. 255). La démonstration, fondée sur l'isomorphisme entre lumière (qui est inclination à se mouvoir) et mouvement est admirablement analysée par P. Costabel dans « La réfraction de la lumière et la *Dioptrique* de Descartes », *Démarches originales de Descartes savant*, Paris, Vrin, 1982, p. 63-76.

Page 170 note 1 expérience. Le début du Discours X propose le plan d'un appareil servant à dessiner une figure selon la proportion caractéristique des milieux traversés par la lumière.

Discours troisième

Page 175 note 1 représentée. G. Simon note (« A propos de la théorie de la perception visuelle chez Descartes et Kepler », *XIII*ᵉ *Congrès international d'Histoire des sciences*, section 6, Moscou, 1971, p. 237-245) que Descartes utilise un schéma de l'œil plus exact que ses prédécesseurs immédiats, dont Kepler, en ce que la position du nerf optique sur la rétine n'est plus centrée, mais nettement décalée. Cette nouvelle anatomie a des conséquences philosophiques, en particulier sur le statut des images transportées au cerveau. Voir aussi, sur l'histoire de l'anatomie oculaire et la théorie de la formation des images antérieure à Descartes, Huldrych M. Koebling, « Anatomie de l'œil et perception visuelle, de Vésale à Kepler », in *Le Corps à la Renaissance*, sous la direction de J. Céard, M.-M. Fontaine et J.-C. Margolin, Paris, Aux amateurs de livres, 1990, p. 389-397

Discours quatrième

Page 178 note 1 sens commun. Cf. *Discours de la méthode*, V, p. 125, note 1.

Page 178 note 2 esprits animaux Cf. *Discours de la nethode*, p. 124, note 1.

Page 179 note 1 raison. Sur la double fonction sensorielle et motrice des nerfs chez Descartes, voir J.-M. Beyssade, « Réflexe ou admiration », in *La Passion de la raison. Hommage à F. Alquié*, édité par J.-L. Marion, Paris. PUF, 1983, p. 113-130.

Page 181 note 1 perspective. De nombreux traités de perspective sont écrits à partir de la moitié du XVe siècle jusqu'à l'époque de Descartes, qui conjuguent art, optique et géométrie, et constituent un genre de mathématique appliquée qui a une influence esthétique considérable (les auteurs les plus illustres sont Piero della Francesca, Léonard de Vinci, Dürer, Vignole ou Salomon de Caus, parmi beaucoup d'autres). Selon une définition de Mersenne, la perspective enseigne à représenter les choses exactement comme nous les voyons. Pour les contemporains, perspective et optique étaient synonymes (ainsi, par exemple, l'*Optica* de F. Risner, Kassel, 1606, Livre I, prop. 1, ou la lettre de Bredeau à Mersenne du 15 septembre 1626, *Correspondance de* Mersenne, vol. 1, p. 500, Cornelius Agrippa, *De incertitudine*, ch. XXIII, « De optica vel perspectiva »).

Page 182 note 1 ressemblance. L'image n'est plus ressemblance des choses, mais leur signe : sur cette transformation et l'emploi d'un modèle linguistique, voir la belle analyse de J.-L. Marion, *Sur la théologie blanche de Descartes*, II, 1, 12, Paris, PUF, 1981, p. 231-264. On notera toutefois, pour limiter quelque peu l'interprétation en terme d'arbitraire, au sens de F. de Saussure, induite par la comparaison avec les signes du langage, que les exemples figurés, donc visuels, proposés par Descartes, supposent une relation naturelle d'expression réciproque d'une figure par une autre (cf. Leibniz, *Quid sit Idea*, et lettre à Arnauld du 9 octobre 1697), et non une relation purement conventionnelle, qui aurait d'autres propriétés. Cette correspondance réglée est l'objet essentiel des Discours V et VI. L'arbitraire du langage représente ici plutôt un état extrême de dissemblance, que réduit autant qu'elle le peut l'analyse physique ultérieure : de fait, il est simplement établi que les images n'ont pas

besoin de ressembler aux choses, mais non qu'elles ont
toujours besoin de dissembler en tout.

Discours cinquième

Page 183 note 1 quelques-uns. Della Porta passe depuis le
XVIIe siècle pour être le premier à avoir décrit la chambre
noire (*camera obscura*) dans la *Magia Naturalis*, 1558,
L. IV, ch. 1. Les *Cogitationes privatae* que Descartes rédige
en 1619 semblent témoigner d'une lecture attentive des
procédés optiques de Della Porta. Voir G. Rodis-Lewis,
« Machineries et perspectives curieuses dans leurs rapports
avec le cartésianisme », XVIIe *siècle*, 1956, p. 461-474.
Kepler s'appuie aussi sur cette expérience (*Paralipomènes à
Vitellion*, II, 7, et V. 4. trad. franç., Paris, Vrin, 1980, p. 168
et p. 373).

Page 185 note 1 1 2 3. Ici et dans la suite, les chiffres
servent à désigner les points correspondants des figures et
n'ont donc aucune valeur numérique.

Page 191 note 1 optique. Voir, par exemple, Kepler,
Paralipomènes..., éd. cit., V, 2.

Page 195 note 1 expliquées. Jusqu'ici Descartes reste
proche de Kepler. Kepler envisage également le transport des
images jusqu'au sens commun — situé dans le cerveau —, où
elles s'impriment par le truchement des esprits animaux.
Mais Kepler estime obscure la manière dont se réalise ce
transport et envisage comme une hypothèse un transport
analogue à celui d'une onde (*Dioptrice*, Proposition LXI).
Sans être beaucoup plus claire ici, la théorie cartésienne
ramène le phénomène à un mécanisme sans équivoque. Cf.
le *Traité de l'Homme*, AT, XI, p. 174, pour une description
plus complète.

Page 197 note 1 glande. La glande pinéale, ou épiphyse.

Page 197 note 2 doctes. Cet exemple d'effet rare et
merveilleux paraît étrange sous la plume de Descartes, qui

paraît le considérer comme un fait établi. Dans une lettre du 27 mai 1630 à Mersenne (AT, I, p. 153), Descartes reconnaît qu'il ne connaît pas d'explication ; il revient sur le problème en 1640 (lettres à Mersenne des 1ᵉʳ avril et 30 juillet, AT, III, p. 49 et p. 121). Les marques d'envie ont de la ressemblance avec les objets et leur transmission est causée par la correspondance des parties du corps de la mère et de celui de l'enfant. On remarquera que ce type de problème est fort peu fréquent chez Descartes ; on ne trouve d'exemples que dans l'*Abrégé de musique,* au début (problème de la sympathie et de l'antipathie), ou dans la traduction française des *Principes de la philosophie* (mais il n'est pas certain que l'ajout soit de Descartes), IV, art. 187. En tout état de cause, ces exemples, quelle que soit leur irréalité ou leur irrationalité, ne remettent jamais en question les lois de la nature et n'introduisent donc pas en elle de miracle. Ils constituent plutôt des modèles de rationalisation programmatique : si les faits sont réels, alors ils doivent s'expliquer mécaniquement.

Discours sixième

Page 198 note 1 figure. Cette énumération rappelle celle proposée par Kepler (*Paralipomènes...,* III, 2, déf. 1, éd. cit., p. 180), pour qui l'image consiste en couleur, position ou situation, distance et quantité (ou grandeur). La distinction entre lumière et couleur introduite par Descartes est fonction des mouvements : la translation rectiligne de la pression des particules (force des mouvements) provoque le sentiment de la lumière et la rotation des parties (façon des mouvements) celui de la couleur.

Page 202 note 1 infini. Selon G. Simon (cité par F. Alquié et E. Lojacono, en note), « Notre connaissance de la situation de l'objet ne dépend pas seulement de la direction du rayon lumineux qu'il envoie vers l'œil, mais de la prise de conscience de l'attitude de nos membres

Page 205 note 1 naturelle. Kepler note (*op. cit.*, III, 8, p. 183) que dans la vision binoculaire il y a « toute la géométrie du triangle ». La démonstration cartésienne est proche de celle de Kepler.

Page 212 note 1 œil. Le texte de l'édition originale donne *objet.* Mais Descartes propose de lire *œil* dans une lettre à Mersenne (9 septembre 1639, AT, II, p. 481).

Page 213 note 1 optique. Ce principe est présent dans les optiques d'Euclide et de Ptolémée.

Page 214 note 1 ronde. L'exemple est un lieu commun, repris notamment dans les *Méditations métaphysiques* (Méditation VI, AT, VII, p. 76, AT, IX-1, p. 61). Ce qui est décrit dans ce dernier texte comme une erreur est ici expliqué, sans contradiction, par le fonctionnement normal des organes des sens, et notamment par la disposition granulaire des terminaisons nerveuses sur la rétine. La vision est donc nécessairement confuse à une certaine échelle, puisqu'elle confond les traits des objets. La matière pensée au moyen de l'idée d'étendue est toujours divisible, sans qu'il y ait de limite concevable à cette division, tandis que la matière vue (et imaginée) est filtrée par la structure de la rétine et du système nerveux.

Discours septième

Page 218 note 1 permet. L'utilisation de dioptres pour corriger les défauts de la vue est attestée depuis le XIIIᵉ siècle, sans cependant que la science de l'optique s'en soit préoccupé. Cf. A. Crombie, *Histoire des sciences de saint Augustin à Galilée*, Paris, 1959, p. 208-209.

Page 228 note 1 traité. C'est la même « occasion » qui avait conduit Kepler à écrire sa *Dioptrice*.

Discours huitième

Page 234 note 1 cône. Le procédé de construction utilisant une corde tendue entre deux piquets, sans doute connu depuis longtemps, est en effet plus simple à mettre en œuvre que la construction dans l'espace de l'intersection d'un plan et d'un cône. Il est en outre aussi correct du point de vue mathématique que la construction à la règle et au compas, et n'a absolument rien d'empirique, comme le montre la *Géométrie*, Livre II, AT, VI, p. 412. En effet, la corde ne sert ici « que pour déterminer des lignes droites dont on connaît parfaitement la longueur ». La construction proposée revient à faire de l'ellipse le lieu des sommets des triangles isopérimétriques dont la base est constante.

Page 236 note 1 points brûlants. Il s'agit naturellement des foyers de l'ellipse ; la traduction latine emploie le terme *focus*.

Page 236 note 2 extérieur. Comme AT, nous reprenons une correction de la traduction latine ; le texte original donne *de l'intérieur*.

Page 237 note 1 Premièrement. Voir la lettre de Descartes à Mersenne du 25 décembre 1639 (AT, II, p. 637-638), qui propose une correction ici reprise. Le texte original est :
« Premièrement si on tire du point B la ligne BF perpendiculaire sur KD, et que du point N, où LG et KD s'entrecoupent, on tire aussi la ligne NM perpendiculaire sur IB, on trouvera que AL est à IG, comme BF est à NM. Car d'une part les triangles BFN et BLA sont semblables, à cause qu'ils sont tous deux rectangles, et que NF et BA étant parallèles, les angles FNB et ABL sont égaux ; et d'autre part les triangles NBM et IBG sont aussi semblables, à cause qu'ils sont rectangles, et que l'angle vers B est commun à tous deux. Et outre cela les deux triangles BFN et BMN ont même rapport entre eux que les deux ALB et BGI, a cause que comme les bases de ceux-ci BA et BI sont égales, ainsi BN qui est à la

base du triangle BFN est égale à soi-même en tant qu'elle est aussi la base du triangle BMN. D'où il suit évidemment que comme BF est à NM, ainsi AL celui des côtés du triangle ALB qui se rapporte à BF, dans le triangle BFN, c'est-à-dire qui est la subtendue du même angle, est à IG, celui des côtés du triangle BGI qui se rapporte au côté NM du triangle BNM. Puis BF est à NM comme BI est à NI, à cause que les deux triangles BIF et NIM, étant rectangles, et ayant le même angle vers I, sont semblables. De plus si on tire HO parallèle... »

Page 239 note 1 I. Descartes résout ici le problème traité par Kepler (*Dioptrice*, proposition 49) — qui associe la propriété de l'hyperbole — et posé dans les *Regulae* (Règle VIII, AT, X, p. 393; *O.P.*, vol. 1, p. 116), celui de l'anaclastique. Sur les étapes de la solution de la difficulté, voir P. Costabel, « L'anaclastique et la loi des sinus pour la réfraction de la lumière », *Démarches originales de Descartes savant*, Paris, Vrin, Paris, 1982, p. 53-58.

Page 247 note 1 Premièrement. Comme plus haut, nous reprenons une correction tirée de la lettre à Mersenne du 25 décembre 1639. Le texte original est : « Premièrement si on tire du point B la ligne BF perpendiculaire sur KD prolongée autant qu'il est besoin, et du point N, où LG et KD s'entrecoupent, la ligne NM perpendiculaire sur IB aussi prolongée, on trouvera que AL est à IG comme BF est à NM. Car d'une part les triangles BFN et BLA sont semblables, à cause qu'ils sont tous deux rectangles et que NF et BA étant parallèles les angles FNB et LBA sont égaux. Et d'autre part les triangles IGB et NMB sont aussi semblables à cause qu'ils sont rectangles et que les angles IBG et NBM sont égaux. Et outre cela, comme la même BN sert de base aux deux triangles BFN et NMB, ainsi BA la base du triangle ALB est égale à BI la base du triangle IGB. D'où il suit que comme les côtés du triangle BFN sont à ceux du triangle NMB, ainsi ceux du triangle ALB sont aussi à ceux du triangle IBG. Puis BF est à NM comme BI est à NI, à cause que les deux triangles

BIF et NIM, étant rectangles, et ayant le même angle vers I, sont semblables. De plus si on tire HO parallèle... »

Page 248 note 1 BD. Il faut comprendre, comme le suggèrent B. Rochot et P. Costabel (AT, VI, p. 732), *la superficie plate BQ* ou bien la *superficie plate du verre BD.*

Page 252 note 1 Géométrie. Voir la fin du Livre II, AT, VI, p. 424-439, relative aux ovales (dites aujourd'hui *ovales de Descartes*).

Page 253 note 1 courbure. P. Costabel (« La courbure et son apparition chez Descartes », *Démarches...,* p. 161) remarque qu'ici la courbure devient une qualité susceptible de plus et de moins, ce qui prépare une interprétation quantitative ultérieure.

Page 261 note 1 fabuleux. Descartes expose plus en détail son opinion sur les verres brûlants dans une lettre à Mersenne du 15 novembre 1638 (AT, I, p. 446).

Discours neuvième

Page 264 note 1 dessein. Descartes indique ces expériences dans une lettre à Huygens du 11 décembre 1635 (AT, I, p. 334 et p. 599).

Discours dixième

Page 289 note 1 talus. Synonyme de *pente.*

Page 294 note 1 parties. Les philosophes évoqués sont vraisemblablement les atomistes de l'Antiquité pour qui les différences des choses se réduisent à la figure, à l'ordre et à la position des éléments (Aristote, *Métaphysique,* A, 985b 14). Sur l'identification de la nature ou essence des choses corporelles aux propriétés de l'étendue et du mouvement, voir les *Méditations métaphysiques* (Méditation V) et notre Présentation.

DU MÊME AUTEUR

Aux Éditions Gallimard

Dans la Pléiade

ŒUVRES ET LETTRES

Dans la collection Tel

LES PASSIONS DE L'ÂME

Impression CPI Bussière
à Saint-Amand (Cher), le 3 mars 2014.
Dépôt légal : mars 2014.
1er dépôt légal dans la collection : janvier 1991.
Numéro d'imprimeur : 2008372.
ISBN 978-2-07-032613-6./Imprimé en France.